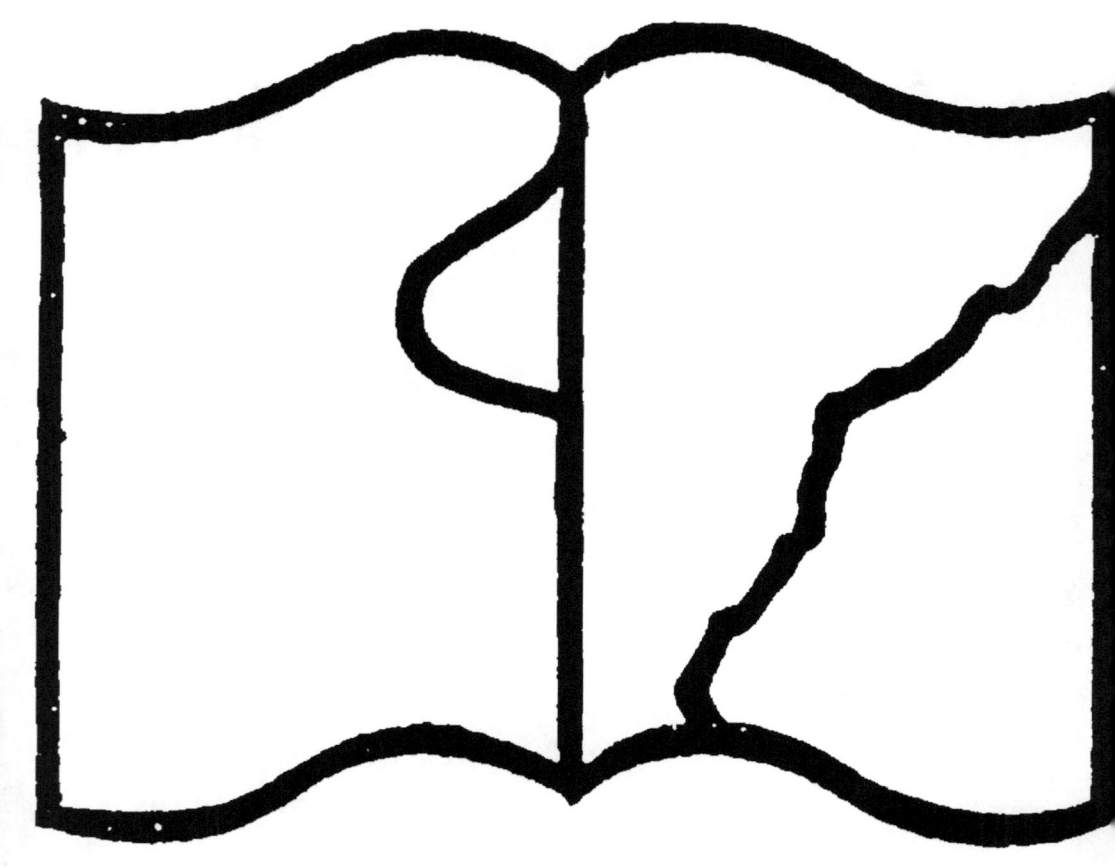

Texte détérioré — reliure défectueuse
NF Z 43-120-11

L'HISTOIRE

DANS

L'ENSEIGNEMENT PRIMAIRE

PAR

Alfred PIZARD

INSPECTEUR DE L'ACADÉMIE DE PARIS

PARIS

LIBRAIRIE CH. DELAGRAVE

15, RUE SOUFFLOT, 15

L'HISTOIRE

DANS

L'ENSEIGNEMENT PRIMAIRE

SOCIÉTÉ ANONYME D'IMPRIMERIE DE VILLEFRANCHE-DE-ROUERGUE
Jules BARDOUX, Directeur.

L'HISTOIRE

dans

L'ENSEIGNEMENT PRIMAIRE

PAR

Alfred PIZARD

INSPECTEUR DE L'ACADÉMIE DE PARIS

PARIS
LIBRAIRIE CH. DELAGRAVE
15, RUE SOUFFLOT, 15
—
1891

PRÉFACE

Ce livre est destiné à tous ceux qui ont dans leurs mains, par l'éducation populaire, l'avenir de notre pays. Si, par hasard, quelque personne étrangère à l'enseignement primaire et pourtant soucieuse d'en apprécier les progrès, a la curiosité de parcourir le volume, nous souhaitons qu'elle puisse le fermer sans en conserver trop mauvaise impression ; mais ce que nous désirons avant tout, c'est que le public assez restreint auquel il s'adresse rende hommage sinon à la compétence, du moins aux intentions de l'auteur.

Vingt-cinq années ne se sont pas écoulées depuis que Duruy, le plus grand ou du moins l'un des plus grands ministres de l'instruction publique de notre pays, a introduit l'histoire au nombre des matières obligatoires du programme. Cette innovation transforme peu à peu l'atmosphère morale de l'école. Si un professeur, aujourd'hui justement populaire [1], a pu dire avec quelque exagération qu'il avait, enfant, traversé tout l'enseignement secondaire sans avoir

---

[1]. Lavisse, *Études et Étudiants*, page 85.

entendu une « exhortation morale », combien de vieillards et d'hommes de notre génération pourraient affirmer (et ceux-là avec trop d'exactitude) qu'ils ont traversé l'école de leur village sans y entendre prononcer le nom de leur patrie ! Ils ont connu dans leur enfance l'école avec histoire sainte et sans histoire de France. Les héros qu'on a célébrés devant eux étaient David et Samson, et on leur a appris à gémir sur le sort d'Israël ! Mais ils ne connaissaient ni Condé ni Marceau, et ils sont arrivés à l'âge d'homme sans avoir tressailli au nom de Waterloo ! Amers souvenirs !

Les enfants qui ont grandi sur les bancs de l'école depuis la loi de 1867 ne connaîtront point ces regrets. Ils ne sont plus élevés comme des « étrangers dans leur propre pays ». L'histoire de France est devenue comme le pain quotidien de leur âme, et il leur est distribué avec largesse. Ils apprennent enfin à connaître les grands hommes de leur race, héros de toute époque et de toute taille, depuis Vercingétorix jusqu'à Bara. On ne leur dissimule pas le but immédiatement poursuivi, car on les initie aux sacrifices que la France attend d'eux, et on les prépare aux épreuves certaines que l'avenir leur réserve, en leur racontant nos gloires anciennes et nos récents désastres. Puissent-ils nous rendre les unes et effacer les autres !

Il est, du moins, réconfortant de penser que, dans toute l'étendue du territoire de la République, l'école primaire entretient ainsi le culte de ceux qui sont morts pour la patrie. De ceux-ci on peut dire aujourd'hui sans exagération poétique que, sur un signe de l'instituteur,

La voix d'un peuple entier les berce en leur tombeau.

Et ce peuple est celui de l'enfance, si ouvert aux impressions naïves, si prompt aux saines émotions et aux grands enthousiasmes. Élevées à cette école, les générations nouvelles seront bien différentes de celles qui les ont précédées et qui ont subi l'ancien régime scolaire. Seront-elles meilleures? Nous en avons la ferme espérance; elles seront du moins *mieux* françaises, car l'enseignement primaire aura fortifié en elles, par l'histoire, l'éducation nationale.

Ne nous abandonnons pourtant pas à de chimériques illusions. Cet enseignement ne donne pas encore tout ce qu'on a le droit d'en attendre. Il est jeune, sans passé, sans traditions. Malgré les efforts partout dépensés et malgré les progrès çà et là accomplis, il en est encore, dans nos écoles, à la période des tâtonnements et des expériences. Devenu obligatoire seulement en 1867, il prit au dépourvu un grand nombre de maîtres, qui restèrent au-dessous de la tâche. On ne saurait les blâmer. Transportée dans le domaine de l'enseignement primaire, l'histoire était assez semblable à un arbre placé en bon terrain et poussant dru ses bourgeons; pour lui faire donner des fruits, il fallait savoir l'émonder, le tailler, le conduire. La science du jardinier — qui ne s'improvise pas — fit plus d'une fois défaut. Lorsqu'on étudie le recueil des *Rapports d'inspection générale*, seul répertoire qui nous permette d'avoir une idée à peu près exacte de l'état actuel de l'enseignement primaire, on est stupéfait de l'incroyable diversité d'opinions exprimées par les inspecteurs sur l'enseignement de l'histoire. On y trouve, dans ses moindres nuances, toute la gamme des impressions, depuis le mécontentement extrême jusqu'à la satisfaction sans réserve, et aussi toute la gamme des jugements où Candide découvrirait avec irrévérence la double rage de tout trouver bien et de tout trouver mal. Ici l'enseignement de l'histoire n'existe pas ; là il est si mal donné que l'abstention serait préférable. Dans telle école on s'éternise à Pharamond ; dans telle autre on court la prétantaine sans laisser aux enfants le temps de respirer. Pour tels maîtres, l'histoire n'est qu'un stérile exercice de mnémotechnie ; pour d'autres, c'est matière à rédactions prolixes ; pour d'autres enfin, une occasion à catéchisme politique. Il est juste de reconnaître que, même dans les écoles où les résultats sont médiocres, les inspecteurs constatent presque toujours des efforts louables.

Cette inégalité des résultats a plusieurs causes. La *première* est le caractère essentiellement moral de cet enseignement. Il exige de celui qui le donne moins d'intelligence que de cœur. Un maître médiocre peut apprendre à lire, écrire et compter ; seul, l'instituteur qui a une haute idée de sa mission morale peut enseigner l'histoire avec succès, et il serait téméraire d'affirmer que tout le corps enseignant s'efforce d'atteindre cet idéal. La *seconde* a été l'absence de toute direction officielle. Pendant les premières années qui suivirent la promulgation de la loi de 1867, le corps enseignant fut abandonné à ses inspirations personnelles : dangereuse initiative qu'on a réglée depuis.

Il est donc permis de croire, encore aujourd'hui, qu'il n'est pas superflu d'appeler sur cet enseignement magistral l'attention des maîtres qui le donnent, des chefs qui le contrôlent, des pédagogues qui le dirigent. Bien téméraire qui affirmerait que tous les instituteurs ont médité sur le but de l'enseignement de l'histoire, sur la méthode qui lui convient, sur les résultats qu'il doit produire! Plus téméraire encore celui qui donnerait l'assurance que les instituteurs qui ont réfléchi sur ce sujet se sont engagés dans la bonne voie et n'ont pas besoin de conseils pour s'y maintenir!

Depuis bientôt dix ans nous sommes mêlé intimement à la vie de l'école primaire. Nous n'avons négligé aucune occasion de l'examiner dans tous ses actes. De cette observation minutieuse résulte pour nous la conviction que beaucoup de bonnes volontés, aujourd'hui à l'état latent, peuvent être suscitées par l'effet naturel d'un bon conseil; que beaucoup d'erreurs seraient facilement redressées par une sage direction ; qu'enfin certaines ardeurs trop vives, et partant stériles, peuvent être réduites à de justes proportions et rendues efficaces par l'intervention ferme et l'avis éclairé d'un chef bien inspiré.

En résumé, nous estimons qu'il y a, en cette matière, de bons conseils à donner. Nous sommes, d'autre part, convaincu que ceux auxquels ils sont destinés sont dans les meilleures dispositions d'esprit pour les recevoir. Cette pensée nous a dicté le livre que nous présentons au public.

Il comprend trois parties :

La première — toute historique — est consacrée à l'exposé des efforts faits par la plupart des gouvernements qui se sont succédé en France depuis la Révolution, pour introduire l'histoire dans les programmes et la faire participer à l'éducation nationale. Dans ce livre, destiné surtout aux instituteurs, nous avons tenu à rapporter fidèlement les arguments de principe ou de circonstance invoqués pour ou contre la réforme. Les textes exacts et les documents officiels, les circulaires et instructions ministérielles introduisent le lecteur dans le vif des débats et lui font voir les différentes faces du problème, avant de l'amener à la solution. Cette méthode permet de rendre justice soit aux hommes d'État, soit aux pédagogues qui, dans la presse, dans les assemblées délibérantes, dans les écoles, ont contribué au triomphe de la réforme. En outre, il n'est pas inutile que les raisons d'ordre politique, social et pédagogique qui ont successivement fait introduire, puis supprimer, puis inscrire de nouveau l'histoire dans les programmes de l'école, puissent être méditées de ceux-là mêmes auxquels est confiée la pratique de et enseignement.

La seconde partie, toute dogmatique, a pour objet

d'exposer l'influence que l'enseignement de l'histoire peut et doit exercer sur le développement intellectuel, moral et patriotique de l'âme de la jeunesse française. Il fallait, en effet, préciser le but pour faciliter les moyens de l'atteindre. En démontrant que l'histoire, même pour les enfants, demande plus de réflexion que de mémoire, provoque plus d'émotions que de raisonnements, enseigne plus de devoirs que de dates, l'auteur a voulu faire comprendre aux maîtres qu'ils ne doivent point s'égarer dans un travail stérile, et qu'ils auraient perdu leur peine,

S'ils laissaient sur le vert le noble de l'ouvrage.

La troisième partie, toute pédagogique, est consacrée à l'étude des programmes et des méthodes propres aux diverses écoles primaires. L'auteur s'est efforcé de faire, avec la plus grande impartialité, la part de la critique et celle de l'éloge. D'ailleurs, plus préoccupé du désir d'observer que de la vaine satisfaction de critiquer aisément, il a voulu surtout rechercher sans parti pris et indiquer simplement les progrès possibles par les réformes nécessaires. L'expérience lui a enseigné que celles-ci, lorsqu'elles sont radicales, produisent plus de ruines que de bons effets. Aussi les changements qu'il verrait introduire avec plaisir dans l'enseignement de l'histoire aux divers degrés de l'école primaire, n'ont-ils rien de révolutionnaire.

On accusera peut-être sa réserve. Cela ne saurait déplaire à un homme expérimenté qui croit que l'on peut tout améliorer — même dans le domaine de l'enseignement — sans rien détruire.

Nous ne pouvons pas espérer, et nous n'osons pas souhaiter que le lecteur éprouve, en parcourant ce volume, l'intérêt et le plaisir que nous avons eus à l'écrire. Soit que nous en réunissions les matériaux dans nos lectures ou dans nos courses à travers les écoles et les conférences cantonales, soit que nous les mettions en œuvre dans la retraite de notre cabinet, nous n'avons connu ni lassitude ni découragement. Nous avions la chère illusion que ce modeste travail serait utile aux écoles et ne serait peut-être pas inutile à notre pays. Ce serait pour nous une grande joie si l'avenir nous démontrait un jour que, par *l'Histoire dans l'enseignement primaire*, nous avons contribué pour une part réelle à l'œuvre de l'instruction populaire et de l'éducation nationale.

ALFRED PIZARD.

L'HISTOIRE
DANS L'ENSEIGNEMENT PRIMAIRE

PREMIÈRE PARTIE

Introduction de l'histoire dans les programmes de l'enseignement primaire.

CHAPITRE PREMIER
De 1789 à 1833.

I. Avant 1789. — L'histoire dans les collèges. Opinion de Voltaire et de Rollin. L'absence de l'histoire dans l'enseignement du premier âge : écoles de village, écoles urbaines.

II. La Révolution et l'Éducation nationale. — Talleyrand et la Constituante. Lauthenas, Lepelletier, Romme, Maille et Lakanal à la Convention.

III. Réaction. — L'Empire et la circulaire de Fontanes. La Restauration et l'ordonnance du 29 février 1816.

> « Développer le don de la mémoire en y gravant les plus beaux récits de l'histoire des peuples libres... »
> (Le Pelletier, *Plan d'enseignement soumis à la Convention nationale.*)

Il ne convient pas d'aborder dans cet ouvrage la périlleuse discussion sur l'état de l'enseignement primaire en France avant la Révolution. Les thèses les plus opposées sont chaque jour soutenues sur ce sujet, et dans l'un et l'autre camp les adversaires se portent des coups aussi vioents que mal assurés. Tant qu'on n'aura pas réuni sur cette matière et pour toutes les provinces de l'ancienne France les documents les plus authentiques et les plus précis afin de les analyser avec bonne foi et les discuter avec impartialité, il est prudent de réserver son opinion et de s'abstenir de prendre parti. Cependant, si, sur le nombre des écoles et des maîtres en exercice avant 1789, la lumière n'est pas encore complète, il n'est pas hasardeux de déclarer que les programmes d'enseignement de ces écoles étaient aussi restreints que possible; on peut surtout dire sans hésitation que l'histoire n'y tient aucune place. Comment aurait-elle pu s'introduire dans l'école des « gueux ignorants », comme disait Voltaire, lorsqu'on ne lui faisait même pas l'honneur de la comprendre dans les programmes de l'enseignement secondaire réservé aux riches et aux nobles ?

Dès le xviie siècle, Louis XIV écrivait (en 1675) que « la manière dont la jeunesse est instruite dans les collèges de l'Université laisse à désirer : les écoliers y apprennent tout au plus un peu de latin, mais *ils ignorent l'histoire*, la géographie et la plupart des sciences qui servent dans le commerce de la vie. » — Les jésuites, qui, jusqu'en 1768, avaient été si puissants dans l'enseignement secondaire, déclaraient que « *l'histoire est la perte de celui qui l'étudie.* » — Enfin Rollin lui-même, qui a écrit un si beau plaidoyer[1] en faveur de l'enseignement de l'histoire, faisait

1. « L'histoire, quand elle est bien enseignée, devient une école de morale pour tous les hommes. Elle décrie les vices, elle démasque les fausses vertus, elle détrompe des erreurs et des préjugés populaires, elle dissipe le prestige enchanteur des richesses et de tout ce vain éclat qui éblouit les hommes, et démontre, par mille exemples plus persuasifs que tous les raisonnements, qu'il n'y a de grand et de louable que l'honneur et la probité. De l'estime et de la considération que les plus corrompus ne peuvent refuser aux grandes et belles actions qu'elle leur présente, elle fait conclure que la vertu est donc le véritable bien de l'homme, et qu'elle seule le rend véritablement grand et estimable. Elle apprend à respecter

cette curieuse déclaration : « Je ne parle pas de l'histoire de France. Je ne crois pas qu'il soit possible de trouver du temps pendant le cours des classes pour s'appliquer à cette étude ; mais je suis bien éloigné de la considérer comme indifférente, et je vois avec douleur qu'elle est négligée par beaucoup de personnes, à qui pourtant elle serait fort utile, pour ne pas dire nécessaire. *Quand je parle ainsi, c'est à moi-même le premier que je fais le procès. Car j'avoue que je ne m'y suis point assez appliqué, et j'ai honte d'être en quelque sorte étranger dans ma propre patrie, après avoir parcouru tant d'autres pays.* » Et, après cette loyale confession, il ajoute ce conseil : « Si l'on n'a pas le temps d'enseigner aux jeunes gens dans les classes l'histoire de France, il faut tâcher au moins de leur en inspirer le goût, en leur en citant de temps en temps quelques traits qui leur fassent naître l'envie de l'étudier quand ils en auront le loisir[1]. » Le conseil est aussi naïf

---

cette vertu et à en démêler la beauté et l'éclat à travers les voiles de la pauvreté, de l'adversité, de l'obscurité, comme, au contraire, elle n'inspire que du mépris et de l'horreur pour le vice, fût-il revêtu de pourpre, tout brillant de lumière et placé sur le trône. *L'histoire est le premier maître qu'il faut donner aux enfants*, car il est également propre à les amuser et à les instruire, à leur former l'esprit et le cœur, à leur enrichir la mémoire d'une infinité de faits aussi agréables qu'utiles, à leur donner enfin, par l'attrait du plaisir qui en est inséparable, du goût pour l'étude. » (Rollin.)

1. Il faut reconnaître que cette méthode avait des adversaires et n'était pas universellement adoptée. Le compte rendu du président Rolland au parlement de Paris, présenté le 13 mai 1768 après l'expulsion des jésuites, demandait « que les actions de nos rois et de nos grands hommes ne fussent plus ignorées, et qu'un professeur spécial fût chargé de l'enseignement de l'histoire. (V. *Dictionnaire pédagogique*, série 7, 1re partie, p. 1052.) — Du reste, les oratoriens, adversaires des jésuites dans l'enseignement secondaire, avaient dans chacun de leurs collèges un professeur spécial chargé de l'enseignement de l'histoire. Il est vrai que l'histoire bataille était l'unique objet de cet enseignement. Le principal abrégé, celui de M. Berthouet, a pour titre *Florus Gallicus, sive a veteribus Gallis belli gestarum rerum epitome*. (V. Compayré, *Doctrines de l'éducation*, I, p. 228 et suiv.)

que la confession est humiliante. Retenons bien ce mot, qui caractérise toute la méthode de l'enseignement secondaire au XVIII° siècle : *étranger dans sa propre patrie*.

Si, dans les collèges, l'enseignement, confiné dans un étroit formalisme, redoutait l'étude des faits historiques, on doit penser que le nom même de l'histoire était inconnu dans les petites écoles. A la campagne, les pauvres diables qui couraient les villages à la recherche d'un emploi de magister et qui, presque partout, étaient considérés comme des déclassés, avaient bien d'autres soucis que d'apprendre, pour l'enseigner ensuite, l'histoire de leur pays. Dans les villes, la plupart des écoles étaient confiées aux frères de la Doctrine chrétienne. Or, en 1698, lorsque de la Salle avait fondé, rue de l'Ourcine, à Paris, son *séminaire urbain*, pour y préparer les maîtres qui se destinaient à enseigner dans les villes et les bourgs, il avait désigné, comme matières d'enseignement, le catéchisme, la lecture, l'écriture, l'arithmétique, le système des poids et mesures, le chant d'église. L'histoire n'est pas nommée. Dans leurs grandes écoles, dans leurs pensionnats, qui formaient assurément le degré le plus élevé de l'enseignement primaire, les frères de la Salle enseignaient la rhétorique, la géographie, l'hydrographie, la mécanique, la physique. « On enseigne à Saint-Yon, est-il dit dans un tableau de Rouen, en 1774, tout ce qui peut concerner le commerce, la finance, le militaire, l'architecture et les mathématiques; en un mot, tout ce qu'un jeune homme peut apprendre... à l'exception du latin[1]. » L'histoire n'était pas comptée parmi les matières qu'un jeune homme peut apprendre : elle n'était donc pas enseignée. Elle ne pouvait pas l'être.

Beaucoup de causes rendaient cet enseignement impossible dans les écoles du peuple.

---

1. V. *Dictionnaire pédagogique*, série 7, 1re partie, p. 110.

AVANT LA LOI DE 1833

L'histoire était considérée, au XVIIIᵉ siècle, comme un travail de rhétorique pour les beaux esprits, et comme une leçon de gouvernement pour les princes. Elle était trop haut placée dans l'opinion publique pour qu'on voulût la faire descendre humblement dans les écoles, et qu'on la servît en leçons entre l'alphabet et la table de Pythagore. C'était un mets royal[1]. Condillac déclare qu'elle est plus nécessaire aux princes qu'aux autres hommes. « Après avoir appris à penser, dit-il, le prince fit de l'histoire son principal objet pendant six ans. » Cette étude de l'histoire, Condillac l'impose au prince parce qu'elle est « *un code de morale et de législation* », et il explique sa pensée dans cette comparaison pittoresque : « *Il faut que le prince étudie l'histoire comme un pilote étudie les naufrages de ceux qui ont navigué avant lui*[2]. » Voltaire, dans l'article qu'il consacre à l'histoire dans l'*Encyclopédie*, dit aussi :

« L'avantage de l'histoire consiste dans la comparaison qu'un homme d'État, un citoyen, peut faire des lois et des mœurs étrangères avec celles de son pays. Les grandes fautes passées servent beaucoup en tout genre ; on ne saurait trop mettre devant les yeux les crimes et les malheurs causés par des querelles absurdes. Il est certain qu'à force de renouveler la mémoire de ces querelles on les empêche de renaître... » En négligeant le mot de citoyen, qui, dans l'esprit de Voltaire, ne s'appliquait certes pas aux sujets du roi de France, on voit que le collaborateur de l'*Encyclopédie* ne trouve dans les enseignements de l'histoire que des directions politiques pour les hommes

---

1. Encore faut-il observer qu'au XVIIIᵉ siècle, les écrivains n'avaient pas été unanimes pour astreindre les princes à l'enseignement historique. Sans doute Bossuet voulait faire apprendre au Dauphin l'histoire de France, *qui est la sienne*. Mais Nicole déclare que *l'histoire nuit aux princes plus qu'elle ne leur sert*.

2. V. Compayré, *Doctrines de l'éducation*, II, p. 161.

d'État. Cela est si vrai, qu'après avoir constaté ce premier avantage, il se hâte de rechercher l'utilité des connaissances historiques au point de vue des relations extérieures et de l'action diplomatique, et il dit : « La grande utilité de l'histoire moderne et l'avantage qu'elle a sur l'ancienne, est d'apprendre à *tous les potentats* que, depuis le XVe siècle, on s'est toujours réuni contre une puissance prépondérante. » Sans vouloir insister sur cette bizarre intervention de l'histoire en faveur de l'équilibre européen, constatons du moins que ces enseignements s'adressent *aux potentats*, comme les précédents *aux hommes d'État*. L'histoire est une science d'application : elle ne convient pas à la masse de la nation ; elle ne s'adresse qu'aux pilotes et aux pasteurs des peuples.

Mais, pendant la Révolution, on voulut que le peuple se gouvernât lui-même : il n'avait donc plus besoin de *pasteurs*, et dut naviguer sans *pilotes*. La démocratie, égalitaire et libre, essayant de s'élever sur les ruines des castes anciennes et du gouvernement absolu, le souverain devait être désormais toute la nation. A ce souverain nouveau il fallait une éducation nouvelle : la pédagogie fut à la remorque de la politique, et l'art d'élever les citoyens suivit nécessairement la même évolution que celui de les gouverner. Avec la période de la Révolution française, nous entrons donc brusquement dans un système pédagogique absolument opposé à celui de l'ancien régime.

Avant 1789, l'enseignement du peuple, religieux et formaliste, était parfaitement approprié à la condition des sujets qui se laissaient gouverner, la crainte de Dieu et l'ignorance des choses du gouvernement étant les deux principes de la sagesse populaire[1].

---

1. Bien qu'un peu éloigné de notre sujet, ce passage de Guizot mérite d'être cité : « Avant 1789, l'instruction primaire était presque complètement abandonnée à la charité publique et à celle de l'Église, qui, en certains lieux, la procuraient aux pauvres ; tandis qu'en beau-

Pendant la Révolution, au contraire, l'enseignement a la prétention de devenir rationnel et pratique : il s'adresse aux citoyens qui, de près ou de loin, participeront au gouvernement de la démocratie nouvelle. Tous — ou à peu près — ont désormais leur part de souveraineté, tous donc doivent recevoir l'enseignement destiné au souverain. L'histoire deviendra une des parties essentielles de cet enseignement.

Depuis la réunion des états généraux jusqu'à la fin de la République et au commencement de l'Empire, toutes les assemblées et tous les partis essayèrent, avec plus ou moins de constance et d'esprit de suite, d'organiser cet enseignement et de fonder l'*éducation nationale* (mot nouveau qui indique une profonde révolution). Les gouvernements antérieurs s'étaient à peu près désintéressés de la question, et avaient laissé aux communautés et à l'Église le rôle prépondérant en matière d'éducation.

Les hommes de la République dépouillèrent l'Église de ce monopole, qui fit retour à l'État. Lorsqu'on lit les délibérations de la Constituante et surtout de la Convention, les rapports, les projets de décret, présentés et soutenus par Talleyrand, Lanthenas, Romme, Lakanal, Daunou, etc., on ne peut se défendre d'un mouvement d'admiration pour tous ces réformateurs, qui poursuivaient avec opiniâtreté la régénération du pays par l'enseignement et l'éducation nationale. *Le catéchisme politique, l'éducation des hommes libres, la morale républicaine,* voilà leurs préoccupations ! Pour élever le peuple dans l'amour de la liberté et de la

---

coup d'autres nul n'y songeait et n'en prenait soin ; aucune surveillance générale ne s'exerçait à cet égard. Une instruction religieuse très incomplète et souvent fort négligée était toute l'éducation populaire ; et lorsque le cours des événements a livré ce peuple aux mains des factieux ou à lui-même, il ne s'est rien trouvé dans les leçons et les habitudes de son enfance qui pût opposer quelque obstacle à ses erreurs et à ses excès. » (Guizot, *Essai sur l'histoire ; état actuel de l'instruction publique en France* ; Paris, 1816.)

Révolution, ces réformateurs voulaient presque tous se servir de l'histoire. Hâtons-nous d'ailleurs de reconnaître de bonne grâce que c'était, non pas l'histoire sereine qui domine les partis pour la sauvegarde de la liberté, — mais l'histoire militante, qui descend dans l'arène politique avec tout l'attirail de ses terribles arguments.

Dans les assemblées politiques, les clubs, les théâtres[1], l'histoire fut mise en réquisition. Les républiques grecques et romaines, Brutus et Catilina, Solon et César, toutes les institutions de l'antiquité et tous les grands hommes, figurèrent successivement dans les harangues des assemblées et dans les représentations des théâtres. Par tous les moyens on voulait faire connaître et aimer les peuples libres et les vertus républicaines; et comme on apportait à l'affaire plus d'ardeur que de science, il y eut bien des mascarades! Joseph Chénier, indigné des fausses applications historiques, disait avec beaucoup d'à-propos devant la Convention : « Aucun législateur, aucun peuple, ne nous a laissé des modèles que puisse adopter la République française. Quant aux anciens législateurs qui se sont principalement occupés de l'éducation, le législateur

---

1. « Les Grecs et les Romains ont joué un grand rôle dans la Révolution. Prenez n'importe quel discours, lisez n'importe quelle proclamation, ouvrez au hasard un journal, feuilletez un pamphlet, vous y trouverez quatre-vingt-dix fois sur cent des allusions directes à l'expulsion de Tarquin, à la mort de César, à l'histoire de Brutus, à l'inflexibilité de Lycurgue, à la sagesse de Solon, à la conspiration de Catilina, etc. Tout le monde cite un auteur grec ou un auteur romain, souvent deux à la fois... Le théâtre n'échappe pas à cette manie... Il abuse des tragédies grecques et romaines : Marie-Joseph Chénier écrit *Caius Gracchus* et *Timoléon*; Laya, *Une Journée du jeune héros*; Antoine-Vincent Arnault, *Marius à Minturnes*, *Lucrèce*, *Horatius Coclès*; Lafond, *la Mort d'Hercule*; Gabriel Legouvé, *la Mort d'Abel*, *Quintus Fabius*, *Épicharis et Néron ou conspiration pour la liberté*, *Étéocle*; Népomucène Lemercier, *Agamemnon*, *Orphis*; Raymond, *Caton d'Utique*; Luce de Lancival, *Mucius Scævola*; Collot d'Herbois, *le Procès de Socrate*. » (Welschinger, *le Théâtre de la Révolution*, 3ᵉ partie : *les Grecs et les Romains*.)

des Crétois, par exemple, et celui des Spartiates, je ne sais pourquoi l'on nous cite encore si souvent leurs institutions.

« *Je veux croire un moment qu'elles étaient convenables à leur nation et à leur siècle :* **c'est précisément pour cela qu'elles ne nous conviennent pas.** Elles nous sont absolument inapplicables, je ne dis pas seulement par la différence des mœurs et des localités, mais par cette inégalité prodigieuse d'expérience, de moyens, de connaissances positives qui existent entre les sociétés anciennes et les sociétés modernes, et qui les séparent autant que la nature a séparé dans les individus les proportions débiles de l'enfance et la vigueur de l'âge mûr. » Ce langage si clair et si sobre ne fut pas compris. On continua de batailler au nom d'Athènes, de Sparte et de Rome. Ces leçons de l'histoire, que les orateurs politiques accaparaient au profit de leurs thèses et de leurs projets de loi, étaient du moins — il faut bien le reconnaître — d'excellents plaidoyers en faveur de l'enseignement patriotique et civique. L'histoire venait ainsi en aide à la Révolution. On peut juger ce qu'elle devait être d'après les services qu'on exigeait d'elle. Il fallut aux éducateurs du peuple enseigner *l'histoire de la Révolution et l'histoire des peuples libres*. A quoi bon l'étude d'un passé dont on aurait voulu effacer le souvenir? Tous les hommes d'État et tous les orateurs qui s'occupèrent de la réforme, Talleyrand, Romme, Lakanal, Daunou, etc., n'introduisaient l'histoire dans l'école que pour l'employer au profit de la Révolution.

Talleyrand, par exemple, dans son rapport à la Constituante, demande qu'on enseigne dans les écoles du premier degré les *principes de la Constitution*, et il dit à ce sujet : « Il faut apprendre à connaître la Constitution; il faut que la déclaration des droits et les principes constitutionnels composent à l'avenir un nouveau catéchisme pour l'enfance, qui sera enseigné jusque dans les plus petites écoles du royaume. » L'évêque d'Autun réservait aux écoles de district l'enseignement de l'histoire, à condition que ce fût *l'histoire des peuples libres, l'histoire de France, ou plutôt des Français, quand il en existera une*[1].

A la Convention, le premier projet de décret relatif à l'organisation de l'enseignement ne comprenait pas l'histoire dans les programmes des écoles; néanmoins le rapporteur, Lanthenas, avait bien déterminé le caractère nouveau de l'enseignement : « Dans les écoles primaires, disait-il, *la mémoire des enfants ne sera plus exercée que par la connaissance des choses et leurs justes rapports*. Les sentiments de leur cœur seront dirigés par des lectures appropriées à leur âge. Leur attachement envers leurs parents, *leur amour pour la patrie et pour ses lois*, leur bienfaisance même envers les animaux, leur sensibilité aux charmes de la nature et aux dons des arts, seront aussi soigneusement cultivés. *La constitution politique leur sera rendue familière.* » Quelques mois plus tard, Lepelletier, dans son fameux *plan d'enseignement*, étendait encore le programme des connaissances qu'on doit acquérir dans les écoles primaires : « Apprendre à lire, disait-il, écrire, compter, mesurer, recevoir des principes de morale, une connaissance sommaire de la Constitution, des notions d'économie domestique et rurale, *développer le don de la mémoire en y gravant les plus beaux récits de l'histoire des peuples libres et de la Révolution française*, voilà le nécessaire pour chaque citoyen. » A la suite de la discussion de ce plan, la commission d'éducation nationale soumettait à la Convention un nouveau projet de décret (Romme, rapporteur), dont l'article IV était ainsi conçu : « Tout individu, depuis l'âge de six ans, est inscrit dans les écoles nationales. Il y apprend à connaître ses droits et ses devoirs, comme homme et comme citoyen...

1 V. *Dictionnaire pédagogique*, art. *France*.

par l'exercice de ses facultés intellectuelles et les grands exemples des vertus sociales puisés dans les annales des hommes libres, et surtout de notre Révolution. Chacun est préparé à devenir l'ami et le défenseur intrépide de la patrie. » Le comité voulait donc placer l'histoire à la base de l'enseignement civique et patriotique. En effet, le tableau des programmes annexés au projet de décret comprend :

1° Pour les premières classes de l'enfance, *traits et anecdotes de la Révolution* ;

2° Pour les secondes écoles de l'enfance, *notions historiques de la Révolution* ;

3° Pour les écoles de l'adolescence ou troisièmes écoles, *histoire morale, politique, industrielle, commerciale des peuples, pour perfectionner notre industrie et nos ressources par leurs arts.*

Le 30 vendémiaire, ce projet était transformé en un décret dont l'article III est ainsi rédigé : « Dans les écoles, les enfants apprennent à parler, lire, écrire la langue française. On leur fait connaître les traits de vertu qui honorent le plus les hommes libres, et particulièrement les traits de la Révolution française les plus propres à leur élever l'âme et à les rendre dignes de la liberté et de l'égalité. » La Convention suivait donc fidèlement son comité et demandait à l'histoire l'enseignement des vertus. Il fallait, pour les maîtres et pour les élèves, des livres conçus dans cet esprit et inspirés de ces principes. Aussi le 29 frimaire (an II), sur le rapport de Bouquier, la Convention accepta-t-elle un nouveau décret sur l'organisation de l'instruction publique : l'article premier (section 3) dit : « La Convention nationale charge son comité d'instruction publique de lui présenter les livres élémentaires des connaissances absolument nécessaires pour former les citoyens, et *déclare que les premiers de ces livres sont les* Droits de l'homme, la Constitution, le Tableau des actions héroïques ou vertueuses. »

L'*éducation nationale* étant une des préoccupations constantes de la Convention, les discussions sur cette matière se renouvelèrent fréquemment dans la grande assemblée. L'introduction de l'histoire dans les programmes d'enseignement des premières écoles provoqua de nouveaux débats. Au sujet du rapport sur le projet de Lakanal, Mailhe fit cette observation : « Je ne vois dans l'article (des programmes) aucun objet qui ne soit d'une absolue nécessité ; mais je crois qu'on en a omis un qui me paraît indispensable pour des républicains : ce sont les éléments de l'histoire. » A quoi Lakanal répondit : « Le comité a pensé qu'il fallait apprendre aux enfants les éléments de l'histoire des peuples libres ; mais il a cru que cet objet devait rentrer pour eux dans les divers développements de la morale et de la constitution républicaines. »

Aussi le décret qui termina cette discussion (décret du 27 brumaire an III) cite-t-il parmi les matières de l'enseignement :

« ... 3° *Des instructions élémentaires sur la morale républicaine*;

« ... 6° *Les éléments de la géographie et de l'histoire des peuples libres.* »

Les discussions de la Convention n'aboutirent pas toujours à des projets de loi[1] et les décrets ne furent pas toujours suivis d'effet. On put alors constater sans doute que, dans le domaine scolaire, la bonne semence est lente à prendre racine et à sortir de terre. Il n'en est pas moins vrai que cette assemblée a médité — si elle n'a pas eu le

1. La dernière loi importante sur l'enseignement qui ait été discutée et adoptée par la Convention est celle du 3 brumaire an IV. Le rapporteur fut Daunou. L'article V énumère ainsi les matières du programme de l'enseignement primaire : « Dans chaque école primaire on enseigne à lire, à écrire, à calculer, et les *éléments de la morale républicaine.* » L'histoire n'y figure plus ; mais, suivant la doctrine de Lakanal, elle rentrait, sans aucun doute, dans les éléments de la morale républicaine.

temps de les réaliser — des réformes radicales en matière d'enseignement et d'éducation nationale. A l'enseignement des mots et des formes elle a essayé de substituer celui des faits et des choses ; elle a voulu surtout qu'aucun Français ne fût désormais *un étranger dans son propre pays*. Dans ce but, elle créa l'enseignement de la constitution et de l'histoire. Sans doute elle introduisait dans les écoles l'histoire comme une machine de guerre ; c'était une arme à double fin : défensive pour le gouvernement, offensive à l'égard de ses adversaires. Cette tache originelle, dont il faut reconnaître loyalement toute l'importance, lui valut une longue proscription, lorsque la France s'abandonna aux gouvernements de la contre-révolution ; et il se passa plus d'un demi-siècle avant qu'un homme d'État, — le plus autorisé des révolutionnaires en matière d'enseignement, — Duruy, pût reconnaître publiquement à l'enseignement historique « une grande vertu d'apaisement ».

Si l'on néglige les exagérations, qui sont des accidents passagers, pour voir l'œuvre dans son principe, on est pourtant bien obligé de convenir que la Révolution a donné à cet enseignement sa véritable orientation. Plus préoccupée d'éducation que d'instruction, elle a voulu élever les caractères et former les âmes populaires, en leur proposant pour exemple les vertus des grands hommes et des peuples. Ce doit être encore le but essentiel (nous dirions volontiers l'unique but) de l'enseignement de l'histoire dans les écoles primaires. Depuis cette époque mémorable, l'histoire a pu sortir de la voie où on l'avait engagée ; elle est devenue en apparence plus savante, certainement plus aride, avec ses interminables nomenclatures d'hommes, de faits et de dates. Ce fut un malheur ; car cet enseignement demeura sans vie et n'eut plus d'âme. Il faudra toujours — en se gardant des excès — revenir à la doctrine fixée par la Convention et qu'on n'aurait jamais dû abandonner.

Sous l'Empire, l'histoire devait expier les faveurs qu'elle avait reçues de la Convention. Elle n'est même pas enseignée à ceux qui doivent diriger les écoles primaires. Le décret du 17 mars 1808 dit : « Il sera pris par l'Université des mesures pour que l'art d'enseigner à lire, à écrire, et les premières notions du calcul, dans les écoles primaires, ne soit exercé désormais que par des maîtres assez éclairés pour communiquer facilement et sûrement ces premières connaissances nécessaires à tous les hommes.

« A cet effet, il sera établi, auprès de chaque académie et dans l'intérieur des collèges et des lycées, une ou plusieurs classes normales, destinées à former des maîtres pour les écoles primaires. On y exposera les méthodes les plus propres à perfectionner l'art de montrer à *lire*, à *écrire* et à *chiffrer*. »

Lire, écrire et chiffrer, voilà à quoi se réduisent sous le premier Empire les premières connaissances nécessaires à tous les hommes! Que devient l'étude des peuples libres et de la morale républicaine? Cette invention des conventionnels ne pouvait trouver grâce devant la monarchie impériale : l'*éducation nationale*, cette charge que la Convention voulait imposer à l'école primaire, fit retour à l'Église. Le *Catéchisme à l'usage de toutes les églises de l'Empire français*[1] contient à ce sujet de curieuses révélations. Après avoir énuméré les devoirs des chrétiens à l'égard du souverain, le catéchisme renferme la demande et la réponse suivantes :

« D. N'y a-t-il pas des motifs particuliers qui doivent plus fortement nous attacher à Napoléon Ier, notre empereur?

« R. *Oui, car il est celui que Dieu a suscité dans des circonstances difficiles pour rétablir le culte public de la reli-*

---

[1]. Publié à Paris, chez la veuve Nyon, rue du Jardinet, n° 1, en 1806. Voir, au sujet de ce catéchisme, le curieux article de P. Beurdeley dans la *Revue pédagogique*, livraison du 15 juin 1883, p. 540.

gion sainte de nos pères et en être le protecteur. Il a ramené et conservé l'ordre public par sa sagesse profonde et active, et défend l'État par son bras puissant; il est devenu l'oint du Seigneur par la consécration qu'il a reçue du souverain pontife, chef de l'Église universelle[1]. »

Le catéchisme ne dédaigne pas une incursion dans l'histoire contemporaine : avec quel art il indique les *circonstances difficiles* sans insister! L'histoire, ainsi dénaturée par l'Église, devient la complice du pouvoir, au lieu d'être l'auxiliaire de la vérité.

Le grand maître de l'Université, Fontanes, ne déguise pas les services qu'il attend de cette façon d'envisager l'histoire contemporaine. Bien qu'elle s'adresse à l'enseignement secondaire, sa célèbre circulaire du 27 novembre 1810 doit être rappelée ici. Elle condamne le personnel enseignant à célébrer et à faire célébrer le maître de la France[2]. Dans un moment d'indignation Guizot put dire,

---

[1]. Le catéchisme impérial est en parfait accord avec les principes de l'Université. « Toutes les écoles de l'Université impériale, dit le décret de fondation, prendront pour base de leur enseignement : 1° les préceptes de la religion catholique ; 2° la fidélité à l'empereur, à la monarchie impériale, dépositaire du bonheur des peuples, et à la dynastie napoléonienne, conservatrice de l'unité de la France et de toutes les idées proclamées par la Révolution. »

[2]. « Monsieur le principal,

« Les sujets de composition qu'on donne aux élèves dans les établissements de l'Université sont pour la plupart tirés des annales grecques et romaines ; il est rare que ces jeunes gens aient à traiter des événements de notre histoire ; elle est néanmoins plus intéressante encore pour les Français que les hauts faits de l'antiquité.

Le renouvellement de l'année classique favorise l'exécution des mesures qu'il convient de prendre à cet égard. Je vous prie de recommander à MM. les régents de votre collège de donner fréquemment pour sujets de composition, tant en vers qu'en prose, les principaux faits de l'histoire de France, et particulièrement ceux qui rendent à jamais mémorable le règne sous lequel nous vivons. Les innombrables exploits de nos armées sous les ordres de S. M. l'Empereur et de ses généraux, la haute sagesse de ses lois, ses travaux administratifs, les embellissements de ses villes, les monuments

au sujet de ces instructions données à l'Université impériale, que « Napoléon s'efforçait de convertir en un instrument de despotisme une institution qui tendait à n'être qu'un foyer de lumières[1]. »

En réalité, le système de l'Empire est peu différent de celui de la Convention. Tous deux ont le même but : défendre le pouvoir existant. Tous deux s'efforcent de l'atteindre par le même procédé : faire connaître les bienfaits que la nation a reçus de ce pouvoir. Il y a pourtant deux différences qui méritent d'être signalées : d'une part, l'empereur n'autorise ces exercices scolaires qu'aux rhétoriciens des classes d'humanité, tandis que la Convention aurait voulu répandre ces lumières dans le pays tout entier ; de l'autre, l'empereur ne permettait de célébrer que les gloires de l'Empire, tandis que les pédagogues du comité d'éducation nationale auraient voulu allier à l'histoire de la Révolution française celle de tous les peuples libres.

La Restauration ne pouvait pas être plus libérale que l'Empire. Protégée par l'Église, la monarchie restaurée fut toujours à la merci de la Congrégation. Quand les hommes politiques, aux gages de Louis XVIII et de Charles X, protestaient contre les événements passés en effaçant le Consulat et l'Empire, pour ne laisser dans l'histoire que le général Buonaparte, les pédagogues pouvaient-ils appeler les enfants des écoles à méditer sur cette terrible histoire dont leurs maîtres auraient voulu anéan-

publics qu'il a fondés, l'éclatante protection qu'il accorde aux sciences et aux arts, à l'industrie ; la vaste influence de son génie sur le sort de la France et de l'Europe, enfin l'amour qu'on doit à son auguste personne, et le bonheur que nous promet sa dynastie, sont une source inépuisable de sujets que les élèves des écoles françaises ne pourront traiter sans un vif intérêt.

Je vous prie de veiller soigneusement à l'exécution de la mesure que je prescris. »

1. Guizot, *Essai sur l'histoire et l'état actuel de l'instruction publique en France*, p. 92.

tir le souvenir? Et d'autre part, sous le régime de la charte octroyée, à quoi bon l'histoire qui discute, lorsqu'il s'agit du dogme qui s'impose[1]? On peut se rendre exactement compte des intentions du gouvernement en matière scolaire, si l'on examine les conditions qu'il imposait à ceux qui voulaient exercer les fonctions d'instituteurs. L'ordonnance du 29 février 1816 établissait trois degrés de brevet de capacité :

« Le troisième degré, dit cette ordonnance, ou degré inférieur, sera accordé *à ceux qui savent suffisamment lire, écrire et chiffrer pour en donner des leçons.*

« Le deuxième degré, *à ceux qui possèdent bien l'orthographe, la calligraphie et le calcul, et qui sont en état de donner un enseignement simultané, analogue à celui des frères des Écoles chrétiennes.*

« Le premier degré ou supérieur, *à ceux qui possèdent par principe la grammaire française et l'arithmétique, et sont en état de donner des notions de géographie, d'arpentage et d'autres connaissances utiles dans l'enseignement primaire.* »

Ainsi dans cette hiérarchie des maîtres d'école, on peut atteindre le plus haut échelon sans avoir étudié les notions les plus élémentaires de l'histoire. Ces connaissances historiques, n'étant pas exigées des maîtres, durent naturellement rester tout à fait ignorées des élèves.

L'Ancien et le Nouveau Testament, la vie des saints, les lectures édifiantes, les instructions chrétiennes de la jeunesse, devinrent les seuls livres en usage dans les écoles primaires. La piété et la dévotion furent l'objet principal

---

1. Le président de la commission de l'instruction publique écrit alors aux recteurs : « L'objet de l'instruction primaire est surtout de multiplier, de renforcer en quelque sorte l'instruction religieuse. » Nous voici bien loin de l'éducation nationale ! (Circulaire aux recteurs [15 mars 1816] pour l'explication de l'ordonnance du 29 février de la même année.)

de l'enseignement; et, ainsi, pendant toute la Restauration, rien ne survécut des généreux efforts de la Convention pour vivifier, par l'enseignement de l'histoire, l'éducation nationale[1].

[1]. Nous voudrions pouvoir citer ici tout le chapitre du *Tableau de Lorain* consacré aux *livres et méthodes*, et tous les extraits de rapports d'inspection dont ce chapitre est accompagné. Rien ne peint mieux l'école primaire telle qu'elle fonctionna sous la Restauration et pendant les premières années du règne de Louis-Philippe. Nous devons, faute de place, abréger cette citation : « Les meilleurs livres, dit-il, ne sont pas toujours bons pour l'enfance, et je n'hésiterais pas à condamner pour elle l'usage même des extraits ordinaires de la Bible, à commencer par le récit de la chasteté de Joseph. La vie des saints n'est pas non plus sans danger, et quand celles de saint Quentin et de saint Dominique n'auraient d'autre inconvénient que d'être mêlées d'un merveilleux qui éblouit la raison de ces jeunes intelligences, j'aimerais mieux remettre à un âge plus avancé ces lectures appelées édifiantes. Je n'en veux citer qu'un exemple. De tous les livres portés dans les tableaux, il n'en est pas dont l'emploi soit plus général dans les écoles, il n'en est pas qui soit mieux accueilli par le clergé que l'*Instruction des jeunes gens* par le père Gobinet; il n'en est pas dont les intentions soient plus pures. Voici pourtant ce qu'on y trouve : « Saint Jérôme dit que le diable est un serpent glissant, et que, comme pour empêcher un serpent d'entrer en un trou, il faut prendre garde qu'il n'y mette point la tête, laquelle, étant une fois passée, tire après elle le reste du corps, sans qu'il soit possible de le retenir; ainsi, pour empêcher le diable d'entrer en notre âme par le péché, il faut résister à ses premières tentations. »

La pensée sale qui n'est point repoussée cause la délectation, tire le consentement; le consentement produit l'action; de l'action vient l'habitude, de l'habitude la nécessité, de la nécessité la mort, et comme la vipère est tuée par les petits qu'elle porte dans son ventre, ainsi nous recevons la mort par nos mauvaises pensées quand nous les nourrissons dans notre cœur.

La seconde cause de l'impureté est l'intempérance du boire et du manger, avec laquelle il est impossible de conserver la chasteté en quelque âge que ce soit, mais principalement dans la jeunesse. La chaleur du sang qui bouillonne en cet âge n'excite que trop les voluptés sensuelles; mais quand elle est aidée par des causes extérieures comme le vin et la bonne chère, elle fait un embrasement incroyable. Écoutez ce que dit saint Jérôme, qui en parle par sa propre expérience. En l'épître à Féria, il dit que le mont Etna, le mont Vésuve et le mont Olympe, qui exhalent continuellement des feux et des flammes, ne brûlent pas avec tant d'ardeur que les moelles des jeunes gens, lorsqu'elles sont enflammées par le vin et les viandes.

Le Sage nous donne cet avertissement si important : « Ne demeurez point parmi les femmes, parce que, comme le ver s'engendre dans les vêtements, ainsi l'iniquité de l'homme vient de la femme. »

« Joignez aussi aux causes précédentes les baisers, qui sont souvent entre les jeunes gens les effets de sensualité et d'affection déshonnête, quoiqu'elle soit quelquefois cachée; ils donnent commencement à beaucoup de péchés et de saletés. C'est pourquoi un bon auteur les appelle les morsures du diable et les arrhes du péché. »

Je demande si ces conseils ne sont pas propres à éveiller plutôt, chez les enfants, les mauvaises pensées qu'on y veut combattre. Or, ces lectures ne sont pas seulement isolées, elles sont communes, elles se font à haute voix, dans des écoles où les filles sont obligées pendant ce temps d'affronter les regards des garçons et du maître, et l'innocence stupide des admirateurs de ce livre est allée si loin, que nous retrouvons les mêmes détails reproduits textuellement dans un ouvrage imprimé en 1830 et spécialement destiné aux filles!

Parmi les rapports d'inspection cités à l'appui, il faut lire ceux de la Moselle (arrondissement de Metz), de l'Aisne (arrondissement de Laon), du Calvados (arrondissement de Falaise), de Maine-et-Loire (arrondissement de Segré), etc.

Celui de la Moselle dit : « L'instruction des jeunes gens comprend des détails trop minutieux, des dissertations trop longues sur les devoirs du *parfait chrétien*, souvent même les matières des explications et les explications elles-mêmes sont faites pour donner aux enfants des idées qu'ils doivent plutôt ignorer.

« Le *Manuel de dévotion*, enfin, qui devrait se borner aux prières les plus simples de la religion, en contient trop pour la quantité, beaucoup trop surtout pour la qualité, s'il est permis de le dire. Ce sont souvent les niaiseries les plus ridicules qui aient pu sortir d'une cervelle humaine. Ce livre est terminé par une vie de sainte Marguerite où sont résumées les croyances les plus superstitieuses dont on ait pu broder les vies de tous les autres martyrs. »

Nous conseillons vivement la lecture du Tableau de Lorain à tous ceux qui veulent connaître l'état de l'enseignement primaire à la fin du gouvernement de la Restauration.

CHAPITRE II

De la loi de 1833 à la loi de 1867.

Organisation des écoles normales. — Ordonnance du 11 mars 1831. Les programmes des écoles normales de 1838 et la circulaire Salvandy. Le règlement du 24 mars 1851. La circulaire Fortoul du 31 octobre 1854.
Le ministère Dupuy. — La circulaire du 23 septembre 1863. L'enquête de 1864. L'instruction ministérielle de 1866. La loi de 1867. La circulaire pour les brevets.

> « Il importe que des explications simples et claires soient données aux élèves sur les faits les plus remarquables de l'histoire nationale... »
> (MONTALIVET, *Projet de loi*, 1831.)

La révolution de 1830 donna le pouvoir à des hommes qui, en matière d'enseignement, voulurent immédiatement répudier les erreurs du gouvernement de la Restauration. Le premier ministre auquel le roi Louis-Philippe confia l'administration de l'instruction publique constata d'abord l'état misérable dans lequel végétaient les écoles primaires. Dans son rapport de 1831, Montalivet établissait que, sur les 38,135 communes du royaume, 13,984 n'avaient pas d'écoles; que, sur 2,401,178 garçons d'âge scolaire, 1,372,206 seulement étaient inscrits aux écoles; et il ajoutait : « Tout porte à croire que les écoles spécialement destinées aux filles ont été laissées dans une situation encore plus déplorable ». Cette situation appelait de promptes réformes. La même année, le ministre proposait aux Chambres un projet de loi pour la réorganisation de l'enseignement primaire, et il introduisait dans les programmes l'enseignement facultatif de l'histoire[1]. Cette pre-

[1]. L'article premier du projet de Montalivet définit le programme de l'enseignement primaire qui doit comprendre, « l'instruction morale

mière tentative de réforme ne réussit pas; elle échoua devant l'opposition de la Chambre des députés, mal conseillée par son rapporteur, Daunou. Elle ne doit pourtant pas être oubliée, car elle marque, dès la première année du règne de Louis-Philippe, les heureuses tendances de ce gouvernement, qui revendiquait, en matière d'enseignement, une partie de l'héritage de la Révolution, et elle doit être considérée comme l'origine de la loi de 1833.

Celle-ci est la première et la plus importante charte de l'enseignement primaire en France.

L'article premier dit :

« L'instruction primaire est élémentaire ou supérieure. L'enseignement primaire élémentaire comprend nécessairement : l'instruction morale et religieuse, la lecture, l'écriture, les éléments de la langue française, du calcul, et le système légal des poids et mesures.

« L'instruction primaire supérieure comprend nécessairement en outre : 1° les éléments de la géométrie et ses applications usuelles, spécialement le dessin et l'arpentage; 2° des notions des sciences physiques et de l'histoire naturelle applicables aux usages de la vie ; 3° le chant; 4° les éléments de l'histoire et de la géographie et surtout de l'histoire et de la géographie de la France. »

L'histoire, dont Guizot avait dit dans l'exposé des motifs : « *Nous cessons d'être étrangers à la vie et à la destinée de notre espèce, surtout par l'histoire de notre patrie, qui nous identifie avec elle* », était donc réservée aux écoles pri-

---

et religieuse, la lecture, la langue française, le calcul, le système légal des poids et mesures, et, *selon les ressources des localités*, le dessin linéaire, l'arpentage et des notions d'histoire et de géographie. » Dans le rapport au roi du 12 août 1831, il dit : « Le but principal de l'instruction primaire est d'enseigner aux enfants la lecture, l'écriture et le calcul; mais tout en y acquérant ces notions fondamentales ils doivent recevoir de salutaires leçons de morale, de patriotisme...; il importe que des explications simples et claires leur soient données sur les faits les plus remarquables de l'histoire nationale. »

maires supérieures seulement; mais celles-ci devaient obligatoirement être créées dans la plupart des villes du royaume.

D'autre part, la loi de 1833, reprenant presque textuellement l'article du projet de Montalivet cité plus haut, déclarait, au sujet des écoles élémentaires, que « selon les besoins et les ressources des localités, l'instruction primaire pourrait recevoir les développements qui seraient jugés convenables. » C'était donner le droit d'étendre le programme des écoles élémentaires, et d'y ajouter les matières les plus utiles de l'enseignement primaire supérieur. Du reste, dès l'année suivante, l'article premier du statut du 25 avril 1834 ajoute à l'énumération des matières du programme de l'école primaire ce paragraphe : « Des notions de géographie et d'histoire et surtout de la géographie et de l'histoire de France, pourront en outre être données aux élèves les plus avancés. » La loi de 1833 avait donc rendu l'enseignement de l'histoire facultatif dans les écoles élémentaires, et obligatoire dans les écoles supérieures.

Il était plus facile d'introduire cet enseignement délicat dans les programmes que dans les écoles. Il fallait des maîtres qui l'eussent apprise et qui aient été préparés à l'enseigner. Avant même la promulgation de la loi de 1833, le gouvernement avait, dans la mesure de ses moyens, essayé de pourvoir à cette importante partie de sa tâche. C'est à lui que revient en effet l'honneur, sinon d'avoir créé, du moins d'avoir organisé les écoles normales primaires, qui devaient donner aux futurs instituteurs les connaissances indispensables à l'exercice de leurs fonctions.

Les quelques écoles normales qui avaient été fondées avant 1830, notamment celles de Strasbourg, de Holdefange (pour la Moselle), de Bar-le-Duc, donnaient un enseignement restreint qui ne comprenait pas l'histoire; toutes, du reste, suivant l'expression de Guizot, excitaient les méfiances et la mauvaise volonté du pouvoir. — Dès le début du règne de Louis-Philippe, l'ordonnance du 11 mars 1831 avait établi une école normale à Versailles pour les départements de la Seine et de Seine-et-Oise, et introduit dans ses programmes « les éléments de l'histoire de France ». Cette ordonnance, tout d'abord spéciale à l'école normale de Versailles, donna naissance au règlement général concernant les écoles normales primaires, publié le 14 décembre 1832 et comprenant, parmi les matières obligatoires du programme, « les éléments de l'histoire, et surtout de l'histoire de France ». La loi du 28 juin 1835 n'entrant dans aucun détail relatif à l'organisation intérieure des écoles normales, le règlement général de 1832 fut sans doute appliqué dans toutes les écoles qui furent fondées après cette date. Enfin, en 1838, l'arrêté du 11 novembre fixe le programme de l'histoire et sa répartition pour les écoles normales de deux et trois années, et la circulaire du 2 novembre 1838, signée par Salvandy, précise le but que le nouvel enseignement doit atteindre et la méthode qu'il doit suivre[1]. But et méthode sont parfaitement définis, et, après cinquante ans d'expérience, il y a peu à reprendre à ces instructions.

Cette grande œuvre de la création définitive d'un enseignement primaire public pourvu de tous ses organes fonctionnant régulièrement, n'alla pas sans provoquer une violente opposition. Celle-ci fut tout d'abord très discrète pendant les premières années du règne de Louis-Philippe. Dès 1840, elle tenta un violent assaut, dirigé par l'Institut lui-même contre l'organe essentiel, l'enseignement normal. Néanmoins, tant que Guizot fut au pouvoir, la loi de 1833 et ses annexes furent respectées.

A peine la révolution de 1848 avait-elle renversé l'auteur de la loi de 1833 avec le gouvernement de juillet, que

---

1. V., plus loin, chapitre sur l'enseignement à l'école normale.

la réaction, débridée, put se donner libre carrière. Il n'est pas utile dans ce livre de suivre pas à pas son triomphe et de montrer son acharnement à détruire ce que Guizot avait fondé. La loi de 1850, le règlement du 24 mars 1851, transformaient tout l'enseignement primaire dans son esprit et dans son organisation. L'histoire était rayée de l'enseignement des écoles normales elles-mêmes, puisqu'elle ne figurait plus qu'aux programmes de la troisième année et que, dans la plupart de ces écoles, la durée du cours d'études n'était que de deux ans. Parmi les livres qu'on tolérait entre les mains des élèves-maîtres comme « livres de lecture et de récitation », l'histoire n'était représentée que par les *Mœurs des Israélites*, de Fleury, et l'*Histoire de la religion*, de Lhomond. Si les éditions de ces livres n'étaient pas orthodoxes, elles étaient dénoncées par le ministre à l'attention des recteurs. « L'*Histoire de l'Église*, par Lhomond, cet excellent ouvrage, dit Fortoul, a malheureusement été continuée jusqu'à nos jours dans un esprit malveillant d'opposition aux souvenirs de l'Empire. Assurez-vous que les éditions mises entre les mains des jeunes gens ne contiennent pas cette addition, qui n'a jamais été l'objet d'une autorisation universitaire et qui serait de nature à révolter le jugement des élèves plus encore qu'à égarer leur opinion. » La grande préoccupation du pouvoir est, à cette malheureuse époque, de fléchir toutes les intelligences et toutes les énergies sous sa rude main, en associant l'Église à cette œuvre. L'histoire eut naturellement les honneurs de la proscription. On réduisit autant que possible sa place dans l'enseignement secondaire. Fortoul était persuadé que « les discuscussions historiques et philosophiques ne conviennent pas aux enfants ». Cet enseignement, presque exilé des collèges et des lycées, disparut donc à peu près des écoles primaires depuis la loi de 1850 jusqu'à l'avènement de Duruy au ministère de l'instruction publique.

C'est en 1863 que cet ancien professeur d'histoire, après avoir été inspecteur de l'Académie de Paris, devenait ministre de l'instruction publique. Il apportait dans ses fonctions une ardeur, un libéralisme, une passion de réformes qui étonna. Les plus scandalisés furent ceux qui avaient rédigé la loi de 1850 ou qui en avaient tiré profit, car le nouveau grand maître de l'Université ne voulait être ni leur dupe ni leur complice.

Il débuta par un coup d'éclat. Par sa circulaire du 23 septembre 1863, il introduisit l'histoire contemporaine dans l'enseignement secondaire, « afin que ceux, disait-il, qui dans quelques années feront les affaires du pays, sachent de quelle manière ce pays a jusqu'à présent vécu. » Et il ajoutait avec une admirable sérénité : « J'ai toujours trouvé à l'histoire une grande vertu d'apaisement : aussi suis-je convaincu que l'étude faite avec bonne foi des épreuves que nous avons subies depuis quatre-vingts ans est plutôt de nature à apaiser les esprits, en les éclairant, qu'à les irriter... Respectons les hommes qui ont, avant nous, porté le poids du jour, pour que nous soyons respectés à notre tour malgré nos fautes. » Il est difficile d'imaginer plus noble langage. Celui qui voulait armer des enseignements de l'histoire les hommes appelés à la lutte pour les affaires du pays comprit que, sous le régime du suffrage universel, les citoyens, pouvant tous aspirer à cet honneur, ont tous besoin de ces enseignements. Il mit donc à l'étude la question des programmes de l'enseignement primaire. Il fit faire par les inspecteurs d'Académie, dans tous les départements, une enquête attentive sur l'état de cet enseignement et sur les réformes urgentes que la situation exigeait. Les rapports qui lui furent adressés n'allèrent point s'ensevelir dans les cartons. Étrange nouveauté ! Ils furent publiés par les soins du ministère sous ce titre : *État de l'enseignement primaire en 1864, d'après les rapports officiels des inspecteurs d'Académie.*

Les inspecteurs répondaient sans doute à un questionnaire uniforme; tous traitent dans le même ordre les mêmes questions. Celle des matières obligatoires et facultatives est une des plus importantes. *L'histoire doit-elle entrer parmi les matières obligatoires? Pourquoi ?* — Il y a, pour presque tous les départements, réponse à ces deux questions.

Bien que nous soyons convaincu que, dans ce livre, les textes et documents officiels ne peuvent pas être trop nombreux, nous sommes contraint de présenter seulement une courte analyse de cette volumineuse enquête et de choisir, parmi les réponses des inspecteurs, celles qui nous paraissent les plus intéressantes, soit par les solutions qu'elles conseillent, soit par les raisons qui les motivent.

Nous devons d'abord constater, sans trop d'étonnement, qu'il y a quelques réponses négatives. La composition du corps des inspecteurs d'Académie, tel qu'il était alors constitué, permet de supposer que la loi de 1850 comptait encore parmi eux quelques défenseurs convaincus. Du reste, en une matière si controversée, l'unanimité des opinions n'était ni désirable ni possible.

Quatorze inspecteurs demandent que l'histoire, maintenue au nombre des matières facultatives des programmes de l'enseignement primaire, ne devienne pas obligatoire[1]. Quant aux motifs invoqués, ils peuvent être classés en trois séries :

1° L'enseignement de l'histoire est impossible ;
2° L'enseignement de l'histoire est inutile ;
3° L'enseignement de l'histoire est nuisible.

---

1. Ce sont les inspecteurs des Pyrénées-Orientales, de l'Oise, d'Ille-et-Vilaine, du Finistère, du Morbihan, de la Haute-Garonne, des Hautes-Pyrénées, des Bouches-du-Rhône, des Alpes-Maritimes, des Basses-Alpes, de Vaucluse, du Jura, de la Haute-Savoie et de la Drôme.

La première thèse s'appuie sur des arguments qui n'ont pas beaucoup vieilli ; la polémique courante les présente encore quelquefois comme des lieux communs qui ont la vie dure. Ils se résument dans les inconvénients de la *surcharge scolaire*. L'inspecteur du Finistère dit : « L'enseignement donné dans les écoles répond aux besoins et aux vœux des populations, et le programme n'en doit pas être étendu. Un enseignement primaire trop étendu et trop élevé aurait le malheur d'être impossible. » L'inspecteur des Pyrénées-Orientales dit : « Le programme de l'enseignement obligatoire paraît plus que suffisant, et plût à Dieu qu'il pût être réalisé efficacement partout ! » L'inspecteur de Vaucluse dit : « Sans doute ce sont de belles et utiles connaissances que celles de l'histoire ; mais le temps d'étude accordé par la parcimonie des familles est si court ! Les élèves ont à peine le temps de suffire à ce qui est actuellement exigé. Ils sortent des écoles rurales (et c'est le plus grand nombre) sachant à peine parler le français, lire, écrire et compter. Est-il possible de leur imposer d'autres charges ? »

La seconde thèse, l'inutilité de l'enseignement de l'histoire dans les écoles primaires, n'a que quelques défenseurs. L'inspecteur des Bouches-du-Rhône dit : « Le programme de l'enseignement obligatoire est suffisamment étendu. Sans parler de l'enseignement moral et religieux, qui est la base de l'éducation, il suffit à la plupart des enfants de savoir bien lire, écrire et compter. Savoir lire, en effet, c'est avoir entre les mains l'instrument avec lequel on peut acquérir toutes les autres connaissances ; mais pour cela il faut avoir appris à lire avec intelligence, savoir comprendre ce qu'on trouve dans les livres et s'y intéresser. Ce point une fois acquis, le reste va de soi. » L'inspecteur du département du Nord dit de même : « Des lectures bien entendues ne donnent-elles pas les notions d'histoire réclamées par quelques personnes, surtout si, comme on doit le faire dans une école bien dirigée, la lecture est suivie d'explications, de comptes rendus, de résumés, et quelquefois même fait l'objet d'un devoir écrit? Il convient plutôt de ramener l'instituteur, toujours trop porté à perfectionner les élèves d'élite, vers la grande majorité des enfants qui lui sont confiés. » L'inspecteur du Doubs répond magistralement : « La branche la plus importante de l'instruction primaire, c'est évidemment la lecture, pourvu qu'elle soit faite avec intelligence. Mais comment sera-t-elle intelligente si le nom d'un personnage célèbre ne présente aucun sens, ne rappelle aucun souvenir[1] ? »

Arrivons enfin à ceux qui déclarent cet enseignement nuisible. Ils sont deux ou trois, et leur unique argument repose sur la crainte que leur inspirent les demi-savants et les déclassés. L'inspecteur de la Haute-Garonne dit : « Le programme de l'enseignement obligatoire ne doit

[1]. Voici une anecdote qui rappellera sans doute bien des souvenirs analogues, à ceux de nos lecteurs qui ont un peu pratiqué les écoles primaires :
« En 1871, je me trouvais en tournée dans ma circonscription. Le maître d'une école de village d'une certaine importance faisait lire les enfants devant lui. Il donnait une leçon comme la donnaient ou comme la donnent encore beaucoup d'instituteurs. Vous connaissez le système : le livre d'une main, un signal de l'autre, il n'interrompait l'élève et n'ouvrait la bouche que pour dire : « Le suivant. » L'élève qui lisait rencontre le mot Provence.
« J'arrête l'enfant et lui demande ce que ce mot éveille dans son esprit, s'il sait ce que c'est que la Provence. Il ne dit rien. Alors, avec intention, je l'avoue, je dis au maître : « Peut-être j'intimide cet élève; « veuillez, je vous prie, l'interroger vous-même et lui donner les dé-« tails, l'explication que ce mot comporte. » Le maître à son tour garde le silence de son élève. Et vous comprenez mon embarras.
« Après une demi-minute déjà trop longue de ce silence compromettant pour le maître, moins de temps qu'il n'en faut pour le dire, l'enfant eut pitié de son professeur et dit : « Monsieur, la Provence, « c'est dans le pays des sauvages ! »
(Cuissart, de l'Enseignement de la géographie.)
Prenez César ou Napoléon et faites l'expérience dans une école où l'histoire n'est pas régulièrement enseignée suivant des programmes précis, vous éprouverez le même étonnement.

pas être étendu en ce qui concerne les écoles rurales, sauf quelques notions d'hygiène, d'horticulture, d'arboriculture et de culture agricole en général. Étendre ce programme au delà, *ce serait inspirer aux enfants de la campagne une sotte vanité, aussi préjudiciable au bonheur individuel qu'au repos de la société.* Les élever simplement en vue de leur condition, tout en leur fournissant les moyens intellectuels pour l'améliorer, en un mot les pénétrer des solides principes de religion et de morale, en leur donnant l'instruction nécessaire pour tout ce qui tient aux affaires de la vie rurale, voilà le seul programme d'enseignement qu'il convient de populariser. »

L'inspecteur de la Drôme dit aussi : « Le programme de l'enseignement obligatoire doit être étendu, mais l'extension du programme ne doit porter que sur des notions usuelles, tendant à inspirer aux jeunes gens le goût du travail des champs et à les retenir à la campagne, qui manque de plus en plus de bras. » Enfin, l'inspecteur des Basses-Alpes dit également : « En général, l'enseignement donné dans les écoles primaires est suffisant et répond au besoin des populations. Il serait même dangereux de l'étendre davantage. On s'exposerait à favoriser cette tendance de déclassement et d'émigration qui enlève des bras précieux à l'agriculture et jette dans les grands centres des masses d'ouvriers qui peuvent devenir dans certains moments un danger pour l'ordre social[1]. » On n'avait jamais cru que l'enseignement de l'histoire pouvait être si coupable !

Les partisans de l'enseignement de l'histoire n'avaient, à vrai dire, que l'embarras du choix entre les bonnes rai-

---

[1]. L'inspecteur d'Académie du Loiret se contente de prévoir l'objection et dit : « Les éléments de l'histoire, agrandissant sans danger la sphère des idées et des sentiments, sont toujours utiles dans les professions les plus diverses, et il ne semble point à craindre que ces connaissances, acquises dans une sage mesure, puissent jeter les enfants hors de leur voie en développant en eux de folles ambitions. »

sons pour défendre et faire triompher leur cause. Ces raisons sont si nombreuses et si décisives, que beaucoup d'inspecteurs se contentent d'affirmer qu'il est utile d'introduire l'histoire dans les matières obligatoires, et qu'il n'est pas besoin de donner les motifs d'une innovation que tout le monde désire.

D'autres pourtant prennent la peine de faire connaître leurs motifs et de préciser leurs arguments. Parmi eux, les uns se contentent de considérer les avantages de cet enseignement au point de vue du développement intellectuel et de la discipline purement scolaire. « Ces connaissances, dit l'inspecteur de Saône-et-Loire, seraient pour l'enfant *un délassement.* » L'inspecteur de la Savoie dit de même : « Quelques notions élémentaires d'histoire de France *varieraient, pour les élèves, la monotonie des leçons de grammaire et de calcul et les attacheraient aux études primaires par leur attrait.* » C'est encore dans le même ordre d'idées que l'inspecteur de la Gironde dit : « Les grands faits de notre histoire, quelques aperçus sur l'état des autres peuples et sur nos relations avec eux, la connaissance des grandes divisions de notre globe terrestre, feraient participer un peu les enfants aux connaissances générales les plus indispensables; *ils y puiseraient peut-être le goût de la lecture et des occupations de l'esprit.* » L'inspecteur de la Lozère, en pensant à ces longues séances d'écriture et de lecture qui laissent la pensée complètement inoccupée, dit avec émotion : « Pour imprimer à l'instruction une impulsion nouvelle et la faire sortir de la routine où elle languit, il y aurait lieu d'ajouter au programme de l'enseignement quelques notions très générales d'histoire. Il est honteux que, dans une école de la Lozère, on ne trouve pas un enfant pour répondre à cette question : « Êtes-vous Anglais ou Russe ? » Ou bien à celle-ci : « Dans quel pays est le département de la Lozère? » Chez la plupart de ces enfants, la pensée ne va pas au delà du rayon de la pauvre commune qu'ils habitent. Quel sens peuvent avoir pour eux ces pages d'écriture qu'on leur fait copier machinalement dans des livres dont ils n'entendent pas les mots, qu'on ne leur explique jamais ? » Enfin l'inspecteur de la Meurthe termine la discussion, au point de vue purement scolaire, par cet argument sans réplique : « Avec de bons procédés pédagogiques, l'enfant de sept à neuf ans doit savoir lire, écrire et compter. Dès qu'il sait lire, pourquoi, de neuf à douze ans, ne pas lui enseigner, par un choix de bonnes lectures, l'histoire de son pays ? »

D'autres inspecteurs ont surtout été frappés du désordre, au moins apparent, que le système des matières obligatoires et des matières facultatives introduisait dans l'école. Ils désirent un programme uniforme, afin d'obtenir l'unité d'enseignement : la suppression des matières facultatives donnerait satisfaction à ce vœu. L'inspecteur de la Moselle dit : « Les instituteurs ajoutent aux matières obligatoires, sur la demande des conseils municipaux, les matières facultatives. Le programme obligatoire de 1850 se trouve donc débordé de tous côtés, et il serait temps de mettre de l'harmonie entre la loi et les faits. Une telle mesure aurait l'avantage de substituer une organisation générale à des efforts individuels et à des essais isolés. » L'inspecteur du Cher dit : « Il y aurait lieu d'introduire dans l'école cet enseignement; mais la difficulté est de le faire dans une mesure convenable. Ici, un très vaste champ est ouvert à l'arbitraire, et beaucoup d'instituteurs pourraient s'y fourvoyer. Il importerait donc que l'autorité supérieure rédigeât à ce sujet un programme très précis. »

Cette unité de l'enseignement et cette extension uniforme des programmes aurait l'avantage de fixer la clientèle scolaire à l'école à laquelle elle appartient naturellement. « Elle aurait pour effet, dit l'inspecteur de Seine-et-Marne, d'arrêter bon nombre d'élèves qui vont chercher dans les établissements libres un enseignement que l'école publique ne donne qu'exceptionnellement. » L'inspecteur de la Meuse dit de même : « Ces modifications, opérées dans l'intérêt de chaque école rurale, auraient l'extrême avantage d'y retenir les enfants, qui en sortent souvent pour venir chercher dans les écoles des villes des connaissances qu'ils ne peuvent trouver chez eux, et dont pourtant la nécessité se fait sentir chaque jour plus impérieusement. »

La plupart des rapports — et cela est bien naturel — s'élèvent au-dessus des considérations d'ordre scolaire, et, laissant de côté les procédés de culture intellectuelle, s'efforcent de mettre en évidence les avantages que l'éducation nationale peut retirer de l'enseignement de l'histoire. Le patriotisme avec tous ses dévouements et ses sacrifices, le civisme avec toute l'ardeur de sa foi et de sa fidélité, voilà surtout ce que peut et ce que doit inspirer l'enseignement de l'histoire. L'inspecteur du Doubs dit, avec beaucoup de raison : « Le but de l'enseignement n'est-il pas manqué, s'il se borne à des intérêts matériels, s'il ne tend pas à faire des gens honnêtes, des citoyens attachés à leur pays et sachant reconnaître les bienfaits d'institutions libérales, de lois sagement combinées ? Et comment arriver à faire apprécier aux enfants la sage économie de nos lois, les gloires de notre patrie, l'honneur du titre de Français, si on ne leur dit pas un mot des luttes et des sacrifices qui ont élevé la France à un si haut degré de civilisation et de gloire ? Des notions d'histoire générale, des notions plus étendues de l'histoire de France, surtout dans les derniers siècles, seraient donc un complément indispensable de l'éducation et de l'instruction tout à la fois. »

L'inspecteur d'Eure-et-Loir dit, en ne pensant qu'au patriotisme : « L'histoire de France ! Comprend-on que cinq millions de Français soient élevés sans connaître les faits principaux et les hommes les plus éminents de leur pays? Quels sont nos pères? Quel rôle ont-ils joué dans le monde? Par quoi excelle la France? Quelle est son influence et sa mission? *Il faut l'apprendre à la jeunesse, pour qu'elle aime encore mieux la contrée qui l'a vue naître et qu'elle la serve avec plus de fidélité.* »

L'inspecteur de l'Isère considère moins les devoirs du patriote que ceux du citoyen. Il veut que les jeunes Français se préparent à l'exercice de ces devoirs en apprenant l'histoire et la géographie de la France : « On conçoit, dit-il, toute l'utilité de cet enseignement, *maintenant que tous les Français sont électeurs. Tout Français participant, par l'exercice des droits électoraux, aux affaires du pays, il lui importe de savoir ce qu'est son pays*, quelles sont ses limites et ses ressources, quels peuples l'ont successivement habité, quelle a été la suite des gouvernements et quels progrès le temps a opérés dans les institutions publiques, par quels sacrifices des générations passées et par quels soins du gouvernement actuel la situation présente a été préparée. » L'inspecteur du Bas-Rhin, interprète des sentiments généreux de la population alsacienne, demande aussi qu'on enseigne l'histoire de France, « parce que, dit-il, il est très déplorable de voir comment on dénature l'histoire nationale quand on en parle aux populations; parce que, quand on l'enseigne dans la dernière année, on va de Pharamond à François Ier, et si quelques enfants connaissent les hauts faits de Clovis, ils ignorent les immenses bienfaits que nous devons à notre glorieuse Révolution de 89; les populations rurales aiment notre pays par instinct, et elles seraient remplies d'enthousiasme si elles savaient comparer la France aux nations voisines, et les temps modernes à la féodalité[1]. »

Quant à la méthode, elle s'imposait avec tant d'autorité

---

[1] Il serait superflu de citer tous les rapports qui mettent en relief

que les avis ne pouvaient être partagés à ce sujet. Peu importait le procédé, cours régulier ou lecture expliquée ; l'un et l'autre devaient être maintenus dans les plus étroites limites. L'inspecteur de l'Allier dit : « Ces livres devraient être des monographies et des recueils de biographies, d'épisodes et d'anecdotes. » Celui de la Seine-Inférieure pense également qu'« il est de la première nécessité, pour les enfants des deux sexes, d'apprendre à connaître et à aimer leur pays, en étudiant les belles actions des souverains et des grands hommes, les institutions et les progrès de la civilisation, *sans toutefois s'attacher aux détails oiseux.* » L'inspecteur de l'Aisne dit encore : « Être sobre de détails, ne viser qu'aux grands traits, à la partie morale et économique, aux leçons vivantes. » Enfin celui du Tarn fixe exactement la méthode : « L'enseignement de l'histoire, dit-il, ne doit pas être trop étendu. Cependant, d'un autre côté, il ne doit pas se borner à un catalogue de noms et de dates : ce serait ne rien apprendre aux enfants. Il faut qu'il présente, avec quelque développement, les grands noms, les événements importants de notre histoire. »

En résumé, cette enquête, confiée aux représentants les plus autorisés de l'enseignement primaire, fait connaître fidèlement l'opinion de ceux qui étaient les mieux placés pour juger l'utilité de la réforme et la méthode qu'on devait suivre pour la réaliser. Le petit groupe d'opposants est si peu important, soit par le nombre, soit par la valeur de ses arguments, qu'on peut sans injustice, après avoir signalé son existence, en tenir peu de compte.

les avantages de l'enseignement de l'histoire au point de vue patriotique et civique. Contentons-nous de donner encore l'opinion de l'inspecteur d'Indre-et-Loire : « Initier les enfants aux grandes et nobles actions de leurs frères, en insistant surtout sur les temps modernes, ce serait éclairer pour eux le présent par le passé, développer en eux le sentiment national et les attacher davantage à nos institutions.

Quant aux partisans de la réforme, leurs vœux se résument en ces trois propositions :

1° Il faut que l'enseignement de l'histoire soit rendu obligatoire ;

2° Cette réforme est nécessaire, parce que l'enseignement de l'histoire peut contribuer au développement intellectuel et moral des écoliers ;

3° Il faut, dans la pratique de cet enseignement nouveau, éviter de se perdre dans des détails inutiles.

Cette consultation officielle fut très utile ; elle devait convaincre les hésitants et convertir les adversaires. En la publiant, le ministre de l'instruction publique était certain de s'attirer de nouveaux partisans. Quant à lui, sa décision était prise sans doute depuis longtemps. Lorsqu'il soumit au Parlement son projet de loi sur la réorganisation de l'enseignement primaire, il y inséra l'article VII, qui devait devenir, dans la loi définitive, l'article XVI, ainsi conçu : « Les éléments de l'histoire et de la géographie de la France sont ajoutés aux matières obligatoires de l'enseignement primaire. »

Dans l'exposé des motifs [1], il déclarait que « le patriotisme se compose surtout de souvenirs », et que « quelque modeste que soit la condition d'un citoyen, il ne doit pas rester étranger au milieu où il est appelé à vivre ».

---

1. L'exposé des motifs est annexé, dans le *Moniteur, officiel* à la séance du 24 mai 1865. Le rapport relatif à l'article VII est ainsi conçu :

« Article VII. — Il n'est pas permis de laisser dans une ignorance absolue de l'histoire et de la géographie de leur pays des enfants qui seront un jour des citoyens. Le patriotisme se compose surtout de souvenirs, et quelque modeste que soit la condition d'un homme, il ne doit pas demeurer étranger au milieu où il est appelé à vivre. C'est pourquoi l'article VII a rendu obligatoire, de facultatif qu'il était, l'enseignement de l'histoire et de la géographie de la France, réduit à des notions élémentaires simples et justes. Au reste, cette extension du programme a été demandée par un grand nombre de communes et ne peut manquer d'être accueillie avec faveur, etc. »

Ce rapport est du conseiller d'État Genteur.

La discussion[1] générale s'ouvrit le 1er mars 1867. Elle fut très brillante. Dès le début, le ministre fut appelé à répondre aux accusations violentes que le parti catholique dirigeait contre l'Université, à laquelle on reprochait de négliger l'enseignement moral ; et Duruy, se plaçant sur le terrain de l'enseignement historique, put dire : « Comment ! on racontera les annales de l'histoire, on fera passer sous les yeux des enfants les événements et les personnages en les accompagnant tous, faits et acteurs, d'un jugement, et on ne formera pas le sens moral par les condamnations qui seront portées contre les actions mauvaises, par les éloges qui seront décernés aux nobles dévouements !

« Mais, Messieurs, c'est *une morale en action que l'enseignement de l'histoire !* Ah ! si cet enseignement ne devait être qu'une nomenclature sèche et aride de dates, de faits, de batailles, je ne l'aurais jamais donné. »

Quant à la discussion de l'article XVI, elle fut très courte. Deux orateurs seulement demandèrent la parole à ce sujet. Le premier, P. Dupont, plaida en faveur de l'introduction d'un cours d'hygiène dans les programmes ; le second, Hallez-Claparède, appela l'attention du ministre sur la nécessité de renforcer l'enseignement de la langue française. Ni l'un ni l'autre n'osa attaquer le principe de l'innovation contenue dans l'article. Seul, le premier orateur se contenta de dire timidement : « Je ne veux pas examiner si ces deux sciences nouvelles (*l'histoire et la géographie*) sont bien urgentes, dans un moment surtout où l'on se plaint si généralement que les enfants sortent trop souvent des écoles sans savoir ni lire ni écrire. Peut-être eût-il été plus sage et plus pratique de relever l'enseignement de ces écoles au lieu de le surcharger de nouvelles

---

1. La discussion au Corps législatif est rapportée au *Moniteur officiel* dans les séances des 1, 2, 7, 8, 9, 11 mars. La discussion au Sénat — d'ailleurs insignifiante — eut lieu le 29 mars 1867.

matières. Je ne demande pas formellement la suppression de ces deux nouveaux ordres d'enseignement. La Chambre appréciera. » Après de courtes répliques du ministre, l'article fut voté sans opposition.

C'était un grand succès. Duruy avait, du reste, pris des dispositions pour que cette loi ne restât point lettre morte. Par une action administrative incessante, il avait préparé le terrain et s'était préoccupé du sort de la loi avant qu'elle fût votée. Elle n'était pas encore soumise au Parlement lorsqu'il s'efforçait, par une sage prévoyance, de renforcer les études des écoles normales primaires. Dans sa circulaire aux recteurs du 2 juillet 1866, il disait, en effet, au sujet de l'enseignement de l'histoire dans ces écoles :

« Dans le cours d'histoire, on ira droit aux grands hommes et aux grands événements, dont on retrouve partout le souvenir dans nos arts comme dans notre littérature, et on négligera cette multitude de faits qui surchargent la mémoire sans rien dire à l'esprit ni au cœur. Ce cours aura, dans la troisième année, deux conclusions : l'une sera le tableau succinct de notre constitution politique, parce qu'il faut que les hommes chargés de l'éducation du peuple connaissent les institutions qui nous régissent; l'autre sera l'exposé sommaire de notre organisation économique, parce qu'il est bon que les maîtres de l'enfance puissent redire à leurs élèves que la loi du travail domine aujourd'hui la société tout entière; que c'est le travail qui produit la richesse, l'esprit d'ordre qui la conserve, l'esprit de bienfaisance qui l'honore; qu'enfin notre société moderne, fondée sur la justice, est encore animée de cet amour du bien qui fait aller au-devant de toute douleur pour essayer de la guérir, de toute amélioration pour la réaliser, de toute réclamation légitime pour lui donner satisfaction. » Dans cette même circulaire, le ministre déclarait qu'il ne jugeait pas opportun de faire rédiger de nouveaux programmes pour les écoles normales. « Ceux du 31 juillet 1851, disait-il, me semblent pouvoir servir encore de base à l'enseignement; mais il sera facile de les étendre, selon les besoins, à l'aide des programmes qui viennent d'être arrêtés pour l'enseignement secondaire spécial, et que le *Bulletin administratif* a mis déjà dans les mains de chaque directeur. Ils ont été rédigés dans cet esprit de simplicité qui doit être celui de l'enseignement des écoles normales primaires, et ils sont précédés d'instructions qui seront bonnes à suivre dans tous les établissements d'instruction élémentaire. » Ces programmes nouveaux et ces méthodes rajeunies devaient pénétrer d'autant plus facilement dans les écoles normales que le ministre se décida à recruter une partie des maîtres adjoints parmi les élèves de l'école de Cluny, qui apportèrent, au milieu de l'ancien personnel, une ardeur inconnue jusque-là et une passion pour les nouveautés qui soulevèrent inutilement quelques inquiétudes. Ces *révolutionnaires*, comme les appelaient quelques directeurs timorés, entraînèrent les écoles normales dans la voie où le ministre voulait résolument les pousser. Ils prêchèrent la réforme et bataillèrent pour les nouvelles méthodes. Les progrès dans toutes les branches d'enseignement, et particulièrement dans l'enseignement de l'histoire, ne se firent pas attendre.

Par cette réforme de l'enseignement dans les écoles normales, le ministre espérait bien former des maîtres capables d'enseigner convenablement l'histoire dans les écoles primaires, lorsqu'elle figurerait au programme des matières obligatoires. Mais les écoles normales ne fournissaient pas seules les maîtres et maîtresses des écoles primaires. Beaucoup de jeunes gens pénétraient dans le corps enseignant après avoir conquis péniblement le brevet élémentaire ; et, jusqu'en 1866, les examens du brevet ne comptaient pas d'épreuves historiques. Puisqu'on allait introduire l'histoire dans l'école, il était bien naturel d'en imposer l'étude à ceux qui voulaient enseigner. Aussi, lorsque le ministre publie le règlement concernant les examens du brevet du 3 juillet 1866, qui n'exige aucune épreuve de l'histoire ni à l'examen écrit ni à l'examen oral, il donne en note cet avertissement :

« Le conseil impérial, dans sa dernière session, avait adopté, conformément au projet de loi soumis au Corps législatif, pour troisième épreuve écrite, un récit emprunté à l'histoire de France, et pour cinquième épreuve orale des questions d'histoire et de géographie de la France. La loi n'ayant pas encore été votée, il ne peut être donné suite, quant à présent, à la délibération du conseil impérial. Mais cette disposition deviendra obligatoire du jour où la loi aura été votée. » Et en effet, dès le mois de mai 1867, quelques jours seulement après la promulgation de la loi, le ministre adressait aux recteurs la circulaire suivante : « Aux termes de l'article XVI de la loi du 10 avril 1867, les éléments de l'histoire et de la géographie de la France sont ajoutés aux matières obligatoires de l'enseignement primaire. Une note insérée à l'article XIV de l'arrêté du 3 juillet 1866 vous a fait connaître que cette disposition deviendrait obligatoire du jour où elle aurait obtenu la sanction légale. Vous voudrez bien, en conséquence, Monsieur le recteur, prendre les mesures nécessaires pour que, lors de la prochaine séance des commissions d'examen, les aspirants et aspirantes au brevet simple soient examinés sur ces nouvelles matières. »

Ainsi Duruy avait fait pénétrer l'histoire dans tout l'organisme de l'enseignement primaire. En lui assurant un rôle marqué dans les examens du brevet de capacité, il voulait exclure des fonctions d'enseignement quiconque ne l'avait pas attentivement étudiée ; en renouvelant l'esprit et la méthode de cet enseignement dans les écoles normales, il l'appelait à concourir pour une part importante à la préparation professionnelle des élèves-maîtres; enfin, en la rendant obligatoire dans toutes les écoles primaires du pays, il l'honorait comme un agent puissant d'instruction et d'éducation nationales.

On peut dire qu'à partir de 1867 le procès était définitivement entendu et la cause gagnée. Désormais, si les adversaires de cet enseignement n'étaient pas désarmés, du moins ils abandonnaient la lutte. Cependant il restait à ce principe nouveau une grande épreuve à subir : celle de l'expérience. Sans doute, on juge les réformes scolaires par le but qu'on leur assigne; mais on les juge bien mieux encore par les résultats qu'elles obtiennent. Or, le but était bien déterminé; a-t-il été atteint? Cet enseignement nouveau a-t-il donné les résultats espérés? C'est pour répondre à ces questions qu'il nous faut, dans le chapitre suivant, rechercher comment a été enseignée l'histoire depuis la loi de 1867 jusqu'à nos jours.

CHAPITRE III

De la loi de 1867 à l'arrêté du 27 juillet 1882.

I. Exécution de la loi de 1867. — Insuffisance du personnel enseignant. — Les mauvais livres. — Absence de programme et de direction officielles.
II. Circulaire du 18 novembre 1871 et organisation pédagogique. — Les rapports d'inspection générale.
III. Le plan d'études du 27 juillet 1882.

« La bonne volonté ne peut suppléer aux instructions précises. » (J. Simon.)

La loi de 1867 étant votée et promulguée, l'enseignement de l'histoire était désormais obligatoire pour toutes les écoles primaires publiques. Mais le personnel du corps enseignant et de l'administration allait se heurter à bien des obstacles en voulant appliquer ou faire appliquer cette loi. Autant il avait paru simple aux législateurs de décréter cette obligation, autant les gens du métier trouvèrent difficile de la réaliser. Les difficultés étaient graves : elles ne durent surprendre que les personnes qui n'avaient aucune expérience de l'enseignement primaire [1].

L'insuffisance du personnel fut le premier obstacle. Les maîtres et les maîtresses n'avaient pas été préparés à supporter vaillamment cette charge nouvelle. Le quart des instituteurs et des institutrices était fourni aux écoles

---

1. Les principales sont indiquées dans les *Leçons de pédagogie* de Mme Chasteau :

« Pourquoi, dit-elle, l'enseignement de l'histoire placé dans le programme de 1867 a-t-il donné si peu de résultats ?

« Il y a à cela trois raisons :

« I. C'est que, jusqu'ici, le plus grand nombre d'instituteurs, se plaçant à un point de vue étroit, ne regardaient l'histoire que comme une matière de plus à ajouter à celles déjà si nombreuses des programmes. Les directions et les conférences qu'on leur prodigue aujourd'hui n'existaient pas alors ; quelques maîtres seulement devaient à une sorte d'intuition personnelle d'avoir compris toute la grandeur de leur tâche.

« II. On n'avait à mettre entre les mains des enfants que des livres dont la forme aride et sèche rebutait les écoliers. Aujourd'hui que plusieurs historiens excellents n'ont pas hésité à mettre leur talent au service de l'enfance, cet inconvénient a presque entièrement disparu. Ce sont eux qui ont songé à introduire dans notre enseignement historique élémentaire ces anecdotes, ces récits, ces gravures, ces cartes de géographie si propres à frapper l'imagination et, par suite, à intéresser.

« III. Un troisième obstacle venait s'ajouter aux deux précédents et annuler les généreux efforts de quelques maîtres dévoués. Les enfants quittaient l'école de bonne heure ; ils n'emportaient que quelques notions historiques trop générales pour n'être pas trop vagues, et qu'ils n'avaient pas l'occasion d'approfondir.

« Mais depuis que la loi nouvelle assure la fréquentation scolaire et le séjour des enfants dans l'école jusqu'à treize ans environ, cet obstacle a disparu. Et d'ailleurs on s'est mis résolument à l'œuvre de perfectionnement des méthodes. »

par les congrégations religieuses[1]. Or, on peut admettre que, dans les noviciats, on préparait mieux à la vie chrétienne qu'à l'enseignement historique ; et l'on sait que toutes les innovations en matière d'enseignement trouvent dans cette catégorie d'instituteurs une opposition qui est d'autant plus efficace qu'elle est moins violente, et qu'elle se traduit ordinairement par une invincible force d'inertie. Ce n'est qu'après avoir constaté les excellents résultats des expériences tentées dans les autres écoles, que les instituteurs congréganistes consentirent — et encore avec la plus grande réserve — à introduire les éléments de l'histoire dans leurs classes. Ce n'est qu'en 1880 que la *Conduite des écoles chrétiennes* permet, à partir des secondes classes, de donner quelques notions d'histoire sainte et d'*histoire nationale aux enfants que le frère directeur jugera assez avancés sur les autres spécialités*. Ainsi, dans les écoles congréganistes, treize ans après la promulgation de la loi, l'histoire est réservée aux élèves de choix ; elle ne s'adresse pas à la classe entière ; et on ne l'introduit qu'à la condition qu'elle ne nuise pas à l'enseignement des autres facultés.

D'ailleurs on s'empresse de proscrire le cours méthodique et suivi : on enseignera l'histoire par des lectures et, s'il y a lieu, par quelques explications orales. La *Conduite des écoles chrétiennes* dit en effet : « Pour l'ordinaire, la

---

[1]. Extraits des statistiques officielles du ministère de l'instruction publique :

NOMBRE D'ÉCOLES PUBLIQUES EN 1867

35,774 écoles laïques de garçons .... } 42,343 écoles laïques.
6,569   —   de filles ....

3,084 écoles congréganistes de garçons } 11,614 écoles congréganistes.
8,530   —   de filles ...

En 1872, en comparant le nombre des maîtres et maîtresses dans les écoles publiques et libres, on trouve :

63,158 laïques ;
17,030 congréganistes.

leçon consiste à lire dans le livre ce qui est l'objet de la leçon ; le maître donne la mesure et successivement les explications nécessaires. Dans certains cas pourtant, le maître prend la parole et raconte avec le plus d'intérêt possible et en détail l'événement qu'il s'agit d'étudier. »

Ces concessions, que les progrès des écoles rivales arrachaient aux congréganistes en 1880, n'étaient pas possibles en 1867. Au lendemain de la loi Duruy, les frères étaient impuissants à enseigner l'histoire : ceux qui tentèrent l'épreuve imprimèrent immédiatement à cet enseignement un caractère mécanique et le donnèrent avec des procédés mnémotechniques absolument opposés aux intentions du réformateur.

Que dire des institutrices congréganistes ? Pour les frères du moins, ceux qui voulaient obtenir la direction des écoles, avec le titre d'instituteurs titulaires, devaient faire preuve de connaissances historiques lorsqu'ils affrontaient les épreuves du brevet ; mais les institutrices congréganistes avaient la lettre d'obédience, qui les dispensait de l'examen ; elles pouvaient entrer dans les écoles publiques avec le titre de directrices sans avoir obtenu aucun diplôme ; et la loi, en leur imposant l'obligation nouvelle, les contraignait à enseigner ce que sans doute la plupart d'entre elles n'avait jamais appris.

Le personnel laïque était beaucoup plus apte au service qu'on exigeait de lui. Mais combien il était loin de la perfection ! L'expérience de tous les temps, et spécialement des dernières années, démontre avec la plus grande évidence que, dans les écoles primaires, la très grande majorité des maîtres en fonction est rebelle ou au moins hostile à toute réforme. L'indifférence est la plus dangereuse forme que puisse revêtir cette hostilité. Il suffit de voir comment aujourd'hui l'enseignement moral et civique, par exemple, et l'enseignement des éléments des sciences sont donnés par les maîtres qui exerçaient avant les lois de 1882, pour se convaincre que l'extension des programmes n'est possible qu'avec les jeunes instituteurs qui ont été formés en vue de l'application de ces programmes. Dès qu'il est installé dans son école, l'instituteur est trop disposé à croire que le but auquel il doit tendre est atteint quand il a enseigné aux enfants ce qu'on lui a enseigné à lui-même : aux méthodes nouvelles que lui conseillent les réformateurs, il préfère les procédés surannés par lesquels il a été formé dans le bon vieux temps ; maître, il fait ce qu'il a vu faire, élève ; pour lui, l'enseignement, c'est l'application de ses souvenirs. D'une part, une douce inclination, rarement contrariée par l'inspection, le pousse mollement à la routine ; d'autre part, il se méfie de ce qu'il ignore ; on peut donc être assuré qu'il est l'ennemi des révolutions pédagogiques. Or, en 1867, le plus grand nombre des maîtres laïques avait été formé dans les écoles normales sous le régime de la loi de 1850. Cela n'avait certes pas développé en eux l'esprit d'initiative ; et, si quelques-uns avaient le courage de croire au progrès, cette foi n'avait pas survécu longtemps aux remontrances de l'administration. Habitués à la soumission la plus docile, ils devaient respecter la loi nouvelle ; mais, comme il fallait une certaine initiative et quelque vigueur intellectuelle pour l'appliquer, ces qualités firent défaut : le programme s'était enrichi, mais l'enseignement n'avait pas changé.

Le concours des instituteurs en fonction était donc très précaire : il fallait, sans doute, attendre la rénovation de l'enseignement des élèves-maîtres, qui, en sortant des écoles normales, devaient désormais apporter dans la profession de leur choix une ardeur de néophytes et une éloquence d'apôtres. Le régime des écoles normales, complètement transformé dans son esprit et ses méthodes, devait, en effet, produire des maîtres préparés à faire aimer l'enseignement historique et capables de le donner convenablement. Pour être juste en cette matière, on doit invoquer le témoignage de la commission d'enquête à laquelle, en 1871, le ministre de l'instruction publique — qui était alors Jules Simon — confia le soin de constater l'état de l'enseignement historique dans les divers établissements dépendant du ministère, et de proposer les réformes qui seraient jugées immédiatement indispensables. Les commissaires enquêteurs étaient MM. Himly et Levasseur. Leur rapport peut être considéré comme un modèle de sévère exactitude. Sa publication produisit une vive émotion dans le corps enseignant; il était si dur pour les fonctionnaires de cette catégorie! Malgré le parti pris évident de mettre en relief plutôt les défaillances que les succès, les commissaires ne purent s'empêcher de rendre une éclatante justice aux modestes maîtres adjoints qui, dans les écoles normales, étaient chargés de cet enseignement. On doit citer ce témoignage, car il permet de juger les connaissances historiques que les élèves-maîtres emportaient désormais de l'école normale. Les rapporteurs disent :

« *Écoles normales. — Enseignement.* — Malgré le peu de science de beaucoup de maîtres et de maîtresses, malgré de nombreuses interruptions dans les études causées par la guerre et les maladies contagieuses, *nous avons constaté avec une grande satisfaction des connaissances fort solides, bien qu'élémentaires, en histoire et en géographie chez certains élèves d'un nombre considérable d'écoles normales des deux sexes. Il est hors de doute que la moyenne des réponses a été meilleure que dans nos lycées et dans nos collèges. En troisième année surtout, un grand nombre d'élèves, jeunes gens et jeunes filles, ont répondu imperturbablement à toutes les questions d'histoire de leur cours, qu'en partie, du moins, ils possèdent non seulement par la mémoire, mais aussi par l'intelligence*[1]. »

---

1. Le rapport est suivi de propositions de réformes. Ces proposi-

Les futurs instituteurs qui méritaient de tels éloges étaient sans doute capables d'assurer le succès de la réforme. Mais lorsqu'ils sortaient de l'école pour entrer dans le corps enseignant, ils ne formaient qu'une infime minorité dans les plus humbles emplois. La crainte d'éveiller la jalouse susceptibilité des titulaires détournait ces jeunes adjoints de tout excès de zèle. Dans les régiments, les conscrits ne fusionnent ordinairement avec les vieux soldats qu'en subissant les habitudes de la caserne; incapables de s'imposer aux anciens, l'esprit de corps les envahit, et ils se laissent convertir. Il en est de même dans l'enseignement. La force d'expansion des jeunes maîtres se brise rapidement devant l'autorité des vieux; il faut fléchir devant ces derniers; l'abdication s'impose sous la forme de la déférence, et les jeunes révolutionnaires se soumettent. Malgré l'excellence de leur préparation, les élèves-maîtres ne devaient donc pas produire immédiatement dans l'enseignement de l'histoire la révolution demandée; le temps seul pouvait, en éliminant les vieilles

tions sont au nombre de vingt pour l'enseignement primaire. Il faut noter la vingtième et la vingt et unième.

20ᵉ PROPOSITION. — Exiger, ce qui n'a pas encore eu lieu, malgré la loi du 10 avril 1867, que dans toutes les écoles primaires publiques on enseigne les éléments de l'histoire et de la géographie de la France.

21ᵉ PROPOSITION. — Prescrire aux instituteurs de raconter à leurs élèves les grands faits de notre histoire, de ne pas leur faire apprendre des livres et de les interroger souvent.

(Extraits du rapport du 3 septembre 1871. *Bulletin officiel*, n° 265.)

On peut ajouter les deux propositions relatives au même enseignement dans les écoles normales.

11ᵉ PROPOSITION. — S'appliquer à former des maîtres adjoints plus instruits, soit en les tirant de l'école normale spéciale de Cluny, soit en les formant dans l'école normale primaire et en les guidant et les surveillant de très près par l'inspection de leur enseignement.

12ᵉ PROPOSITION. — Décider que le maître adjoint chargé du double enseignement de l'histoire et de la géographie, qui exige beaucoup de connaissances et une préparation journalière, ne soit chargé en outre que d'un petit nombre de facultés demandant peu de préparation, comme l'écriture ou le dessin graphique.

générations d'instituteurs, préparer l'application de la nouvelle loi.

Au sujet du personnel, on doit donc conclure en déclarant qu'il ne voulait pas ou qu'il ne pouvait pas exécuter l'article XVI de la loi de 1867.

Si du moins les instituteurs avaient eu à leur disposition des livres classiques bien faits, en se contentant de les faire apprendre après de courtes explications, ils auraient encore obtenu quelques résultats dans ce nouvel enseignement. Mais à ces ouvriers imparfaits on donnait des outils barbares. « Je me souviens encore, dit Rambaud[1], des petits manuels qu'on nous mettait entre les mains. Les rois se succédaient par règne sans qu'on en omît un seul, même de ceux qu'on qualifiait de rois fainéants. Pour bien marquer l'importance qu'on leur attribuait, le texte était généralement illustré de leurs portraits, rarement authentiques; Pharamond avait une espèce de turban; les autres Mérovingiens se reconnaissaient à leurs longs cheveux, ceints d'un diadème à fleurons. Même pour Clotaire IV et Childéric II, il paraissait important de savoir la date de leur avènement et celle de leur mort. A date fixe la seconde race succédait à la première, la troisième à la seconde; avec Napoléon Ier commençait la quatrième race. Le corps du récit comprenait des batailles, des traités, des mariages. De temps à autre on consacrait quelques lignes aux mœurs et coutumes, et alors les illustrations représentaient la francisque des Francs ou l'oriflamme de Saint-Denis. Il y a longtemps qu'il n'en est plus ainsi. » Quiconque a été sur les bancs de l'école pendant les dernières années de l'empire reconnaîtra l'exactitude de cette description. Quant à l'affirmation qui la termine, elle tend à devenir vraie pour toute

---

1. *Histoire de la civilisation française*, Préface, vol. I; chez Armand Colin.

la France. Il ne faudrait pourtant pas se déranger beaucoup pour trouver encore, même dans de grandes écoles, des collections complètes de ces manuels ineptes. Introduits dans la place avant 1867, ils l'ont fidèlement gardée, malgré les assauts qui leur ont été donnés par les éditeurs de publications nouvelles, qui faisaient sortir l'enseignement de l'histoire de la barbarie où il étouffait. Pendant le ministère Duruy, du moins, ils étaient encore souverains dans toutes les écoles. L'obligation de l'enseignement de l'histoire, lorsque les instituteurs et les élèves n'avaient entre leurs mains que des livres de ce genre, n'était pas seulement illusoire ; elle était dangereuse.

Ces obstacles n'étaient pourtant pas insurmontables. Ils eussent été franchis sans trop de peine si l'administration supérieure avait voulu ou avait pu apporter un peu d'énergie et d'esprit de suite pour faire adopter partout les mesures qu'elle aurait jugées indispensables à la stricte application de la loi. Il y avait des résistances aveugles à vaincre, des bonnes volontés latentes à éveiller, des dévouements à soutenir ; il fallait, en triomphant des uns, en dirigeant et en encourageant les autres, ouvrir une large voie dont les maîtres ne devaient pas s'écarter et dans laquelle on pouvait facilement les guider tous. Des instructions ministérielles précises réglant dans l'emploi du temps la part de l'histoire, et fixant les programmes pour les différents cours, étaient indispensables. Malgré toutes les déclamations faciles dont il est de mode en France d'accabler la centralisation, l'expérience démontre que toute réforme importante dans l'organisme administratif ne réussit que si le pouvoir central l'impose avec autorité, et en surveille le développement avec vigilance. Or, que fit le pouvoir central, après la loi de 1867, pour créer et diriger l'enseignement nouveau ? Rien ou presque rien[1].

---

1. Pour rendre hommage à la vérité, il faut rappeler que M. Ch. Ro-

Imagine-t-on qu'un ministre des finances obtienne à grand renfort d'éloquence l'établissement d'un impôt, et qu'une fois le principe voté par les Chambres, il s'en rapporte aux directeurs départementaux et aux sous-agents de ses agents pour mettre en mouvement la machine nouvelle? Cette abdication du pouvoir central serait sans excuses. Or, ce qu'on n'oserait pas faire en matière d'écus, on le fit en matière d'enseignement. Après la promulgation de la loi de 1867, les circulaires ministérielles affluèrent pour l'interprétation et l'application de la plupart des articles de cette loi. Elles sont muettes sur l'article XVI; sans doute il parut trop simple pour être commenté. A-t-on pensé alors que l'obligation de l'enseignement historique à l'école primaire ne méritait pas tant d'explications? Le ministère, du moins, n'envoya aucune circulaire ni pour fixer le principe et le but, ni pour déterminer la doctrine, ni pour imposer les moyens d'aboutir à une application immédiate. Il s'en rapporta aux inspecteurs et aux maîtres; les uns devaient contrôler et les autres donner un enseignement qui, n'ayant pas encore sa tradition, n'avait reçu aucune règle de l'expérience : les inspirations personnelles et les caprices du moment allaient, dans toutes les localités, se donner libre carrière. De la part du gouvernement central, l'abdication était complète.

Il faut, du reste, reconnaître que, pendant les quinze années qui suivirent la promulgation de la loi de 1867, les ministres de l'instruction publique eurent rarement le temps de s'occuper des affaires de leur département. Après la chute de Duruy, en 1869, les ministres se succèdent à l'hôtel de la rue de Grenelle avec une vertigineuse rapidité.

En 1870, il y eut six ministres de l'instruction publique;

bert fit sur ce sujet une conférence solennelle à la Sorbonne en 1867. De quelle utilité pouvait-elle être pour les neuf dixièmes du corps enseignant?

en 1873, quatre; en 1877, quatre. L'année terrible amena simultanément l'invasion et la révolution ; puis le pays fut livré en partie à l'occupation étrangère ; enfin les crises politiques, en se renouvelant sans cesse, bouleversèrent l'administration et le gouvernement jusqu'à l'établissement définitif de la République, par l'accord du pouvoir exécutif et législatif en 1878. Pendant toute cette période d'agitations et d'incertitudes, les ministres se préoccupèrent plus de la politique que de l'éducation nationale : les négociations parlementaires, la préparation et la réparation des crises ministérielles, la rédaction des lois constitutionnelles absorbaient à peu près toute leur activité ; et comme ils ne faisaient que passer au pouvoir, ils n'avaient ni le temps ni les moyens d'étudier les questions scolaires.

Un seul d'entre eux sut se maintenir au ministère pendant trois années (1870-1873), *longum œvi spatium!* Ce fut Jules Simon. Depuis longtemps il était signalé comme l'espérance de l'administration universitaire ; il ne pouvait faillir à la tâche que son passé lui imposait. Il s'occupa activement des réformes dans l'enseignement à tous les degrés. L'école primaire l'attira d'autant plus qu'il s'était toujours montré l'ami des humbles et des déshérités : il voulut l'améliorer par des réformes sérieuses et étudiées avec attention. Aussi songea-t-il à donner à l'enseignement primaire, sinon une organisation uniforme pour toutes les écoles, du moins des instructions précises qui devaient débrouiller le chaos de l'année terrible.

La circulaire du 18 novembre 1871 fixa la doctrine nouvelle. Tout d'abord le ministre y constate que, au point de vue matériel et financier, l'ordre et la régularité ont été établis d'une manière rigoureuse dans tous les services de l'enseignement primaire. Puis il ajoute : « L'enseignement proprement dit n'a pas été suffisamment organisé dans nos écoles primaires. *La loi a bien désigné d'une manière générale les matières qu'il doit embrasser dans toutes les écoles et celles qu'il peut aussi comprendre dans certains cas; mais cette détermination se borne à un simple énoncé; aucune règle ne prescrit comment cet enseignement doit être donné, en combien d'années il peut être réparti et ce qu'il doit comprendre dans chaque année d'étude.* » Le défaut essentiel de l'organisation scolaire est ainsi bien défini. Les conséquences funestes sont faciles à saisir : « *Un trop grand nombre d'instituteurs,* dit le ministre, *auxquels on n'a ni prescrit exactement leur tâche, ni laissé l'initiative ou inspiré la confiance nécessaire pour la fixer eux-mêmes, marchent sans guide, au hasard. Leur bonne volonté ne saurait suppléer aux instructions précises qui leur manquent.* » Il semble que la conclusion naturelle aurait dû être un programme élaboré par le pouvoir central et imposé, dans des conditions déterminées, à toutes les écoles primaires. Mais alors, si les instituteurs n'avaient pas assez de confiance en eux-mêmes pour prendre quelque initiative, le pouvoir central se défiait des excès de pouvoir ; il désirait sans doute une bonne organisation scolaire : il ne voulait pas l'imposer. Le ministre prescrivit donc à chaque instituteur « de dresser : 1° un plan d'études indiquant la répartition de l'enseignement en un nombre d'années approprié aux besoins de son école; 2° un emploi du temps en harmonie avec ce plan. » Et il ajoutait : « Afin de venir en aide aux instituteurs, je joins à cette circulaire un modèle de plan d'études et un tableau de l'emploi du temps. » Certes, pour l'enseignement historique, le plan modèle du ministère était un guide bien étudié. Le seul reproche qu'on puisse lui adresser, c'est qu'en arrêtant le programme aux dernières années du premier empire, il excluait l'histoire contemporaine et perdait le terrain conquis par Duruy; mais il donnait les plus utiles conseils : des lectures et des récits en première année, à l'exclusion d'un cours suivi; une division trimestrielle des matières pour chaque année d'enseignement; une revision à la fin de chaque trimestre ; l'usage des cartes murales pour l'indication des lieux cités dans le cours, etc., etc. C'étaient d'excellentes directions qui devaient singulièrement faciliter la tâche du corps enseignant.

Mais le corps enseignant s'en servirait-il ? C'était peu probable. En général, le *facultatif* ne réussit pas dans l'école primaire. Or, l'emploi du programme ministériel n'était pas obligatoire. Là était, à nos yeux du moins, le vice radical du système. Sans doute l'initiative de l'instituteur peut être fort respectable, et dans certains cas il n'est pas inutile de confier au maître le soin de mettre son enseignement en harmonie avec l'aptitude intellectuelle de ses élèves. Cette liberté, qui laisse libre carrière aux innovations, est même excellente dans une de ces matières d'enseignement qui fléchissent sous le poids de la routine et des traditions surannées. Mais à quoi pouvait-elle être bonne lorsqu'il s'agissait d'un enseignement nouveau, dont la méthode n'était pas rigoureusement fixée et dont les éléments même étaient ignorés d'une partie du corps enseignant ? Que penserait-on d'un ministre de la guerre qui, mettant entre les mains des soldats une arme nouvelle, s'en rapporterait à chaque caporal du soin d'instruire son escouade, sans donner des instructions précises et sans prescrire à tous les corps de troupes la même série d'exercices et le même ensemble de manœuvres ? Pour un chef d'escouade intelligent qui, au hasard, aurait bien instruit ses hommes, il y en aurait des milliers qui auraient laissé rouiller au râtelier l'arme nouvelle. Dans l'armée, ce n'est que par une méthode régulièrement et rigoureusement imposée qu'une innovation peut s'établir et prospérer. Dans l'enseignement primaire, les mêmes causes produisent les mêmes résultats. L'exemple de l'initiative individuelle dans l'enseignement de l'histoire le prouve jusqu'à la dernière évidence.

Appelons en témoignage les documents officiels. Quiconque s'occupe de l'enseignement primaire à notre époque, a lu et étudié les rapports des inspecteurs généraux de cet ordre pour les années 1878-1879, 1879-1880, 1880-1881, publiés par les soins du ministère de l'instruction publique; c'est la plus grave enquête qui ait été livrée au public sur l'état de l'enseignement. Les pédagogues les plus compétents[1], qui étaient en même temps les plus bienveillants des administrateurs, y prirent part; et si, de temps en temps, dans cette volumineuse collection, on rencontre quelques mots de reproches ou de mauvaise humeur, l'ensemble s'impose par la sérénité des jugements et l'exactitude des dépositions. Quand on relève tous les témoignages relatifs à l'enseignement de l'histoire, on est bien obligé de constater l'incroyable inégalité des résultats dans les divers départements. Ceci ne surprendra personne; il est bien évident que là où il n'y avait pas de règle fixe et générale, il ne pouvait y avoir de mesure ni dans l'inertie expectante ni dans l'audace inconsidérée.

Dans tel département, l'histoire n'est pas enseignée; dans tel autre, on l'enseigne par des procédés absurdes; ici on piétine sur place; là on parcourt à marches forcées le domaine immense de notre histoire nationale. Les différences de méthode et de programme existent non seulement de département à département, mais de commune à commune, dans une même circonscription d'inspection primaire : presque partout on constate l'incapacité, l'inexpérience, le chaos.

« Dans la Vendée, dit l'inspecteur général Beaudoin, l'histoire est enseignée sans méthode, ou *plutôt ne l'est pas, parce que les instituteurs l'ignorent.* » — « Dans la Charente, dit le même inspecteur, l'histoire n'est pas en-

---

1. Il suffit de citer MM. Anthoine, Brouard, Cadet, Liès-Bodart, Leyssenne, Beaudoin, Vapereau, Baret, Cocheris, inspecteurs généraux; Mmes Loizillon, Matrat, inspectrices générales, etc., etc.

seignée aux filles, parce qu'un grand nombre de maîtresses ne la savent pas[1]. » — « Dans les Hautes-Alpes, dit l'inspecteur général Cochéris, l'histoire est complètement ignorée, et l'on ne dirait pas que douze années se sont écoulées depuis la promulgation de la loi de 1867. » — « Dans la Somme, dit l'inspecteur général Brouard, en histoire rien ou presque rien. » — « Dans la Haute-Vienne, dit encore M. Beaudoin, l'étude de l'histoire est nulle, absolument nulle, dans les écoles de filles même les mieux tenues. »

Quant à la méthode, elle est malheureusement bien simple ; presque partout on apprend par cœur un livre quelconque. « Cet enseignement, dit M. Cocheris au sujet de la Savoie, est très défectueux. Un livre plus ou moins bien fait est remis entre les mains de l'élève, qui récite mot à mot ce qu'il ne comprend pas toujours. La leçon est très rarement préparée par l'instituteur, qui, en général, s'exprime fort mal et ne sait pas raconter un fait de façon à intéresser son jeune auditoire. Les interrogations sont beaucoup trop rares et la rédaction d'une leçon n'est jamais demandée ; on se borne le plus souvent à l'étude des dynasties et à la chronologie des batailles. » — Au sujet du département du Doubs, le même inspecteur dit : « L'histoire de France est peu sue. Les anciens instituteurs, qui ne l'ont point apprise, ne peuvent l'enseigner, et les jeunes normaliens confient trop au livre le soin de faire connaître aux enfants les annales de leur patrie. *L'histoire est récitée et non sue.* » — « Dans la Haute-Savoie, suivant le même inspecteur, l'histoire consiste en récitation d'un résumé aussi sec qu'ennuyeux. » — « Dans la Loire, l'histoire est

---

[1] « Pour les Côtes-du-Nord, dit encore M. Beaudoin, on peut dire que, dans la plupart des écoles rurales et aussi des écoles urbaines, l'histoire de France n'est pas enseignée. *Car ce n'est pas enseigner l'histoire que de faire apprendre de mémoire aux enfants quelques pages d'un traité d'histoire de France et ne jamais leur donner aucune explication.* »

récitée et non sue. » — « Dans la Corrèze, dit l'inspecteur général Leyssenne, l'histoire est trop apprise par cœur. » — « Dans l'Aveyron, dit le même inspecteur, le mal qui domine est la funeste habitude de faire lire, écrire, apprendre par cœur et réciter des mots et des phrases dont les enfants ne comprennent pas le sens. L'enseignement oral est beaucoup trop négligé. Les enfants ne sont pas exercés à réfléchir. Ils récitent en chantant, en psalmodiant; ils lisent de même; et ils ne résistent guère à l'épreuve qui consiste à leur demander, après une lecture de trois lignes, ce qu'ils viennent de lire. »

En résumé, la récitation machinale de mots incompris et de dates inutiles, voilà, pour la très grande majorité des écoles primaires, la méthode appliquée à l'enseignement de l'histoire; il eût été mille fois préférable de s'abstenir.

Le fait le plus important relevé par l'enquête au sujet de cet enseignement est assurément l'inégalité de sa répartition dans les diverses classes. Le plan modèle facultatif est resté bien au-dessus des vulgaires applications; il a été comme ces choses saintes auxquelles ne touchent point les profanes. On ne retrouve nulle part la trace de son influence.

« L'histoire, dit l'inspecteur général Anthoine au sujet de la Charente-Inférieure, est très inégalement traitée; ici elle occupe un temps considérable, là elle est presque entièrement délaissée. » — « En histoire, dit M. Brouard pour le département de la Somme, *des cours commencés et rarement terminés.* » — Et pour le Pas-de-Calais, le même inspecteur dit : « J'ai trouvé presque partout l'enseignement historique non seulement très faible, mais ne dépassant guère le moyen âge. L'époque contemporaine est rarement abordée; et quand elle l'est, ce n'est que d'une manière tout à fait superficielle. » — Au sujet de l'inspection de Seine-et-Oise, M. Anthoine met bien en relief l'incohérence de cet enseignement dans un même département :

« Des instituteurs que j'ai visités à la même date, l'un, dans son cours d'histoire de France, en était à Brunehaut, l'autre à Charlemagne, un troisième à Philippe VI de Valois, un quatrième à François Iᵉʳ. Je ne parle pas de l'institutrice, dont la première division, celle des grandes élèves, était moins avancée que la seconde, celle des élèves plus petites, par la raison que le livre de la première division était plus gros et par conséquent plus long à apprendre que celui de la seconde [1]. » Dans l'Isère, où M. Cocheris constate des progrès réels, il est pourtant obligé d'avouer qu'il n'y a pas de programme bien déterminé, qu'on s'attarde aux commencements, et que les élèves n'ont pas le temps d'étudier les faits de la période moderne. Dans la Vienne, l'inspecteur général Beaudoin signale les mêmes inégalités et les mêmes confusions. « Dans la plupart des écoles, dit-il, les enfants ne vont pas au delà des deux premières races ; dans les établissements plus nombreux, la première va quelquefois jusqu'aux guerres d'Italie ; mais ce n'est que dans les établissements privilégiés que l'enseignement embrasse les grands traits de notre histoire nationale jusqu'en 1789.

Il est inutile d'accumuler les témoignages ; ils sont à peu près tous identiques ; ils permettent tous de constater qu'au point de vue du programme, la doctrine de l'initiative individuelle a conduit au chaos.

Il serait injustice de passer sous silence les efforts isolés, et d'autant plus méritoires, tentés dans divers dé-

---

[1]. Le même inspecteur dit encore, au sujet du département de l'Indre : « Chaque école est à un point différent du cours : celle-ci à Charlemagne, celle-là à Philippe de Valois, cette autre à François Iᵉʳ. Les plus avancés ne dépassent pas Louis XIV, où *les examens du certificat d'études sont finis. Il est donc admis qu'on peut obtenir ce certificat en ignorant les événements qui, plus rapprochés de nous, nous intéressent davantage : Louis XVI, la Révolution, l'Empire ! Cela est regrettable. Quand la plupart apprendront-ils à connaître ces événements ? Jamais.* »

partements pour la propagation de l'enseignement nouveau. On connaîtrait mal toute la vitalité du corps enseignant, si l'on pensait que toute innovation est vouée d'avance à un avortement général. Ici, c'est l'intérêt qui pousse les instituteurs à enseigner convenablement les nouvelles matières du programme, afin d'éviter à leurs élèves de trop graves échecs au certificat d'études. « Dans l'Ille-et-Vilaine, dit l'inspecteur général Beaudoin, l'étude de l'histoire est en voie de progrès depuis l'établissement des examens du certificat d'études. Les maîtres sont contraints, pour ne pas s'exposer à des échecs publics, de faire parcourir le programme entier de ces matières. Auparavant ils ne dépassaient pas la seconde race ou la première période de la troisième. » Là, c'est un inspecteur d'Académie qui, pour bien mener ses troupes à l'assaut, leur donne des instructions précises et impose son commandement. « Dans la Sarthe, dit l'inspecteur Beaudoin, un programme approprié aux écoles du département a été mûrement élaboré, et chaque maître en a reçu un exemplaire ; ainsi guidés, les instituteurs ont avancé d'un pas assuré dans une voie où beaucoup d'autres hésitent encore. »

Dans certains départements, les instituteurs, animés du meilleur zèle, appliquent les méthodes nouvelles : « Dans la Gironde, dit l'inspecteur général Pécaut, l'enseignement de l'histoire se perfectionne, surtout dans les écoles laïques. *Le maître se risque à exposer lui-même.* Les élèves reproduisent de vive voix ou par écrit tout ou partie du récit du maître, puis ils s'aident de livres élémentaires. Il n'y a qu'à encourager de tels efforts. Persuadons aux maîtres que, s'ils veulent bien se préparer à l'avance, savoir au juste ce qu'ils vont dire et dans quel ordre, leur parole vivante, même incorrecte et tâtonnante, sera plus instructive que le meilleur livre appris par cœur. »

Ces bons résultats qui étaient loin d'être parfaits, et

que l'enquête s'empresse de signaler dans les rares départements où ils sont appréciables, ne doivent pas être négligés : avec plus de fermeté, avec une direction plus méthodique, le pouvoir central aurait pu les généraliser dans tous les départements. Pour reprendre une vieille comparaison, l'ignorance de notre histoire était comme une citadelle que les innombrables troupes de l'enseignement primaire devaient battre en brèche avant de lui donner l'assaut. Dans cette lutte, la victoire ne pouvait être décidée que par l'effort combiné de tous les assaillants. Or, elles n'eurent pas de chef ; elles livrèrent donc combat sans ensemble et sans direction ; on attaquait sans doute, mais à la débandade. Là où un régiment avait en tête un colonel énergique [1], il poussa sa pointe sans hé-

[1]. Voir *Rapports d'inspection générale* : « L'histoire de France, qui sort presque partout si péniblement de l'ornière, a des allures très nettes dans l'Aisne ; on reconnaît la main du professeur d'histoire qui a obtenu des succès si brillants dans son enseignement avant d'être inspecteur d'Académie (allusion à la direction donnée à l'enseignement de l'histoire par M. Brunet). » (Liès-Bodart.) — Entre tous les directeurs départementaux qui se signalèrent alors par leur féconde activité, il est juste de signaler au premier rang celui de la Seine, M. Gréard, qui, avec le concours de ses nombreux collaborateurs, publia, bien avant 1872, l'*organisation pédagogique des écoles primaires de la Seine*. Ce travail — qu'on ne peut trop louer — servit de modèle à tous les administrateurs qui voulurent s'occuper de la question. Le ministère, d'ailleurs, rendit justice à cette œuvre magistrale en annexant à l'arrêté du 27 juillet 1882 la note suivante : « Pour bien faire comprendre au personnel enseignant les principes qui ont présidé à la nouvelle organisation pédagogique des écoles primaires, et pour lui en faciliter l'application méthodique, l'administration supérieure a pensé qu'il ne serait point inutile de joindre au présent fascicule quelques extraits des *instructions et directions pédagogiques* publiées il y a quelques années par la direction de l'enseignement primaire de la Seine. Bien que ces instructions aient été rédigées en vue des programmes applicables à Paris seulement et au département de la Seine, sous le régime d'une législation scolaire qui vient de disparaître, on *a jugé que nul commentaire n'aurait plus d'autorité pour initier sûrement le maître aux considérations à la fois théoriques et pratiques dont s'est inspirée la nouvelle loi scolaire*. On croit donc rendre un véritable service aux instituteurs et

siter ; mais il ne fut pas soutenu. Sur tout le front d'attaque, il y eut des flottements et des hésitations qui témoignaient soit l'incertitude des chefs, soit la pusillanimité des troupes. La citadelle résista. Elle est encore debout, mais elle n'est plus solide, et elle porte aux flancs de larges brèches. Une loi précise, en dirigeant toutes les initiatives individuelles, a imposé dans tous les rangs un ordre de marche uniforme, et, en tenant en mains toutes les énergies, elle jette en avant toutes les colonnes d'attaque. Commencé en 1881, cet assaut suprême aboutit aujourd'hui à la capitulation.

aux institutrices primaires en réunissant à leur intention, dans les pages qui suivent, les explications et les conseils adressés aux instituteurs de Paris et déjà consacrés par une expérience de plusieurs années. Ils y trouveront en quelque sorte un guide professionnel et le résumé des vues de l'administration supérieure en matière pédagogique. » Le plan d'études de 1882 ne fit donc qu'étendre à la France les bienfaits de l'organisation pédagogique de la Seine. L'œuvre de M. Gréard et de ses collaborateurs a seule inspiré toutes les réformes et tous les progrès réalisés de nos jours.

DEUXIÈME PARTIE

Les effets de l'enseignement de l'histoire.

CHAPITRE IV

L'histoire et l'éducation intellectuelle.

I. L'enseignement de l'histoire éveille l'attention, occupe l'imagination, développe la mémoire, fait appel au jugement et à la réflexion, met donc en jeu la plupart des facultés de l'esprit.
II. A l'école primaire, elle est utile pour tous les exercices : conversation, récit, rédaction. Elle enrichit l'intelligence et agrandit le domaine de la pensée.

> « Enseigner l'histoire pour exercer l'entendement à bien juger. »
> (KANT.)

Pénétrez dans une classe d'école primaire. Après une longue séance de lecture monotone ou de calligraphie mécanique, les esprits se sont engourdis dans un lourd assoupissement; ou bien, entraînés dans les rêves les plus décousus, ils sont bien loin de la classe, en proie à de stériles distractions. Il n'y a plus, depuis une demi-heure, de travail intellectuel.

Le maître prend trois ou quatre images pendues au mur de l'école, et dit, en s'avançant au milieu des enfants : « Maintenant je vais vous raconter une histoire. »

A ce mot, toutes les têtes se dressent, tous les regards se posent sur l'opérateur avec une indicible expression de curiosité. Les assoupis se réveillent, les distraits sont ramenés. Si le maître ajoute : « L'histoire que je vais vous raconter est vraie, *c'est arrivé,* » il est bien rare qu'après ces mots il ait encore besoin de jeter à gauche ou à droite les « *silence!* » et les « *taisez-vous* » dont abusent nécessairement les instituteurs maladroits. La seconde phrase a complété l'effet produit par la première : l'effort pour entendre et pour comprendre est unanime, l'attention est générale; c'est le retour de l'activité intellectuelle.

Voici donc, au point de vue du développement intellectuel, le premier résultat de l'enseignement de l'histoire : il provoque l'attention, c'est-à-dire l'action et l'énergie de l'intelligence; par l'excitation de cette curiosité de bon aloi, il établit sans peine et tout naturellement une communication intime entre l'activité intellectuelle du maître et celle de l'élève; il associe ces deux intelligences, dont l'une donne et l'autre reçoit; en un mot, à la classe morne et morte il substitue la classe intéressée et vivante.

Or, l'attention n'est pas autre chose que le déploiement de la puissance intellectuelle, et, quand elle est répétée et soutenue, c'est le vrai et réel travail de l'esprit. Elle est, pour les diverses facultés intellectuelles, une gymnastique qui les fortifie, un exercice qui les assouplit et qui développe leur puissance. Elle est aussi et surtout un acte de volonté. C'est comme un ordre impérieux qui est transmis à l'esprit et qui oblige celui-ci à l'obéissance; et, puisqu'elle met en jeu les forces de la volonté et de l'intelligence, il n'y a pas d'agent plus énergique pour l'éducation de l'esprit.

Une fois donc que l'attention est bien fixée, et que tous les esprits sont avides d'entendre, notre instituteur, s'aidant de ses gravures et de ses livres, expose sa petite leçon. Sans doute ce n'est pas un grand maître dans l'art de la parole, mais nous supposons qu'il est consciencieux.

Il a préparé sa classe, il sait ce qu'il veut dire et dans quel ordre il le dira; sa parole sera peut-être hésitante, indécise, incorrecte même ; mais elle sera vivante. S'il ne veut pas s'exposer aux périls de l'exposition orale, il a du moins lu d'avance le chapitre qui doit faire l'objet de la leçon ; il a noté les passages qu'il doit compléter par des explications, et tous les développements que comporte cette lecture sont présents à son esprit, qui les voit avec netteté. Après avoir fait naître l'attention, il sait que pour la maintenir il faut intéresser l'imagination de ses petits auditeurs. Il peindra donc, en traits peut-être exagérés mais vigoureux, le personnage qu'il veut faire connaître. Il ne se contentera pas de le mettre en pleine lumière, mais il faudra qu'il l'anime et qu'il le fasse vivre. Tous les écrivains qui se sont occupés des méthodes d'enseignement sont d'accord sur ce point. « Les faits racontés, dit M*me* Pape-Carpentier, doivent être présentés d'une manière animée et pittoresque. Que l'instituteur y mette un peu de cette action qui est recommandée à l'orateur, afin que son récit *fasse tableau dans l'imagination des petits élèves*. Les enfants aiment, dans un récit, ce qui est dramatique. Nous devons donner du mouvement à nos figures, les faire parler, agir, vivre en un mot. » — « Animez vos récits de tons vifs et familiers, dit aussi l'auteur de l'*Éducation des filles*, faites parler vos personnages ; les enfants qui ont l'imagination vive doivent croire les voir et les entendre[1]. » Enfin le grave Guizot[2] dit sur ce sujet : « Il faut que les personnages historiques deviennent pour les enfants des êtres réels,

---

1. Fénelon, *l'Éducation des filles*, ch. VI. — Fénelon conseille même la dramatisation, dont il sera parlé plus tard : « Si vous avez plusieurs enfants, accoutumez-les peu à peu à représenter les personnages des histoires qu'ils ont apprises ; l'un sera Abraham et l'autre Isaac ; ces représentations les charmeront plus que d'autres jeux, les accoutumeront à penser et à dire des choses sérieuses avec plaisir, et rendront ces histoires ineffaçables dans leur mémoire. »

2. Guizot, *l'Histoire de France racontée à mes petits enfants*, Introduction.

vivants, qu'ils aiment ou qu'ils haïssent, qu'ils estiment ou qu'ils repoussent. »

Il arrive bien souvent que l'instituteur, livré à ses seules forces, échoue dans cette tâche. Malgré tous ses efforts, il peut constater que les enfants ne le suivent pas, que leur attente a été déçue, et que la déception les ramène soit à l'engourdissement, soit à la distraction. Puisque sa parole ne suffit plus pour rendre attrayante la peinture des personnages qu'il fait étudier, il appelle alors à son secours les images et les gravures.

Elles seront comme l'illustration coloriée et saisissante de ses paroles. « Huit ou dix gravures bien faites [1] avec ou sans couleurs, en apprennent plus à l'enfant sur les civilisations anciennes que bien des pages de description. Une vue des Pyramides ou des hypogées de la haute Égypte, une reproduction exacte des monuments, des vaisseaux, des armes, des costumes de Rome ou de la Grèce, animent et soutiennent singulièrement les récits du maître ; c'est la leçon de choses transportée dans le passé le plus lointain. » C'est pourquoi les livres illustrés, les reproductions photographiques, les collections de tableaux et même les grossiers dessins exécutés au tableau noir par le professeur, en un mot l'imagerie scolaire vient maintenant, dans toutes les écoles primaires bien tenues, éclairer la parole du maître. La vue des objets dessinés ou peints réveille et captive l'attention des enfants, qui sont si sensibles au plaisir des yeux ; leur imagination est ainsi séduite, leur intelligence s'enrichit de faciles conquêtes, car ils apprennent bien et vite ce qui les a charmés.

1. Buisson, *Rapport sur l'instruction primaire à l'Exposition de Vienne*, page 181. — Comparer : « On peut mettre l'histoire entre les connaissances qui entrent par les yeux, puisqu'on se peut servir, pour la faire retenir, de divers livres d'images et de figures. Mais quand même on n'en trouverait pas, elle est d'elle-même très proportionnée à l'esprit des enfants. » (Nicole, *Traité de l'éducation des princes.*)

Mais ce plaisir serait encore plus grand, et cette leçon plus fructueuse, si l'enfant pouvait voir ou le monument même qu'on lui décrit ou quelques traces matérielles de l'événement qui lui est raconté. C'est pour cela que les plus compétents parmi ceux qui dirigent l'enseignement primaire s'efforcent de persuader aux instituteurs qu'ils ont tout intérêt, quand cela est possible, à relier les grands faits de l'histoire générale de la France à l'histoire locale de la région ou de la province dans laquelle ils enseignent[1]. D'une part, il est certain que leurs élèves s'intéressent plus vivement à l'histoire de la commune qu'ils habitent, et, d'autre part, il est presque toujours possible de leur montrer les vestiges des choses dont on les entretient. Il est plus d'un pédagogue qui pense qu'une promenade scolaire aux ruines d'un château féodal vaut dix fois mieux que plusieurs leçons sur le régime de la féodalité. Sans doute il est bon d'observer ici certaine mesure; d'ailleurs les provinces n'ont pas toutes été associées au même degré aux événements généraux de notre histoire, et villes et villages sont inégalement riches en monuments historiques. Mais il est bien peu d'écoles à proximité desquelles on ne puisse trouver ou des menhirs, ou des pierres milliaires, ou des voies romaines, ou des débris d'une vieille forteresse, ou une chapelle antique, ou la statue d'un grand homme, ou le nom d'une rue rappelant une institution disparue, ou un musée dont quelques œuvres soient consacrées au souvenir des grands événements dont cette province a été le théâtre.

Combien il est facile, en groupant les enfants devant

---

1. Lire dans la *Tribune des instituteurs* du 15 août 1886 une curieuse leçon d'histoire sur Louis XI, d'après l'histoire locale de Nogent-sur-Marne. L'instituteur, M. Morel, a voulu démontrer par cet exemple « qu'on peut, pour ainsi dire, faire toucher du doigt aux enfants, l'état physique et social d'un pays, à une époque quelconque de notre histoire. » (V. plus loin le chapitre sur l'objet de l'enseignement à l'école primaire.)

les moindres vestiges du passé, d'évoquer l'image des générations qui les ont précédés sur ce petit coin de terre, avec leurs coutumes curieuses, leur genre de vie si différent du nôtre, leurs misères si lourdes et les gloires dont ils nous ont légué l'héritage !

Ainsi compris, l'enseignement de l'histoire sollicite le travail de l'imagination, cette faculté qui, dans la période scolaire, est la plus dangereuse de toutes, parce qu'elle est naturellement portée au dérèglement. Les grands tableaux de nos annales nationales la détachent des petitesses de la vie journalière, pour l'élever dans les sereines régions du passé qu'ils idéalisent. Il n'est pas de plus grand bienfait. C'est dans cet ordre d'idées que Blackie a pu écrire : « Les vies d'Alexandre le Grand, de Luther, de Gustave-Adolphe, de tant de nobles personnages qui créent eux-mêmes l'histoire, ont une vertu éducatrice mille fois plus efficace que la plus belle poésie. *Mettez à profit ces vies grandes ou sages pour exercer l'imagination.* » Puis il explique, dans un magnifique langage, la méthode à suivre pour dompter et régler cette faculté. « Il ne suffit pas, dit-il, de faire flotter devant l'imagination des enfants de nobles et saines peintures; n'attendez aucune énergie vraie d'une telle habitude passive. Ce qu'il faut, c'est que l'imagination saisisse, d'une prise solide, les divins fantômes qui passent devant elle; qu'elle ne se tienne pas pour satisfaite tant qu'elle ne produit qu'un souvenir terne et stérile; qu'elle en vienne à pouvoir évoquer devant elle le cortège entier de l'histoire dans l'ordre réel, avec les caractères distinctifs, les attitudes justes, l'expression exacte... »
Si l'instituteur qui enseigne l'histoire suit ces conseils, il fera essentiellement œuvre d'éducateur, car il fera servir au développement de l'intelligence cette énergie de l'imagination qui centuple les forces de l'esprit lorsqu'elle est exercée et réglée, mais qui peut ruiner le cerveau de l'enfant lorsqu'elle est abandonnée à tous les caprices du désœuvrement.

Que dire de la mémoire ? Voilà une pauvre cendrillon qui fait triste figure dans les écoles primaires ! Comme on l'accuse de tous les péchés, on la couvre de malédictions, et il faut aujourd'hui, un certain courage pour oser en parler favorablement. On court le risque de voir d'ardents réformateurs vous considérer avec une réelle commisération, si l'on prétend que cette faculté n'est pas complètement inutile et qu'il est sage de la développer dans les classes. Nous sommes de ceux qui pensent, avec un des inspecteurs généraux le plus justement estimés[1] qu'il « ne faut pas que la réaction contre l'abus de la mémoire aille jusqu'à nous priver de l'usage de cette précieuse faculté. » Il est vraiment puéril de décréter d'accusation et de frapper d'ostracisme une des énergies les plus utiles de l'esprit, l'effort pour conserver ce qu'il a perçu, ce qu'il a compris.

Sans doute, dans sa forme primitive, lorsqu'elle ne reproduit que des sons articulés ou inarticulés, mais toujours incompris, elle n'est qu'un travail mécanique qui ne va pourtant pas sans effort et qui, dès le plus bas âge, est accompli par tous avec une prodigieuse facilité. C'est l'enfance de la mémoire, et il faut convenir que trop longtemps dans les écoles on a laissé cette faculté dans l'enfance. — On trouve encore dans certaines classes des élèves qui, sous prétexte d'exercice de mémoire, chantent sur un ton plaintif une sorte de mélopée tantôt rapide, tantôt traînante, à laquelle ils ont habitué leurs oreilles, et qui représente à leur esprit non des mots, des phrases et des idées, mais une succession de sons[2] ! Passons con-

---

1. F. Pécaut, *Rapports d'inspection générale*, 1880.
2. Dans certaines études d'écoles primaires et même, hélas ! d'écoles normales, nous avons encore pu voir ce spectacle affligeant : les enfants, accoudés sur la table et obstruant leurs oreilles avec leurs mains, chantent à tue-tête en lisant les quelques lignes qu'ils doivent réciter en classe, et ils recommencent cet exercice jusqu'à ce que, par le mouvement naturel de leur gorge, ils puissent reproduire

damnation sur cet abus. Et pourtant, si ce texte avait été tout d'abord bien expliqué par le maître et bien compris par l'élève, en l'apprenant mot à mot l'enfant n'aurait-il pas enrichi son esprit et de mots qui traduisent une idée précise, et d'idées qui sont traduites exactement par certains mots? Aux réformateurs qui proscrivent cette récitation *par cœur*, pour nous servir de l'expression scolaire, Mme Necker de Saussure répond d'une façon magistrale, dans son *Éducation progressive*[1] : « On dit à l'élève de ne s'attacher qu'au sens des paroles dans l'enseignement, sans porter son attention sur les termes; et quand il récitait sa leçon, si l'on voyait qu'il en eût compris le sens, l'on était content, quelles que fussent les expressions dont il se servait pour en rendre compte. Néanmoins ces expressions étaient la plupart du temps bien vagues, bien inexactes, car les enfants ne sont pas de fort habiles rédacteurs. Cette compréhension, dont on se flattait, restait en elle-même confuse et s'échappait faute de s'être liée à des mots fixes et positifs. »

Cette observation est rigoureusement juste pour toute la clientèle des écoles primaires. L'enfant des campagnes ou des faubourgs ne peut acquérir, dans les conversations en patois ou en argot qu'il entend trop souvent dans sa famille, les termes et les expressions qui lui permettent d'exprimer un sentiment élevé ou une idée précise. Les pédagogues attentifs et compétents[2] le constatent avec douleur : « Quand l'enfant veut parler ou écrire, disent-ils, les mots lui manquent. » Pour que l'enfant sache exprimer sa pensée, il faut donc tout d'abord que, par des exercices de mémoire intelligents, il enrichisse son propre vocabulaire. La récitation du mot à mot le conduit à ce premier but,

---

la série des mêmes sons lorsqu'ils ont fermé le livre. Quelle barbarie!

1. *Éducation progressive*, t. II, p. 286.
2. Carré et Moy, préface de la *Première Année de style*.

Or, l'enseignement de l'histoire ne répugne point à ce procédé. Il est facile de trouver, dans ceux de nos historiens dont les qualités de style essentiels sont la clarté, la précision, et la simplicité, des descriptions, des récits, des portraits, que l'enfant apprendra à l'appui des leçons qui lui auront été expliquées par le maître En outre, dût-on me taxer d'hérésie, j'affirme que chaque leçon d'histoire peut donner lieu à un résumé qui, s'il est méthodique, court et correct, doit être appris mot à mot; or, l'histoire embrasse la vie des hommes et des sociétés, et comme elle étudie tous les sentiments par les faits auxquels ils ont donné naissance, c'est un champ inépuisable qui produira toujours pour les esprits une moisson variée et abondante.

Toutefois, l'énergie de la mémoire n'est pas uniforme; elle obtient des succès très divers, selon la volonté des individus et aussi selon les objets sur lesquels ils appliquent leurs efforts. C'est en ce sens que Legouvé n'a pas eu tort d'écrire : « On dit la *mémoire*, on devrait dire *les mémoires.* » Or, parmi les mémoires que l'enseignement exerce, il en est une dont le professeur d'histoire exige trop de travail pour le mince résultat qu'il veut en obtenir. C'est la mémoire des dates. C'est l'épouvantail de tous ceux qui voient l'histoire par le petit bout, comme c'est l'arme offensive de tous les adversaires de cet enseignement. Reconnaissons franchement que certains instituteurs, animés d'un zèle peu éclairé, exigent trop en cette matière, et qu'en demandant la connaissance de la date, souvent très incertaine, d'événements insignifiants, ils dénaturent complètement l'enseignement de l'histoire : autant vaudrait faire apprendre une table de logarithmes. Parfois la barbarie de leurs procédés est en harmonie avec la sottise du but. Ils ont recours aux procédés mnémotechniques[1], qui sont tous défectueux, et qui, suivant

---

1. « Tous les procédés mnémotechniques reposent sur les lois de

l'énergique expression de Blackie, ne sont que des *trucs* indignes de l'enseignement. « Je n'ai pas grande confiance, ajoute cet écrivain, dans l'emploi systématique de ces procédés, qui sont plus appropriés à la faiblesse de quelques instituteurs malhabiles qu'à la virile éducation donnée par nos bons maîtres. Ils remplissent l'esprit d'une foule de symboles arbitraires et ridicules qui nuisent au jeu naturel des familles! *Les dates historiques, pour lesquelles on emploie généralement cette sorte de mécanique appliquée, se graveront plus aisément dans la mémoire par leurs rapports de causalité.* » Dans ces derniers mots est résumée toute la méthode qui doit présider à l'enseignement des dates et aussi à l'enseignement de l'histoire. L'étude des dates historiques n'a pas, en effet, d'autre but que de marquer dans l'esprit des enfants la succession des événements, et cette succession est l'effet, non de hasards imprévus, mais de conséquences plus ou moins faciles à déterminer. Il faut donc qu'à l'idée de succession et de postériorité l'enseignement historique attache et même substitue l'idée d'enchaînement et de causalité. L'histoire sera, aux yeux des enfants, non seulement une suite de tableaux vivants, mais une série de faits que rien ne peut

l'association des idées, c'est-à-dire, en somme, de l'habitude mentale. Sans les condamner absolument, puisque, à défaut de mieux, ils rendent service, il vaut mieux les proscrire des écoles : ils n'ont que faire dans l'enseignement méthodique, puisqu'ils ne sont que des expédients pour y suppléer. Donnons aux enfants le goût et l'habitude de l'ordre véritable, de l'ordre logique ou causal, qui consiste à mettre les choses à leur place et dans leurs vraies relations. Quant aux rapprochements saugrenus, aux simples assonances et aux analogies fortuites, aux rimes burlesques, tout cela peut bien un moment amuser l'esprit, mais rien de tel ne saurait être érigé en méthode ni trouver place dans ces systèmes d'éducation. » (Marion, article *Mémoire* du *Dictionnaire de pédagogie.*)

Croirait-on qu'en 1883 j'ai trouvé dans une école normale d'institutrices une maîtresse qui s'évertuait à enseigner la chronologie de l'histoire de France à l'aide d'une brochure où tous les moindres événements étaient racontés en vers, le mot de la rime devant, par un procédé mystérieux, dévoiler la date de l'événement? A. P.

séparer. Chaque événement sera comme un anneau de la chaîne relié intimement à l'anneau qui précède et à l'anneau qui suit. Autrefois le questionnaire des petits livres d'histoire se résumait inévitablement en cette phrase : « Qu'arriva-t-il ensuite? » Il faut qu'elle fasse place à celle-ci. « Pourquoi? Quelle fut la cause de ce fait? Quels en furent les résultats? »

Si celui qui enseigne l'histoire aux enfants met tous ses efforts à saisir et à déterminer ces relations, à les dégager des faits accessoires qui les obstruent et qui les cachent, pour les mettre en pleine lumière, il fait œuvre de maître, car il s'attaque à la partie essentielle et magistrale de sa tâche. Cet enchaînement nécessaire des événements, c'est la réflexion attentive et perspicace qui le découvre, c'est l'esprit qui le conçoit et l'explique ; et, si le maître est astreint à un réel effort pour l'enseigner, il n'a pas perdu sa peine, car il a fait appel à l'intelligence, il a provoqué le jugement de ses élèves ; il ne les a pas seulement forcés à apprendre, il les a amenés à comprendre l'histoire[1].

Peu importe que l'enfant se trompe de dix ou de vingt années sur la date d'un événement quelconque, pourvu qu'il ne place pas Brétigny avant Poitiers et la bataille de Pavie après le traité de Madrid. On lui pardonnera même d'ignorer les dates célèbres de 1598 et de 1685, pourvu qu'il puisse expliquer simplement pourquoi Henri IV avait promulgué et pourquoi Louis XIV révoqua l'édit de Nantes.

Sans doute ce genre d'enseignement a ses périls ; mais ceux qui le condamneraient, condamneraient en même temps l'enseignement même de l'histoire. Il faut absolument que, dans toutes les écoles, on répète aux maîtres

---

1. V. Nicole, *Traité de l'éducation d'un prince*. « Quoiqu'elle ne consiste que dans la mémoire, l'histoire sert beaucoup à former le jugement ; il faut donc user de toute sorte d'adresse pour leur en donner le goût. »

ce précepte de Kant ; « Enseignez l'histoire pour exercer l'entendement à bien juger. »

Est-il possible de citer un enseignement qui ait une part plus grande dans l'éducation intellectuelle ? Non ; car il commande l'attention, il charme l'imagination, il enrichit la mémoire, il provoque le jugement, il exerce donc les facultés essentielles de l'esprit. Nous ajouterons enfin qu'il a sa place particulière à l'école, car il peut s'adapter merveilleusement aux principaux exercices scolaires qui ont pour objet le développement de l'intelligence. A l'école primaire, l'enseignement a pour premier but (nous sommes tenté de dire : a pour but unique) d'apprendre aux enfants à parler et à écrire ; non pas à réciter étourdiment ou à calligraphier avec gravité des mots inintelligibles, mais à exprimer une idée ou un jugement soit par la parole soit par la plume, en termes convenables et en phrases à peu près correctes. Pour atteindre ce but, les maîtres emploient une infinie variété de procédés plus ou moins ingénieux, généralement appelés *exercices d'élocution et de style*. On ne se doute pas de la peine qu'ils se donnent dans ce genre de travaux. Lorsqu'on veut faire parler un enfant de l'école primaire, on s'aperçoit généralement ou qu'il n'a rien à dire ou qu'il ne sait rien dire. On fait tout d'abord appel soit à ses souvenirs immédiats, soit à l'observation des choses qui le touchent de très près dans la vie réelle ; mais on a bientôt épuisé l'alimentation et le vêtement, les plantes et les animaux domestiques, les saisons et les scènes intimes de la vie de famille. Il est, du reste, d'une saine pédagogie de ne pas trop insister sur ces sujets, qui peuvent lasser l'enfant par leur monotonie et l'absence de la nouveauté. On a aussi la ressource des historiettes morales, difficiles à composer lorsque l'instituteur veut les tirer de son propre fonds, et difficiles à choisir s'il les prend dans un recueil. Mais on a surtout l'histoire. Celle-ci comprend une infinie variété de faits dramatiques et réels, gais ou tristes, qui peuvent toujours être réduits en récits simples et intéressants. Ces récits, si l'on veut les mettre à la portée des élèves de différents âges, peuvent revêtir les formes les plus diverses. Cela est si vrai que, dans les livres d'histoire destinés aux écoles primaires, le même fait est reproduit de mille façons, et que deux auteurs ne rencontrent jamais ni les mêmes tournures de phrase ni les mêmes termes pour raconter le même événement. N'y a-t-il pas là une source inépuisable d'excellents exercices d'élocution ? Lorsque le maître aura aidé l'enfant à raconter un fait historique, avec des mots et des phrases différents de ceux qu'il a employés lui-même, n'aura-t-il pas fait un travail plus intelligent et plus utile que la plupart des exercices sur les synonymes qui lui sont fournis par les recueils ?

Dans son *Règlement des études pour les lettres humaines*, Arnauld, amené à discuter les meilleurs exercices d'élocution, dit : « Pour apprendre à parler *dans les classes inférieures*, il est bon d'y obliger chaque jour deux écoliers à conter chacun une petite histoire qu'ils prendront dans Valère-Maxime ou dans Plutarque, ou dans quel livre ils voudront, en leur laissant le choix ; et il faut estimer davantage ceux qui feront le récit d'une manière plus libre, plus naturelle et plus dans l'esprit de l'auteur, sans s'assujettir aux mêmes termes et aux mêmes tours... ; *on exigera de tous qu'ils lisent chaque jour une telle portion de l'histoire de France et qu'ils soient prêts à en faire le récit de leur mieux*. Cette méthode si rationnelle, qui convient parfaitement aux classes inférieures de l'enseignement secondaire, peut sans danger être ajustée à la taille des enfants des écoles ; et ce sera un des grands avantages de l'enseignement historique, s'il permet d'appliquer avec succès cet aphorisme d'Arnauld : « *En classe, c'est aux écoliers à parler.* »

Nous pensons donc que l'enseignement de l'histoire est particulièrement fécond pour le développement intellectuel des petits écoliers, non seulement parce qu'il les oblige sans violence et par une attraction naturelle à écouter, retenir et comparer, mais aussi parce qu'il peut alimenter la plupart des exercices scolaires qui jusqu'à ce jour n'ont pas présenté un aspect bien séduisant, et auxquels l'histoire, en les animant, peut communiquer le plus puissant intérêt.

Dans le chapitre si fécond en ingénieux aperçus que Montaigne a consacré à l'histoire, « ce mirouer du monde », il conclut par ces mots : « Somme, je veulx que ce soit le livre de mon escholier. » Et pourquoi? « Parce qu'il se tire une merveilleuse clarté pour le jugement humain de la fréquentation du monde. » Et cette fréquentation nous est bien indispensable, car, sans elle « nous sommes tous contraints et amoncelez en nous, et avons la veue raccourcie à la longueur de nostre nez. » En effet, si l'homme, en général, est trop enclin à ne considérer que lui, ses besoins et ses actions dans ce monde, que penser des enfants, et surtout des enfants du peuple, cette grande et intéressante clientèle de l'école primaire? Qu'ont-ils entendu dans la misérable maison où ils ont passé les premières années de leur vie? Les exclamations attristées et monotones par lesquelles le père et la mère, entraînés dans la mêlée de la lutte pour la vie, traduisent leurs éternels soucis. Qu'ont-ils appris à désirer comme un souverain bien? La satisfaction des besoins matériels les plus impérieux de l'existence. La vie de famille n'a donc éveillé le plus souvent en eux que des préoccupations étroites et des désirs égoïstes. Tous ces petits paysans, tous ces faubouriens, tournent donc chaque jour dans le cercle étroit du manger et du dormir, trop heureux s'ils n'en sont pas brusquement écartés par les terribles fléaux de la gelée ou de la sécheresse, de la grève ou du chômage. Chez eux, et par une habitude fatale, la pensée ne va pas, dans l'espace, au delà des pâturages où ils font paître leurs bestiaux, ou de l'atelier noir qui leur prend leur père chaque jour, et dans la durée, au delà de ces besoins journaliers qu'ils doivent satisfaire et de la vie du moment dont ils subissent l'inéluctable étreinte. « Trop souvent, dit Kant, les parents n'entretiennent leurs enfants que dans ce sentiment des besoins du moment, quand leur intérêt et celui de l'avenir qu'ils ont à préparer serait d'étendre leur horizon et de le porter plus haut, toujours plus haut. »

Parmi les institutions consacrées à l'éducation, l'école primaire est incontestablement celle qui peut le mieux étendre et reculer cet horizon, et faire voir à l'esprit de l'enfant un monde différent de celui dans lequel il a vécu jusqu'alors; c'est elle qui doit l'abstraire de la vie matérielle de chaque jour, pour l'élever dans le domaine de la pensée et de la vie intellectuelle. La famille ne peut, le plus souvent, lui rendre ce service; car, si, dans la plupart des cas, elle contribue efficacement à l'éducation de l'enfant, elle est presque toujours condamnée à abandonner le domaine intellectuel à la merci de l'instituteur. Or nul enseignement ne peut mieux que l'histoire conduire sûrement l'écolier vers ce but. Elle peut, en effet, l'élever au-dessus de l'individu et de la famille, pour lui faire comprendre le peuple et la nation; elle élargit fatalement le cercle dans lequel sa première enfance avait enfermé sa pensée; elle l'habitue à réfléchir sur les grandes idées de dévouement, gloire, héroïsme, patrie, etc., que la vie journalière est ordinairement impuissante à lui suggérer; elle lui fait parcourir le monde dans sa vie passée, comme la géographie le lui fait entrevoir dans la réalité présente[1]. Elle ne lui apprend pas seulement des mots nou-

1. C'est dans ce sens que Mme de Sévigné a dit: « C'est un voyage

veaux (ce qui serait déjà un service signalé); elle lui fournit des idées nouvelles. Or on peut dire, dans une certaine mesure, que l'intelligence de l'enfant s'affermit à mesure que s'accroît le domaine sur lequel elle s'exerce. Il faut d'abord qu'elle gagne en étendue, nous oserions presque dire en superficie, ce qu'elle ne peut encore acquérir en profondeur; et comme le domaine historique est immense, comme il est infini, l'intelligence de l'enfant qui le parcourt et l'explore activement y fera toujours d'abondantes moissons.

L'enseignement de l'histoire peut donc mettre en œuvre et, par suite, fortifier les grandes facultés de l'esprit, qu'il enrichit; il peut aussi s'approprier à la plupart des exercices de l'école primaire, qu'il vivifie. Entre les mains de l'instituteur habile, c'est un admirable instrument de défrichement et de culture qui peut et doit mettre en rapport les principales forces de l'intelligence, et faire germer, dans le cerveau de l'enfant, les fleurs de la pensée humaine.

CHAPITRE V

L'histoire et l'éducation morale.

I. L'histoire qui a pour objet l'*homme moral* peut-elle contribuer à l'éducation morale? Opinion de Rousseau, Volney, Th. Barrau, Tolstoï.
II. Les rapports de cause à effet et la notion de la responsabilité. La morale en action ou par l'exemple. Anecdotes.
III. L'étude du vrai et du possible par l'histoire; son influence sur la formation du caractère. Les historiens et la passion de la vérité.

en d'autres siècles dont la diversité nous donne des connaissances et des lumières. »

IV. Les récits historiques peuvent exciter l'amour-propre, provoquer le sentiment de l'honneur et l'amour de la gloire. Avantages. Conclusion.

> « L'homme moral, c'est la matière de l'histoire. » (A. Thierry, *Dix années d'études historiques*.)
>
> « L'histoire... cette étude de sagesse » (Bossuet, *Or. fun. de la duchesse d'Orléans*), « cette école de vertu. » (Mirabeau, *l'Ami de l'homme*.)

Les savants du siècle ne sont pas d'accord pour déterminer le domaine et fixer le but de la science historique. L'école dont Spencer est le chef reproche aux vieux historiens d'avoir obéi aveuglément à une fâcheuse tradition, en limitant leurs études à la vie politique, morale et intellectuelle des individus et des peuples, et d'avoir négligé les phénomènes d'ordre matériel et social. Elle tend à considérer une nation comme un organisme vivant; elle veut qu'on en étudie les fonctions dans leur origine et leur développement; elle aspire, en un mot, à créer l'*histoire naturelle*[1] des sociétés. En attendant que les savants de l'avenir fassent apprécier, en les fixant, les avantages de cette évolution de la science historique, il convient, du moins dans l'enseignement de l'histoire à l'école primaire, de rester fidèle à la vieille maxime d'Augustin Thierry : *L'homme moral, c'est la matière de l'histoire*[2].

Ainsi déterminée, cette science peut-elle contribuer à l'éducation morale des enfants dans les écoles primaires? Il a été diversement répondu à cette question. Rousseau dit non. « Par une erreur ridicule, dit-il, on fait étudier l'histoire aux enfants : on s'imagine que l'histoire est à leur portée parce qu'elle n'est qu'un recueil de faits. Mais qu'en-

---

1. Spencer, *la Science sociale*. L'auteur, par exemple, après avoir analysé quelques détails de l'histoire napoléonienne, ajoute : « Pourtant, après avoir payé à ces importants sujets le tribut d'attention qui leur est dû, on pourrait accorder avec quelque profit quelques minutes à l'histoire naturelle des sociétés. »

2. *Dix années d'études historiques*, chapitre sur le cours d'histoire de M. Daunou.

tend-on par ce mot de fait ? Croit-on que les rapports qui déterminent les faits historiques soient si faciles à saisir ; que les idées s'enfoncent sans peine dans l'esprit des enfants ? Croit-on que la véritable connaissance des événements soit séparable de celle de leurs causes, de celle de leurs effets, et que l'historique tienne si peu au moral qu'on puisse connaître l'un sans l'autre ? Si vous ne voyez dans l'action des hommes que les mouvements extérieurs et purement physiques, qu'apprend-on dans l'histoire ? Absolument rien ; et cette étude, dénuée de tout intérêt, ne vous donne pas plus de plaisir que d'instruction. Si vous voulez apprécier les actions par leurs rapports moraux, essayez de faire entendre ces rapports à vos élèves, et vous verrez alors si l'histoire est de leur âge [1]. » Puis il raconte avec beaucoup de fantaisie la célèbre anecdote du médecin d'Alexandre. La thèse est radicale ; l'histoire est proscrite de l'enseignement parce qu'étant une science morale, elle n'est pas à la portée des enfants. Cependant la plupart des adversaires de l'enseignement historique, s'ils lui reprochent d'être inutile ou inaccessible à l'esprit des enfants, n'osent affirmer catégoriquement qu'il soit indifférent à leur cœur. Ils refusent à l'histoire une efficacité réelle sur le développement de l'intelligence, mais ils l'acceptent, à certaines conditions, comme agent d'éducation morale.

Volney, au dix-huitième siècle, après avoir déclaré et essayé de démontrer que l'histoire ne lui paraît pas convenir aux enfants, ajoute : « Ce qu'on peut se permettre d'histoire avec les enfants (et j'étends ce nom à tous les hommes simples et sans instruction) doit se réduire à la morale, c'est-à-dire aux préceptes de conduite à leur usage ; et, parce que ces préceptes, tirés des faits et des exemples, deviennent plus saillants, *l'on peut se permettre* d'employer des anecdotes et des récits d'actions ver-

---

1. *Émile*, livre Ier.

tueuses, surtout *si l'on en use sobrement*[1]. » Il y a sans doute dans ces concessions bon nombre de réticences, et Volney se décide bien à regret à introduire le vulgaire dans ce sanctuaire aristocratique de la science qui lui était chère ; il éprouve des répugnances de grand seigneur et ne consent qu'à son corps défendant à donner aux enfants, sinon des leçons d'histoire, du moins des leçons de morale par l'histoire.

À une époque plus rapprochée de nous, dans un moment où les esprits troublés par une profonde crise politique acceptaient volontiers les solutions violentes, Th. Barrau a osé écrire : « On ne doit pas apprendre l'histoire, et cela pour deux motifs d'une haute gravité. L'un, c'est qu'il est impossible de leur apprendre cette science ; l'autre, c'est qu'une telle étude dans les écoles normales primaires est réprouvée par une sage politique, et peut-être même par la morale [2]. »

Enfin un autre adversaire de cet enseignement, l'auteur de *l'École de Jasnaia Poliana,* le comte Tolstoï, affirme d'abord qu'il ne voit pas la nécessité de l'enseignement de l'histoire, et essaye de démontrer par des exemples qu'il est impossible ; puis il ne trouve, enfin, sa justification que dans la nécessité de développer le patriotisme chez l'enfant. L'histoire n'est donc pas, aux yeux de tous, « cette étude de sagesse » dont parle Bossuet, cette « école de vertu » célébrée par Mirabeau.

D'autre part, bon nombre d'esprits superficiels identifient l'histoire avec la morale en action et se contentent de déclarer que c'est une morale toute faite. On peut leur répondre avec un contemporain : « L'histoire est riche en

---

1. Volney, *Discours de Volney aux élèves de l'école normale*, ventôse an III.
2. Th. Barrau, *de l'Éducation morale de la jeunesse à l'aide des écoles normales.* (Remarquez que l'opinion de Barrau fut approuvée par l'Académie, sur un rapport de Jouffroy.)

enseignements moraux, non en enseignements tout faits, comme on semble le dire, car bien des pages en sont fort immorales; elle enregistre les mauvaises actions comme les bonnes, et peut-être en plus grand nombre; elle est pleine d'iniquités de toute sorte[1]. » C'est donc une arme à deux tranchants : il faut savoir la manier par le bon bout; il serait peut-être préférable de l'abandonner à la rouille que de l'employer avec maladresse.

Pour défendre l'enseignement historique contre ses adversaires ou ses dangereux amis, il convient de préciser les raisons de son importance et de tracer les limites exactes de son action dans l'œuvre de l'éducation morale.

A tous les degrés de l'enseignement, l'histoire recherche surtout et s'efforce d'établir des rapports de cause à effet.

Elle étudie avec plus de vigilance les relations que les faits. Or ces relations, ces enchaînements d'événements, sont toujours produits ou au moins modifiés par des causes volontaires, soit qu'elles remontent aux chefs souverains d'États absolus, soit qu'elles puissent être légitimement attribuées aux sociétés qui se gouvernent elles-mêmes en liberté. Ces actes accomplis volontairement sont essentiellement libres; ils entraînent donc toujours une certaine responsabilité pour leurs auteurs.

L'œuvre magistrale du maître qui enseigne l'histoire aux petits enfants est de saisir cette responsabilité et de la mettre en pleine lumière; car, si les faits du monde physique et naturel doivent être expliqués, les événements de la vie des individus et des nations doivent être expliqués et jugés. Ils sont bons ou mauvais, justes ou injustes, utiles ou dangereux; en aucun cas ils ne sont indifférents.

En outre, les événements dont les personnages historiques sont responsables et d'après lesquels ils sont jugés,

---

1. Marion, *l'Enseignement moral dans l'école primaire* (*Revue pédagogique*, 1882).

ont presque toujours eu des origines et des conséquences très complexes; ils ont intéressé non seulement leurs auteurs, mais la patrie tout entière, souvent même l'humanité. Dans l'enseignement historique, il ne s'agit donc pas seulement de cette responsabilité d'ordre inférieur au sujet d'actes dont les effets ont été limités à la personne elle-même (la vie quotidienne la développe nécessairement dans tous les êtres comme un instinct, ou au plus comme un sentiment égoïste); il s'agit surtout d'une responsabilité d'ordre plus élevé, puisqu'elle est déterminée par des faits qui intéressent la collectivité des hommes dans le présent toujours, et très souvent dans l'avenir.

Cette responsabilité que l'histoire enseigne nous détache en quelque sorte de la vie privée, pour nous forcer à considérer, en toutes nos actions, leur influence non seulement sur notre propre existence, mais sur la vie de notre pays ou de la société tout entière[1]. Sans doute on peut objecter, avec quelque apparence de raison, que cette responsabilité idéale n'a pas toujours, dans le domaine historique, une sanction réelle et immédiate; les vertueux disparaissent bien souvent sans avoir obtenu la récompense méritée; et les crimes les plus authentiques ne sont pas toujours suivis d'un châtiment légitime; l'esprit se trouve ainsi ramené à l'amère plaisanterie du monument fameux où

Les vertus sont à pied et le vice à cheval.

Remarquons tout d'abord qu'il ne convient pas de pousser cette doctrine jusqu'au pessimisme exagéré. Dans l'histoire, les événements ont souvent une sanction immédiate et réelle. Est-ce que les libérateurs de leur pays,

---

1. V. à ce sujet Marion, *la Solidarité morale*, entre autres cette définition : « Chaque génération reçoit le legs de toutes les générations antérieures et engage pour une part toutes les générations futures. *C'est la solidarité historique proprement dite.* »

Thiers, par exemple, ou Washington, n'ont pas joui de leur œuvre avec la conscience très nette et la satisfaction très vive des services rendus par eux à leur pays? Par contre (et l'histoire est féconde en démonstrations de cette nature), il arrive fréquemment que les auteurs des plus grandes calamités dont une nation ait eu à souffrir, ont expié, soit dans leur vieillesse, soit par leur mort, les malheurs qu'ils ont déchaînés. Les exemples abondent dans notre histoire; il suffit de citer, entre mille, la fin lamentable des auteurs de la Saint-Barthélemy, de Louis XIV, de Moreau, de Napoléon. Si l'on considère la valeur morale de l'enseignement historique, ces expiations, chantées par les poètes ou célébrées par les peintres, ne sont pas à dédaigner. Admettons cependant que ce n'est pas la règle commune, que du moins les exceptions peuvent être aussi fréquentes que la règle. Est-ce une raison suffisante pour méconnaître ou atténuer les leçons de responsabilité que l'on peut donner à l'aide de l'histoire? Ne comprend-on pas combien l'enseignement moral est plus noble lorsqu'il s'élève au-dessus des effets pratiques et des résultats utilitaires, pour s'attacher à la seule notion du juste, au sentiment du devoir? Est-ce que la mort de Galilée n'a pas été son triomphe? Est-ce que la misère de Palissy ne contribue pas à son éternel honneur? Est-ce que l'épisode de Rouen n'est pas l'apothéose de Jeanne d'Arc? Les injustices de fait provoquent les grandes réhabilitations historiques; celles-ci élèvent la conscience des enfants au-dessus de la contingence des événements; et, par le spectacle des réparations tardives mais fatales, le convertissent à la foi en la justice éternelle.

Cette confiance en la justice, corollaire nécessaire de la notion de devoir, les éducateurs modernes s'efforcent par tous les moyens de la faire pénétrer dans la conscience des enfants; ceux qui emploient l'histoire à cette fin contribuent puissamment à la moralité du premier âge. Mais ils se gardent bien de présenter les jugements de l'histoire comme un dogme qui s'impose et ne se discute pas. Il n'y a pas, du moins au point de vue moral, de catéchisme historique avec réponses obligatoires hors desquelles il n'est pas de salut. L'enseignement de la morale par l'histoire fait appel non à la foi aveugle, mais à la conscience libre. Il présente à l'esprit de l'enfant des faits importants dont il convient de tirer une leçon de vertu; ces faits sont comme une réalité vivante, une suite d'expérimentations vraies que l'enfant observe avec le concours et sous la direction de son maître, et que sa conscience doit apprécier et juger; en un mot, c'est la *morale par l'exemple*.

S'il est vrai qu'*un prince dans un livre apprend mal son devoir*, notre prince d'aujourd'hui, c'est-à-dire les enfants de la France, ont du moins entre les mains, par l'histoire de leur pays, le livre le plus riche en ces *exemples vivants* auxquels le poète reconnaît un si grand pouvoir.

Or la vertu de l'exemple est si efficace dans l'instruction et l'éducation que, malgré une prodigalité excessive et les abus les plus malheureux, on reste toujours fidèle à cette vieille et respectable méthode. En grammaire, l'exemple reste attaché à la règle comme le serf à la glèbe; en instruction morale, le dernier des instituteurs croirait manquer de respect aux principes de la pédagogie si, après avoir dicté un précepte, il ne lui attachait immédiatement le boulet d'un exemple qu'il invente avec beaucoup de peine à l'appui de sa démonstration.

Il oublie trop que « l'exemple est la seule leçon de morale qui soit efficace, parce qu'il a le caractère d'une *occasion d'enseignement naturelle et non cherchée*, » et que « l'exemple est l'occasion d'enseignement exquise et suprême, le vrai type de l'occasion; mais pour être lui-même et avoir le caractère de l'exemple, il doit être comme une belle image qui passe, qui attire, par sa propre lumière, et qui s'enfuit; en un mot, *il ne faut pas que l'exemple soit donné, il faut qu'il soit pris.* » L'histoire, plus que la vie quotidienne, est riche en ces occasions uniques qui se présentent à l'improviste à l'intelligence des enfants pour la fasciner et la séduire. Elle peut sans peine toucher les cœurs, préparer les âmes par de fécondes émotions, et proposer l'enseignement moral en temps opportun et dans des conditions de succès.

« Pour inculquer à l'esprit, dit Isaac Taylor, les principes moraux que nous fournit l'histoire, il faut profiter des rares moments où tous sont dans un état de douce émotion et dans une disposition d'esprit plastique, pour laisser tomber un mot ou deux de conclusion pratique, pour énoncer une maxime bien digérée qui, grâce à son affinité naturelle avec l'émotion du moment, s'unisse d'une manière inséparable au souvenir du fait[1]. » Tout observateur qui a passé par les écoles a constaté combien les enfants se laissent facilement toucher par les récits historiques et émouvoir par les actions qu'on leur raconte. « Un inspecteur de Paris, M. Defodon, me racontait qu'au sortir d'un cours il avait rencontré une petite fille tout en pleurs. « Ah! monsieur! ils ont tué Jeanne d'Arc! » Bienheureuse la maîtresse qui excite les larmes de ce genre[2]! » On pourrait ajouter avec justice : « Bienheureux les enfants qui ont une telle maîtresse! »

« A Castillon, chef-lieu de canton de l'arrondissement de Saint-Girons, j'inspectais l'école, qui est excellente, et je voyais des garçons qui marchaient au pas avec de grands pieds nus. « Vous me rappelez, leur dis-je, mes amis, ces « soldats de la première République qui, pieds nus, sans « pain, n'en gagnaient pas moins des batailles. » L'un d'eux me répondit vivement, avec cette familiarité particulière

---

1. Isaac Taylor, *Homely Éducation*, p. 258. Cité par Bain : *l'Éducation.*

2. H. Lemonnier, *l'Enseignement de l'histoire dans les écoles primaires;* note.

aux montagnards : « Il faudra en faire autant quelque « jour. » Cette réponse m'a charmé[1]. » La leçon d'histoire avait bien produit dans ces enfants cet état d'esprit particulier, cette aptitude à concevoir, par l'enseignement moral, la notion du grand devoir de vaillance et de sacrifice.

Que le lecteur me permette une anecdote de ce genre et dont j'ai été témoin. Je visitais, un jour d'été, l'école des garçons d'un bourg important de la plaine du Forez, dans la Loire. L'heure de la récréation venue, les enfants jouaient dans la cour. Je sortis au milieu d'eux. Je causais depuis quelques minutes avec le directeur, lorsqu'une discussion violente, éclatant dans un coin de la cour, nous attira au milieu des enfants. Deux gamins se tenaient au collet et se jetaient à la face les gros mots et les injures les plus variés. Leur répertoire était fort riche : ils semblaient vouloir l'épuiser sans en venir aux coups. A la fin, l'un des combattants, le plus jeune, un petit brun aux yeux en feu, se dressa sur la pointe des pieds, et cria sous le nez de l'adversaire : « *Bazaine!* » Pauvre petit! Il n'avait pas fini le mot, et déjà les poings de l'autre s'abattaient violemment sur sa figure, dont le sang jaillit.

Les combattants furent séparés, et le petit blessé, que nous protégions contre le retour offensif du vainqueur, grommelait encore entre ses dents : « *Oui! sale Bazaine!* » Braves petits Foréziens, comme ils avaient bien compris la leçon d'histoire sur la guerre de 1870, et comme celle-ci, par la richesse bien exploitée de ses terribles désastres, avait été féconde en émotions généreuses et en enseignement moral!

Il serait superflu d'insister sur ces *occasions d'enseignement moral* que tous les observateurs trouvent naturel-

---

1. *Rapports d'inspection générale*; année scolaire 1879-1880, département de l'Ariège; inspecteur général Baret.

lement et sans les chercher. Pour tous ceux qui savent l'explorer, l'histoire (et nous entendons parler de l'histoire générale) renferme un inépuisable trésor d'exemples qui peuvent servir à l'apprentissage de toutes les vertus domestiques et sociales.

Il n'est pas de vertus qu'une leçon d'histoire ne puisse recommander, de vice qu'elle ne puisse réprouver et flétrir. Dans sa *Lettre sur l'objet moral de l'étude de l'histoire*[1], J.-J. Moreau dit avec raison : « Les anciens philosophes qui voulurent donner aux hommes des leçons de vertu, inventèrent l'apologue. Ils pensèrent que la meilleure manière de faire entrer la morale dans les esprits était de la mettre en action. Quiconque envisagera l'histoire sous ce point de vue y trouvera les mêmes instructions, dans des tableaux infiniment plus variés. Il n'est presque point d'événement après le récit duquel on ne puisse écrire ce mot par lequel Ésope terminait toutes ses fables : Ὁ μῦθος δηλοῖ ὅτι... »

On ne saurait trop remarquer que ces exemples moraux tirés de l'histoire sont, non pas une vaine et amusante fiction, mais la reproduction sérieuse et exacte d'événements réels ayant intéressé de vrais hommes.

C'est un des plus indiscutables avantages de cet enseignement, « d'amener les enfants à se bien persuader que l'histoire est, au premier chef, une chose vécue, que les expressions dont on se sert ont correspondu à des besoins, à des sentiments analogues aux leurs[2] ». Ils seront par là habitués à vivre dans une atmosphère de vérité. Rien ne peut être plus bienfaisant, si l'on se préoccupe de la formation du caractère et du tempérament moral des enfants. Sans doute il convient d'admettre que la poésie des légendes peut jouer un rôle efficace dans l'éducation ; mais

---

1. J.-J. Moreau. *Leçons de morale puisées dans l'histoire de notre monarchie* (dédié au Dauphin); Versailles, 1773.
2. Lemonnier, *opo cit.*, p. 18.

il faut en user sobrement, car elle développe à l'excès la crédulité enfantine, elle établit une dangereuse confusion entre le vrai et le faux, entre le possible et l'impossible ; elle alimente cette soif de superstition qui tourmente l'esprit du peuple. Si l'on veut bien y réfléchir, on est stupéfait du nombre incroyable de gens qui enrichissent les tireuses de cartes et les chiromanciennes, qui croient aux fantômes et invoquent les secrets des sorciers[1]. Rien n'est plus immoral que de laisser supposer à un enfant que son bonheur, son avenir, sa vie, dépendent ou d'une pratique superstitieuse, ou d'un rêve particulier, ou d'une bizarre coïncidence, et que deux fourchettes mises en croix lui prédisent un malheur auquel il ne peut se soustraire. Il est ainsi conduit à un fatalisme aveugle et étroit qui le prédispose à la résignation et à l'inertie, qui éteint en lui le désir de l'action, détruit la volonté du bien, efface le sentiment du devoir. Pour empêcher ces chimères de prendre prise sur son esprit, il faut l'arracher aux fictions mensongères pour l'amener à l'étude du réel. Si l'on veut laisser quelque place à la légende, qu'il soit bien entendu que c'est pour l'employer « comme une attraction vers l'étude de la réalité[2] ».

Ici nous rencontrons une objection. S'il est vrai, dit-on, que l'histoire a pour objet le réel, ses procédés d'investigation et ses instruments de travail sont si imparfaits, qu'on peut affirmer sans témérité qu'elle enseigne beaucoup de *contre-vérités*. Rousseau n'a-t-il pas défini l'his-

---

1. Voir *Bulletin pédagogique du Lot*, n° 4 : *les Superstitions en cours dans le département du Lot*. Rapprocher *Rapport d'inspection générale* (1880-81), Lozère.
2. « Mais la base vraiment solide sur laquelle le maître peut s'appuyer, c'est l'histoire. Périclès, Timoléon, le roi Alfred, John Hampden, Grace Darling peuvent être représentés sous des couleurs vraies et exactes, sans rien perdre de leur influence moralisatrice. Les héros du roman et de la poésie sont le plus souvent des combinaisons impossibles. » (Bain, *Science de l'éducation*, p. 301.)

toire « l'art de choisir entre plusieurs choses fausses celle qui ressemble le plus à la vérité[1] » ? Sieyès a dit de même[2] : « Les prétendues vérités historiques n'ont pas plus de réalité que les prétendues vérités religieuses. » Enfin Talleyrand, le grand sceptique, a résumé toute la théorie dans ce mot : « L'histoire, c'est le mensonge convenu. » Sans doute l'histoire est sujette aux erreurs ; certains événements peuvent être diversement racontés ; il y a en cette matière des affirmations qui ne peuvent être présentées avec une certitude mathématique ; en deux mots, les problèmes historiques abondent et chacun d'eux comporte ou a reçu plusieurs solutions. Mais ces problèmes, ils appartiennent au savant et non au maître d'école. On raconte qu'un des féconds romanciers du siècle disait que l'histoire « était un clou auquel il suspendait ses hardes poétiques ». Par analogie, l'instituteur peut penser que la trame des grands faits historiques, indiscutables et indiscutés, est suffisante pour supporter l'enseignement moral qui fait l'objet de ses leçons. On ne doit à l'enfant ni toute l'histoire ni toute la vérité historique ; il suffit que les leçons qu'on lui donne en ces matières soient à l'abri de l'erreur et du mensonge (ce qui est toujours possible), et que le maître ne perde jamais de vue que l'histoire a son principe dans ce qu'il y a de plus moral au monde : le respect et l'amour de la vérité. Il se maintiendra dans cette disposition et s'y fortifiera s'il veut bien regarder la passion scrupuleuse de vérité qui a toujours tourmenté les historiens vraiment dignes de ce nom. Qu'on leur fasse entendre cette confession de Droz : « Je me suis tenu constamment dans la situation d'esprit où se place un juré pour écouter les dépositions des témoins, et maintenant j'oserai, comme lui, prononcer la formule

---

1. J.-J. Rousseau, l'*Émile*, livre IV.
2. *Papiers de Sieyès*, année 1772.

solennelle dont le verdict est accompagné[1] ; » ou bien cette admirable parole de Thiers : « J'ai pour la mission de l'histoire un tel respect que la crainte d'alléguer un fait inexact me remplit d'une sorte de confusion. » Qu'on leur montre enfin les historiens contemporains tellement acharnés à la recherche de la vérité, qu'ils ne veulent même pas s'occuper des conséquences que leur découverte peut avoir[2]; la science seule peut inspirer un tel désintéressement.

Enfin, si l'on est amené à faire un choix parmi les obligations pratiques que la morale recommande aux écoliers, on doit distinguer tout d'abord celle de « travailler à rendre notre patrie plus forte et plus prospère[3] »; mais le progrès des individus peut seul contribuer à l'amélioration générale. Il faut donc enseigner aux enfants qu'ils doivent être meilleurs patriotes que ceux qui les ont précédés. En tout cas, si cette formule peut paraître exagérée, on conviendra du moins que le devoir strict est de les provoquer, à l'imitation de ceux de leurs aïeux qui ont le mieux servi leur patrie. On n'atteindra ce but qu'en leur rappelant sans cesse les œuvres des meilleurs serviteurs de la France. Dans son *Essai d'éducation nationale*, La Chalotais dit avec raison : « Je voudrais qu'on écrivît, pour l'usage

---

1. Droz, *Règne de Louis XVI*.
2. « Pour Fustel de Coulanges l'histoire est une *science inviolable*; ni l'imagination du poète, ni la passion du politique, ni même la conception du philosophe n'a le droit d'y toucher. *Tels il saisit les faits, tels il les exprime, sans autre souci que de montrer ce qu'il a vu.* » (Gréard, *Discours à la séance de l'Académie des sciences morales et politiques*, 1er décembre 1888.) — « L'ancienne école considérait l'histoire comme une matière excellente pour d'éloquents discours ou d'intéressants tableaux. L'historien moderne a une tâche moins brillante, mais qui peut devenir plus utile ; il essaye de retrouver les vérités de détail et de temps qui donnent la représentation fidèle d'une société et les vérités générales qui sont de toutes les sociétés et de tous les temps. » (Duruy, *Histoire des Romains*, nouvelle édition, t. VII, p. 504.)
3. Voir, par exemple, Laloi et Picavet, *Instruction morale et civique*, chapitre des devoirs civiques et internationaux.

des enfants, des vies d'hommes illustres, dans tous les genres, dans toutes les conditions et dans toutes les professions, de héros, de savants, de femmes et d'enfants célèbres. » Et pourquoi ces biographies ? Parce que « l'émulation des enfants serait excitée par la lecture des vies d'enfants célèbres. » « Croirait-on, ajoute-t-il, qu'un recueil des vies des hommes illustres de France ne fût pas un monument très cher à la nation et très utile, pour y conserver l'honneur et les sentiments ou pour les y faire croître ? Qu'il naisse un Plutarque français ; et des cendres des héros dont il célébrera la gloire, il naîtra des hommes qui feront honneur à leur nation, à leur siècle, à l'humanité. » Sans doute ces considérations doivent être réduites aux proportions de l'école primaire, mais on ne saurait les négliger sans briser un des principaux ressorts de l'activité humaine, l'amour de l'honneur[1] et de la distinction. Qu'on en condamne les excès, nous en demeurons d'accord ; mais, par une défiance exagérée de ce sentiment, n'en ruinons pas d'avance les bons effets. Nous voudrions qu'après la lecture des pages les plus glorieuses de notre histoire, l'écolier français pût imiter la petite fille de Philadelphie qui commençait son devoir sur *autrefois* et *aujourd'hui* par cette phrase : « S'il est une chose dont je puisse me vanter avec orgueil, c'est d'être Américaine[2]. » Il ne serait pas difficile au maître d'expliquer à l'enfant que cette gloire ne va pas sans devoirs et qu'elle exige des sacrifices. Le caractère des écoliers gagnerait en force et en virilité. Un idéal élevé, très élevé même, ne peut décourager les esprits énergiques et les cœurs vaillants.

---

1. « L'honneur peut inspirer les plus belles actions ; il peut, joint à la force des lois, conduire au but du gouvernement comme la vertu même. » (Montesquieu, *Esprit des lois*, III, 6.)

2. Extrait des *Devoirs d'écoliers américains*, à l'Exposition de Philadelphie, en 1876. V. un autre devoir d'école supérieure qui débute par cette phrase : *La République des États-Unis est la seule vraie république qui existe.*

Depuis quelques années, dans les écoles publiques de France, neutres au point de vue religieux, le catéchisme et l'histoire sainte sont supprimés, et l'instruction morale reste seule au programme pour former le cœur des enfants. D'après les documents officiels, cet enseignement donne jusqu'à ce jour peu de résultats; il cherche encore sa voie[1]. « L'histoire, dit une importante circulaire, devrait contribuer à l'éducation de l'esprit et du cœur. Or, de toutes les leçons d'histoire qui se font dans nos écoles primaires, combien peu, si l'on examinait les choses de près, se trouveraient servir à ce résultat[2]. » La critique, juste au fond, est peut-être exagérée, à cause de sa généralisation. Mais il est indispensable que les pédagogues et les instituteurs en tiennent compte. Ce n'est pas une simple coïncidence ou un pur hasard que la connexité étroite qui a toujours rattaché à l'instruction religieuse l'histoire sainte. L'une donne les préceptes, les exemples sont fournis par l'autre. Pourquoi ne pas établir la même relation entre l'histoire et l'instruction morale? La méthode suivie par l'Église était bonne sans aucun doute, car celle-ci lui reste toujours et partout fidèle. L'école ne peut-elle pas l'emprunter à l'Église? L'histoire dite *sainte* vivifie le sentiment religieux : l'histoire sans épithète développera le sentiment moral.

En résumé, l'histoire initie les enfants à la notion de la responsabilité personnelle et de la solidarité sociale; elle le livre aux saines émotions d'exemples vécus et lui fait faire, dans le commerce des âmes d'élite qui ont honoré l'humanité, l'apprentissage des bons sentiments et des nobles vertus; par le tableau de la vie réelle, elle détruit

---

1. Circulaire du vice-recteur de l'Académie de Paris sur l'enseignement de la morale, 16 octobre 1888.
2. Comparez l'*Enseignement de la morale à l'école*, monographie écrite par M. Lichtenberger et publiée par le *Musée pédagogique* à l'occasion de l'Exposition universelle de 1889.

les inclinations de son esprit à une superstitieuse crédulité, et le sollicite à l'action virile ; elle peut enfin, en lui inspirant la saine ambition de se distinguer au milieu de ses concitoyens, développer en lui le sentiment de l'honneur et l'amour de la gloire. En un mot, par l'étude de l'homme moral du passé elle prépare l'homme moral de l'avenir.

CHAPITRE VI

L'Histoire et l'éducation nationale.

I. LE PATRIOTISME. — L'instinct du patriotisme : comment l'histoire peut l'éclairer et le fortifier. Les vertus et les défauts de notre race dans l'histoire. La sincérité et la justice à l'égard de la France et des autres nations.

II. LE CIVISME. — Comment l'histoire contemporaine mène à l'instruction civique. Les manuels blancs et rouges. L'histoire a la *vertu d'apaisement*. Elle contribue dans l'éducation publique à *donner aux âmes leur forme nationale*.

> « Le patriotisme se compose surtout de souvenirs. »
> (DURUY, *Note sur l'article XVI de la loi de 1867.*)
>
> « Jeter un jeune homme dans la cité sans lui avoir rien dit de l'organisation et des nécessités qu'il y rencontrera, c'est comme si l'on jetait, dans la bataille, un chasseur à pied avec l'armement des francs-archers de Charles VII. »
> (DURUY, *Instruction du 24 septembre 1863.*)

Il est indiscutable que l'école et que, dans l'école, l'histoire doit enseigner le patriotisme aux enfants. Les vertus dont il vit sont du domaine de l'éducation morale, sans laquelle il n'y a ni enseignement national ni instruction publique. Mais s'il s'agit de déterminer avec précision soit le but à atteindre, soit la méthode à employer, on tombe volontiers dans des exagérations dangereuses ou bien l'on commet de graves maladresses. En admettant sans examen l'axiome allemand : « Sans l'histoire de la patrie il n'y a pas d'amour de la patrie[1] » on est amené à penser que seul l'instituteur peut et doit tenir école de patriotisme; et les esprits un peu naïfs, qui simplifient les difficultés en ne les regardant qu'à la surface, croient que ce sentiment, si naturel et en même temps si élevé, peut être enseigné sous forme de leçons, comme les règles des participes ou la théorie des fractions.

Cette confiance mal éclairée peut conduire à de douloureuses déceptions. Le mot *patriotisme* est moderne; mais l'amour de la patrie, il faut bien le reconnaître, est aussi ancien que les sociétés humaines. C'est un sentiment naturel; il n'est le monopole ni d'une race ni d'une époque. En l'analysant on y trouve des éléments bien différents : le sentiment de la conservation personnelle, et peut-être bien, dans les âmes vulgaires, ainsi que le dit d'Alembert avec un peu de pessimisme[2], le goût du bien-être et la crainte de le voir troublé; la solidarité étroite des passions et des souvenirs, des habitudes et des intérêts qui relient entre eux les individus d'une même race, les membres d'une même nation; enfin le culte des aïeux communs qui dorment sous la terre qu'ils ont léguée à leurs descendants. Les sources diverses de ce sentiment prennent toutes naissance dans la nature humaine. Vives ou languissantes, suivant les races et les circonstances, elles existent partout. Si Spencer[3] a pu dire que la mora-

---

1. *Ohne Geschichte des Vaterlandes, gibt es keine Vaterlandsliebe*, — V. *Devoirs d'écoliers*; Hachette, 1878, Belgique.
2. D'Alembert, *Apologie de l'étude; Œuvres*, t. IV, p. 207.
3. « Une superstition dont la statistique s'est chargée depuis longtemps de faire justice, c'est que des leçons apprises dans des livres de classe puissent avoir pour résultat instantané la bonne conduite. Sans les préjugés, personne n'y croirait plus, parce que sans les préjugés tout le monde remarquerait combien peu, en définitive, l'entretien influe sur la conduite. Chacun observerait que le marchand et le fabricant trompant sur la marchandise, le banqueroutier

lité est, dans certaines limites, indépendante de l'instruction, il n'est point téméraire de présenter la même affirmation au sujet du patriotisme. Les compagnons de Jugurtha, de Vercingétorix, de Witikind, de Jeanne d'Arc; les volontaires de la Révolution française, ont aimé leur patrie sans connaître son histoire, en obéissant à une impulsion naturelle ou à des excitations légitimes.

Il ne suffit pas de l'aimer, il faut la servir. Or, la première des vertus par lesquelles ce sentiment se manifeste en action, c'est la bravoure poussée jusqu'au mépris de la mort. L'amour de l'indépendance et la haine de l'oppression étrangère qui l'inspirent, naissent plus naturellement des terribles expériences que des préceptes théoriques ; elles vivent plus d'entraînement que de sage résolution. Les crises violentes les exaltent, et là où les professeurs de patriotisme pourraient bien avoir perdu leur peine, la vue de l'étranger en armes provoque d'extraordinaires déchaînements.

Il faut donc abandonner la thèse trop absolue qui fait de l'histoire l'unique inspiratrice du sentiment patriotique et des vertus par lesquelles il agit. Mais, si elle ne peut les faire naître, elle doit, du moins, les affermir et les développer[1]. Dans ce but, elle initiera les enfants aux exploits de leurs ancêtres, héros illustres ou modeste serviteurs du pays; elle provoquera en eux le sentiment de la reconnaissance et de l'admiration, en leur racontant la vie des patriotes auxquels on dresse des statues, ou bien les événements glorieux dont on célèbre les anniversaires dans des fêtes nationales. Par des dramatisations bien adaptées

---

frauduleux, les fondateurs de compagnies chimériques et les individus qui manipulent les comptes de chemins de fer et les prospectus financiers, ont une malhonnêteté qui ne diffère en rien, au fond, de celle de l'illettré. » (Spencer, *la Science sociale*.)

1. La librairie Alphonse Picard a entrepris la publication d'une *Collection de textes pour servir à l'étude et à l'enseignement de l'histoire*, et a pris pour devise : *Scientiæ et patriæ*.

aux circonstances, elle pourra même entourer d'un culte religieux le souvenir de ceux qui ont bien mérité de la patrie. Si, dans les écoles d'Amérique, à certains jours déterminés, les enfants apprennent, en la glorifiant, la vie du *Père de la Patrie*[1], dans la France de Vercingétorix, de Jeanne d'Arc, de Bayard, de Hoche, le maître n'aura que l'embarras du choix pour provoquer dans l'âme de ses écoliers ce pieux enthousiasme. Il rattachera ainsi, par des liens sacrés, les enfants des paysans et des ouvriers à la grande et immortelle famille, car, « s'il y a une classe de la société à laquelle il ne faille pas enlever ses aïeux collectifs, n'est-ce pas précisément celle qui n'a pas d'archives de famille, et qui pourtant a travaillé obscurément, il est vrai, mais qu'importe? à la grandeur du pays[2]? » Ainsi enlevé à son isolement, le fils de Jacques Bonhomme pensera à ceux qui l'ont précédé et à ceux qui le suivront. Le sentiment national le détachera des préoccupations de l'heure présente, et la connaissance du passé l'amènera à considérer comme un dépôt sacré le patrimoine des ancêtres et, par suite, à envisager avec résolution les devoirs de l'avenir[3].

1. V. B. Buisson, *Revue pédagogique*, 15 octobre 1886. Question de pédagogie anglo-américaine : « Les commissaires ont insisté sur l'importance qu'a prise, au point de vue scolaire, la célébration des anniversaires du 22 février (naissance de Washington) et du 4 juillet (déclaration de l'indépendance). Mais ce n'est pas seulement par des congés que ces dates deviennent chères et mémorables aux enfants. Depuis quelques années on a pris l'habitude de préparer les enfants à ces anniversaires par des lectures, par des exercices de rédaction et, ce qui est plus récent encore, par des espèces de dramatisations dont ils sont les auteurs, etc., etc. » Nous constatons avec bonheur que le conseil supérieur de l'instruction vient de déclarer jour de fête scolaire le 8 mai, en souvenir de Jeanne d'Arc (juillet 1890).
2. Ch. Normand, *Étude critique de l'école de Iasnaïa Poliana*, dans l'*Instituteur* du 20 avril 1888.
3. Augustin Thierry, *Dix Années d'études historiques*: première lettre sur l'histoire de France, notamment le passage suivant : « Dans les circonstances difficiles, une nation est toujours portée à ramener

Notre histoire permettra surtout de faire connaître les sentiments et les idées qui semblent avoir été constamment le patrimoine de notre race et qui ont constitué, à travers les siècles, le caractère national des Français. S'il faut se résigner à un choix dans cet héritage, elle nous aidera à le faire. Par elle nous apprendrons à discerner les vertus que la fidélité aux traditions impose, des défauts que le souci du progrès condamne. Seule elle peut, par une infinie variété d'exemples, nous expliquer le tempérament national du peuple français : d'une part, son esprit, si ouvert et si docile à l'éducation, qu'on le vit emprunter de toutes pièces aux Romains une civilisation nouvelle, et plus tard, après les sombres années du moyen âge, se rajeunir avec joie dans les délicieuses découvertes de la Renaissance; si épris de bon sens et de clarté, qu'il créa cette merveilleuse langue française qui s'impose aux diplomates du monde entier et qui est conservée comme langage officiel des cours, malgré nos désastres et les efforts de nos adversaires victorieux; si enclin à la bonne humeur (cette condition de santé intellectuelle), que le pessimisme est pour lui une importation étrangère, contre

ses yeux en arrière; elle devient plus curieuse d'apprendre quels furent la conduite et le caractère des hommes qui l'ont devancée sur la scène du monde, et qui lui ont transmis son nom. Il semble que, comme l'Antée de la Fable, elle espère ranimer sa vigueur en touchant le sein dont elle est née. Et, en effet, il est rare que les grands souvenirs du passé n'inspirent point à la génération qui se les retrace, plus de force et plus de calme à la fois. Ce n'est pas qu'il y ait là-dessous quelque chose de mystérieux, d'inexplicable; c'est qu'en rappelant à notre mémoire ce qu'ont fait pour nous les générations antérieures, nous concevons la pensée d'un engagement qui nous lie pour ainsi dire envers elle : l'intérêt de conserver notre liberté, notre bien-être, notre honneur national, nous apparaît comme un devoir; le soin de ces choses nous devient plus cher quand nous nous sentons devant elles comme en présence d'un dépôt qui fut remis en nos mains, sous la condition rigide de le faire valoir et de l'accroître. » (A. Thierry, *Dix Années d'études historiques; Première lettre* sur l'histoire de France.)

laquelle protestent son inaltérable bon sens et sa traditionnelle gaieté; — d'autre part, son cœur, si prompt aux élans de générosité pour les faibles et de compassion pour les opprimés, qu'on le vit, à une époque de foi religieuse, organiser les gigantesques aventures des croisades, et, à une époque de foi politique, entreprendre les guerres libératrices de la Révolution française[1]; si sensible à l'honneur, que le mot prêté à François Ier rachète presque toutes ses fautes aux yeux de la postérité; que la lâcheté, la trahison et tous les actes de forfaiture ont toujours été considérés comme les pires des crimes, et qu'enfin ce principe de l'honneur, monopole ordinaire d'une seule caste dans chaque nation, est si bien accepté par notre démocratie moderne, que celle-ci, aux jours sombres, ne recula devant aucun sacrifice pour sauver l'intégrité de l'honneur, n'ayant pu sauver celle du territoire.

Combien est facile la tâche de préparer par l'histoire les jeunes générations à l'apprentissage de ces vertus françaises!

Et d'autre part il sera toujours possible, dans les leçons essentielles, de noter, sans doute avec discrétion, mais avec un inflexible sentiment de la justice, les défaillances de ce tempérament national, qui n'est point parfait. Ce sera d'abord cette inégalité d'humeur qui nous fait accepter les plus grands désastres tantôt par des couplets et des chansons, tantôt par d'effroyables désespoirs; cette promptitude de décision que la sage réflexion n'éclaire pas toujours et qui, nous abandonnant aux entraînements

---

1. « Il sera pardonné beaucoup à ce peuple pour son noble instinct social. Il s'intéresse à la liberté du monde; il s'inquiète des malheurs les plus lointains. L'humanité tout entière vibre en lui. Dans cette vive sympathie est toute sa gloire et sa beauté. Ne regardez pas l'individu à part; contemplez-le dans la masse et surtout dans l'action. Dans le bal ou la bataille, aucun ne s'électrise plus vivement du sentiment de la communauté qui fait le vrai caractère de l'homme. » (Michelet, *Histoire universelle*.)

aveugles, nous laisse aller aux plus périlleuses aventures; cette rage de destruction qui, aux époques troublées, s'empare des esprits et ne leur fait épargner ni les palais, ni les châteaux, ni les cathédrales, ni la vie humaine; cette facilité à abandonner les grands hommes qu'on servait naguère avec enthousiasme, comme à lâcher le pied au milieu de la bataille commencée avec tant de vaillance; en deux mots, cette mobilité de caractère qui ne connaît ni l'esprit de suite, ni l'énergie de longue haleine, ni la persévérance qui est la marque des peuples forts. En lui signalant ainsi non seulement ses malheurs, mais ses défauts et ses fautes, on habituera la nation à se mettre en garde contre certaine forme de patriotisme exalté et aveugle qui n'est, en somme, qu'une fierté déplacée et un sot orgueil. Les instructions suivantes, données en 1872 par Jules Simon, marquent avec une grande élévation la nécessité d'ouvrir les yeux qui s'obstinent à se fermer à la lumières :

« Le professeur d'histoire doit avoir pour but de faire aimer son pays ; mais il ne faut pas arriver à ce but en falsifiant les faits. Outre que le premier devoir de l'historien est d'être vrai, les désillusions viendraient trop vite et seraient trop funestes. Quand on dit dans un cours public, qu'il n'y a pas eu de vaincus à Waterloo, on s'attire des applaudissements; mais il vaut mieux dire que la France a été vaincue à Waterloo et en chercher la cause. *Si même nous avons mérité d'être vaincus, il faut l'avouer.* L'histoire est tout autre chose qu'un roman : le patriotisme est un sentiment sérieux et sacré qui ne doit pas être suscité et entretenu par le mensonge[1]. » Il a été des époques où il était de tradition de faire croire à la jeunesse de France qu'elle était invincible : détestable mensonge dans le pays

---

1. J. Simon, *Circulaire aux proviseurs sur l'enseignement secondaire*, 27 septembre 1872.

qui connut les noms d'Alésia, de Courtray, de Crécy, de Poitiers, d'Azincourt, de Pavie, de Malplaquet, de Waterloo, de Sedan! Le patriotisme aveugle qui ne voit que vertus et succès là où il y a eu bien souvent vices et revers, est de mauvais aloi; sachons reconnaître les fascinations d'un dangereux mirage qui ne serait suivi que de terribles désillusions. En faussant la connaissance du passé, on ne pourrait pas enseigner exactement les devoirs envers la patrie; on endormirait les courages dans une vanité sterile et dans une mensongère sécurité. Il est nécessaire que l'histoire rétablisse la vérité dans toute sa nudité; qu'elle signale les époques ou d'imprévoyance coupable ou d'inexcusable faiblesse; les mauvaises actions autant et plus que les mauvaises chances, les châtiments nécessaires et les fatales expiations. L'histoire vengeresse nous apparaîtra ainsi toujours accompagnée du cortège de ses leçons[1]. Il n'est pas à craindre que ce souci de la vérité entraîne jamais les maîtres à multiplier à plaisir les reproches gratuits et des vaines humiliations; nous avons, du reste, un passé assez glorieux pour atténuer les effets de cette tendance, si elle apparaissait quelque part. L'exemple du passé doit nous ramener quelquefois à la modestie; il ne peut nous précipiter dans le découragement.

Il faut enfin ajouter que l'histoire doit amender certain patriotisme étroit et presque barbare dont Voltaire[2] a

---

1. « Il ne suffit pas que vous regardiez l'histoire comme une école de morale... la seule qualité d'homme et de citoyen doit porter les particuliers à méditer sur ce qui fait le bonheur ou le malheur de la société... C'est parce qu'on dédaigne, par indifférence, par paresse ou par présomption, de profiter de l'expérience des siècles passés, que chaque siècle ramène le spectacle des mêmes erreurs et des mêmes calamités. Nous faisons ridiculement et laborieusement des expériences malheureuses quand nous devrions profiter de celles de nos pères. La connaissance du passé lèvera le voile de l'avenir. »
2. Voltaire, *Dictionnaire philosophique*; *Patrie*. — Condillac, *de l'Étude de l'histoire*, extrait du *Cours d'études* pour l'instruction du duc de Parme.

dit : « Il est triste que souvent, pour être bon patriote, on soit l'ennemi du reste des hommes ; » et dont Spencer a donné cette définition : « Le patriotisme est pour la nation ce que l'égoïsme est pour l'individu¹. » L'histoire générale qui fait partie des programmes de l'enseignement primaire permettra d'abord de démontrer que les Français n'ont pas le monopole de cette vertu. Il est utile que les enfants de France sachent qu'il y a aussi des patriotes au delà de nos frontières, qu'il y en a eu à toutes les époques, que toutes les nations vraiment dignes de ce nom ont aimé leur indépendance et défendu leur honneur ; ils s'habitueront à voir dans les rangs ennemis des patriotes comme eux, à respecter dans les nations étrangères des sentiments qu'ils apprennent à honorer dans la leur, enfin à étendre à l'humanité entière ce culte des grands patriotes qui sont la gloire de tous les pays. Ils trouveront, en outre, l'avantage de faire connaissance avec des qualités ou des défauts qui n'appartiennent pas à leur tempérament national ; pour ne citer qu'un exemple, rien ne sera plus salutaire que de placer sous leurs yeux les merveilleux effets de la plus stricte discipline dans l'armée romaine.

Ainsi entendue, l'histoire pourra donc atténuer les dangereux instincts du patriotisme primitif, sans qu'on puisse jamais craindre qu'elle jette les esprits dans les utopies d'un cosmopolitisme irréalisable, car elle vit du réel, et elle garde les souvenirs que rien ne peut effacer ; si elle doit enseigner que la passion de l'indépendance n'a pas pour conséquence nécessaire la haine de l'étranger, elle ne cessera, du moins, de démontrer à nos enfants « qu'il n'y a pas de patrie plus noble et plus digne d'être aimée que la patrie française². »

1. Spencer, *la Science sociale*.
2. Bigot, *le Petit Français*.

Elle transformera ainsi un instinct aveugle en un sentiment élevé, et elle cultivera dans les âmes le patriotisme, non comme un entraînement violent, mais comme une vertu [1].

Dans notre société contemporaine, « la vieille théorie du gouvernement politique a été tellement transformée, qu'au lieu d'être le propriétaire de la nation, l'agent gouvernant a fini par être considéré comme son serviteur [2]. » Il faut que l'un sache commander et que l'autre ne puisse pas ne pas obéir. Partout où la souveraineté appartient à la nation et s'exerce librement par le suffrage universel, l'avenir du pays est ainsi entre les mains des électeurs ; dans notre démocratie, régie par de libres institutions, pour être bon patriote il faut donc être bon citoyen. Or, il n'y a pas de bon citoyen sans la connaissance exacte et le scrupuleux respect de la loi, et il est indispensable que l'enfant puisse, dès le bas âge, être mis en état de réaliser cette double condition. C'est ce qui a été bien compris par le législateur de 1882, qui a introduit, par la loi du 28 mars, l'instruction civique dans les programmes de l'école primaire.

Il importe de ne pas oublier que c'est *l'histoire contemporaine* qui a plaidé et gagné la cause de *l'instruction civique*. Lorsqu'en 1863 Duruy se résolut à l'introduire

---

1. « Le patriotisme est aussi vieux que la patrie, et nous n'avons pas l'intention de le faire dater de la publication d'un programme classique; mais nous avons le droit de dire que jamais, avant ce temps, on ne fut plus préoccupé de transformer en un sentiment réfléchi l'instinct patriotique, qui, semblable à tous les instincts, est étroit et aveugle, et en un culte raisonné et consenti l'amour à demi conscient que la masse des hommes ressent vaguement pour la patrie. S'il est vrai, en un mot, que l'on ne puisse bien aimer que ce que l'on connaît bien, mes amis, nous vous mettons en état de bien aimer notre patrie, car nous avons conscience de vous la faire bien connaître. » (*Discours de distribution de prix à Trouville*, par Dupuis, inspecteur d'Académie [*Revue pédagogique*, 1883, p. 367].)

2. Spencer, *la Science sociale*, t. II.

dans les programmes de l'enseignement secondaire, il lui demandait de contribuer, pour une grande part, à l'éducation politique de ceux qui devaient participer à l'administration et au gouvernement de leur pays[1]. Lorsque, quelques années plus tard, Gréard[2] demandait avec éloquence que l'on étendît cette innovation à tout l'ensei-

---

1. V., plus haut, ch. II, p. 25. et la note 1 de la page précédente.
2. Gréard, *de l'Enseignement de l'histoire à l'école primaire; Organisation pédagogique; Éducation et instruction, Enseignement primaire*, p. 340 :

« Il semble que nous ne considérons pas assez les conditions spéciales du savoir que l'école primaire a pour objet d'assurer aux enfants et qui doit être le viatique de toute leur existence. Quelques mots suffiront pour indiquer notre pensée.

En Angleterre, à l'école primaire, on commence l'étude de l'histoire par l'époque contemporaine, afin de bien asseoir l'intelligence de l'élève dans les idées du temps où il est appelé à vivre. Notre inflexible esprit de logique refuserait à remonter ainsi le cours des faits. Nous ne savons pas procéder à rebours; nous aimons à déduire régulièrement les causes et les conséquences. Mais, sans intervertir l'ordre naturel des choses, ne pourrait-on accorder nos habitudes de méthode avec les nécessités de direction qui s'imposent à l'éducation des classes populaires? N'est-il pas profondément regrettable que les enfants quittent les bancs, aussi bien les meilleurs que les moins laborieux, sans avoir la moindre notion des grands événements de leur siècle, et qu'alors qu'ils sont appelés à les juger en jugeant ceux que leur suffrage doit appeler à y prendre part? Ils se trouvent réduits à ne les connaître que par les polémiques, le plus souvent passionnées, de la presse journalière. On a introduit l'histoire contemporaine dans l'enseignement secondaire sans inconvénient. Serait-il moins utile que les programmes de l'enseignement primaire comprissent quelques tableaux sommaires établissant la filiation des faits qui ont si profondément transformé de nos jours la société française et la société européenne? N'y aurait-il pas avantage à appeler particulièrement l'attention de l'enfant sur les siècles dont le XIXe procède directement?... Mais, au lieu d'arriver promptement à cette période, on s'attarde aux origines, aux âges quasi héroïques de nos annales nationales, domaine de l'érudit et du philosophe, où il n'est indispensable de transporter l'esprit des élèves de l'école que pour leur faire saisir, par quelques traits caractéristiques, le lien qui rattache le présent au passé. Le temps manque ensuite pour insister autant qu'il conviendrait sur les époques plus rapprochées dont la vie est mêlée à notre vie comme le sang des aïeux au sang des enfants. »

G.

gnement public, il était avant tout préoccupé de préparer les électeurs à la connaissance et à l'accomplissement de leurs devoirs dans la cité et dans l'État.

Cette thèse ne fut pas maintenue longtemps dans ces hauteurs sereines. Au congrès pédagogique de 1881, les rôles de l'histoire et de l'enseignement civique étaient intervertis. « L'enseignement de l'histoire, dit la deuxième section, est le complément de l'instruction civique. » Le nouveau venu prétendait ainsi asservir celle qui lui avait donné droit de cité. Dans le Parlement éclata une lutte célèbre, à laquelle tous les partis prirent part avec leurs préoccupations intéressées et leurs violences habituelles[1]. Le gouvernement revendiqua le droit de veiller à son avenir et à son salut. Il eut la noble ambition de fixer « la juste mesure de ce qui peut pénétrer d'idées politiques dans

1. La discussion de la loi de 1881 sur l'enseignement civique au Sénat atteignit son point culminant lorsque M. de Broglie, résumant la thèse des adversaires de la loi s'écria :

« Je dis que ce que vous voulez, sous le nom de l'enseignement civique, c'est de faire des instituteurs communaux, des professeurs de république et de démocratie.

M. Demôle. — Très bien. C'est exactement notre avis. »

M. J. Ferry, ministre, répliqua alors : « Je dis que ce serait une grande imprudence de ne pas faire pénétrer, même dans l'école primaire, ces notions élémentaires sur la constitution, sur le gouvernement, sur la distribution et sur la production de la richesse dans la société.

« Comment ! dans quelques années l'enfant sortira de l'école primaire, — et pour un grand nombre de ces jeunes gens, c'est à l'école primaire que s'arrêtent malheureusement et se limitent tout le bagage et toutes les connaissances scientifiques;

« Comment ! il sera électeur dans quelques années, et vous voulez nous défendre de lui apprendre ce que c'est qu'un électeur, ce que c'est qu'une constitution, ce que c'est qu'une patrie !

« Vous voulez nous défendre de lui apprendre à *aimer cette société moderne, fondée en 1789*, ces principes de 1789 qui ne sont plus aujourd'hui dans la mêlée des partis, qui constituent notre morale civique et l'âme même de notre patrie. Parler aux enfants de ces choses, c'est leur fournir un objet de méditation à la fois le plus haut et le plus salutaire qu'on puisse imaginer. » (Sénat, *Compte rendu officiel*, séance du 10 juin 1881.)

l'école », tout en affirmant qu'il ne laisserait à aucun instituteur « le droit de diffamer la Révolution française et de dénigrer la République[1] ». Les adversaires lui montrèrent, avec quelque apparence de raison, nos misérables querelles de partis saisissant l'enfant sur les bancs de l'école, et les manuels *blancs* et *rouges* déchaînant la guerre civile dans le domaine de l'éducation nationale. L'histoire fut entraînée dans la mêlée, et tous les partis lui demandèrent des arguments. L'ancien régime et la Révolution devinrent les deux champs de bataille favoris sur lesquels les auteurs de manuels d'instruction civique se donnèrent rendez-vous pour échanger leurs coups. Que l'on compare les manuels de Bert et de Loth, on comprendra sans peine jusqu'à quel point la dignité de l'histoire fut compromise dans cette politique rétrospective[2].

Avec l'aide du temps, les esprits reviennent à l'appréciation plus saine et plus calme de l'innovation. Le gouvernement conserve, même de l'aveu de ses adversaires, le devoir qui ne lui a jamais été sérieusement contesté, de faire respecter la constitution dans tous les établissements qui contribuent à l'éducation de la jeunesse : il a le droit

---

[1]. V. le discours prononcé par J. Ferry, ministre de l'instruction publique, à la séance de clôture du congrès pédagogique de 1883.

[2]. V. Boutroux, *l'Enseignement civique; Revue pédagogique*, 15 avril 1883. « M. Loth, dit Boutroux, part de ce principe que les opinions politiques ne sont en général que des opinions historiques. C'est donc à présenter l'histoire sous le jour qui lui paraît le vrai qu'il donne son principal soin. Or, sa théorie de l'histoire de France est la suivante. La Révolution a tout changé en France. Avant 1789 on était libre, puisqu'on ne demandait pas la liberté; depuis 1789 on ne l'est plus, puisqu'on la réclame sans cesse. Avant 1789 régnait la vraie égalité, l'égalité dans la compensation; depuis 1789 règne l'égalité devant la loi, qui se traduit en fait par l'inégalité. Enfin, avant 1789 régnait, sous le nom de charité chrétienne, la vraie fraternité. Depuis 1789, la charité et l'instruction sont devenues affaires administratives, et la fraternité n'est plus qu'un mot. En résumé, au lieu de réformer, la Révolution a détruit, et ce qui a été refait depuis n'est ni durable ni bon... » Est-il nécessaire d'ajouter que la thèse de P. Bert est diamétralement opposée ?

d'expliquer à ses écoliers les institutions par lesquelles il existe et l'esprit qui les anime, et de les présenter sous un aspect assez séduisant pour que les enfants les adoptent sans contrainte et s'y attachent par la libre adhésion de leur raison éclairée[1]. En somme, cette œuvre magistrale et salutaire a pour objet la connaissance et le respect de la loi, considérée comme l'expression de la volonté libre et de la conscience nationale[2], et pour méthode l'exposition rationnelle de l'organisation de la société contemporaine et des pouvoirs publics[3].

Contenu dans ces sages limites, l'instruction civique présente pourtant un réel danger. Si elle devait être consacrée à la glorification exclusive de l'état présent, elle développerait, dans l'esprit des enfants, une présomption excessive, qui aurait pour résultat l'indifférence et peut-être une dédaigneuse injustice à l'égard du passé. C'est à

---

1. « Le premier intérêt de l'Etat sera toujours de former les volontés par lesquelles il dure, de préparer les votes qui le maintiendront, de déraciner dans les âmes les passions qui lui seraient contraires, d'implanter dans les âmes des passions qui lui seraient favorables, d'établir à demeure, dans ses citoyens futurs, les sentiments et les préjugés dont il aura besoin. » (Taine, *Origines de la France contemporaine*, I, p. 135.)
Cf. E. de Girardin, *l'Instruction publique*; Paris 1838, p. 45-46. Il demande l'introduction dans les programmes des notions de droit civil et public : « Il ne saurait être indifférent d'élever les enfants dans la connaissance et le respect de la forme du gouvernement établi : c'est le moyen le plus sûr de lui faire prendre racine et de le consolider. »
2. V. *l'Instruction civique*, fascicule n° 29 ; imprimerie nationale, Léopold Mabilleau.
3. « Le conseil supérieur a placé l'enseignement civique dans les programmes de déduction intellectuelle, et il a rangé sous ce titre des notions positives, concrètes, parfaitement ordonnées sur l'organisation de la société et des pouvoirs publics; il y a ajouté un peu de droit, un peu de droit politique, toutes choses qui comportent essentiellement un enseignement didactique, catéchétique... Cet enseignement doit reposer, j'imagine, sur le respect des institutions qui nous régissent, et ne doit pas respirer la haine et le mépris du temps présent. » (J. Ferry, *Discours au congrès de 1883.*)

conjurer ce danger que l'histoire est particulièrement utile, car elle doit maintenir la solidarité entre les diverses générations d'un même pays. Elle apparaît alors, non plus comme l'auxiliaire des partis politiques qui se déchirent, mais comme l'apôtre de la réconciliation de tous les Français dans le culte des aïeux; elle inspire alors, non l'esprit de discorde, mais cette vertu d'apaisement dont parle Duruy, et que Guizot avait décrite avant lui avec tant d'autorité dans cette belle page :

« Plus j'y ai pensé, plus je suis demeuré convaincu que je n'exagérais point l'intérêt que doit avoir pour une nation sa propre histoire, ni ce qu'elle gagne en intelligence politique comme en dignité morale à la connaître et à l'aimer. L'histoire nous rend le passé et ajoute à notre existence celle de nos pères. *En se portant sur eux, notre vue s'étend et s'élève. Quand nous les connaissons bien, nous nous connaissons, et nous nous comprenons mieux nous-mêmes; notre propre destinée, notre situation présente, les circonstances qui nous entourent et les nécessités qui pèsent sur nous deviennent plus claires et plus naturelles à nos yeux.* Ce n'est pas seulement un plaisir de science ou d'imagination que nous éprouvons à rentrer ainsi en société avec les événements et les hommes qui nous ont précédés sur le même sol, sous le même ciel; *les idées et les passions du jour en deviennent moins étroites et moins âpres. Chez un peuple curieux et instruit de son histoire, on est presque assuré de trouver un jugement plus sain et plus équitable même sur ses affaires présentes, ses conditions de progrès et ses chances d'avenir*[1]. »

L'éducation publique peut-elle, par l'enseignement de l'histoire, préparer les enfants à se rapprocher de cet idéal? ou bien cette aspiration vers des mœurs politiques meilleures et vraiment nationales doit-elle être considérée

---

1. Guizot, *Mémoires*, III, p. 170.

comme l'utopie d'un esprit généreux et chimérique qui plane au-dessus des bancs de l'école? Si tous ceux qui donnent l'enseignement sont fidèles à l'esprit de ceux qui le dirigent, on ne peut avoir de crainte sérieuse sur ce point. Les écrivains et les pédagogues qui, aux divers degrés de la hiérarchie universitaire, participent à la vie scolaire de notre pays ou lui impriment sa direction, abordent résolument le problème et affirment qu'il peut et doit être résolu. Les uns, admirateurs de l'œuvre séculaire de notre nation, convient les jeunes Français à respecter l'héritage complet de leurs ancêtres et à les continuer avec fidélité. « Il faut, dit Lavisse, expliquer à nos enfants que les hommes qui, depuis des siècles, vivent sur la terre de France ont fait, par l'action et par la pensée, une certaine œuvre à laquelle chaque génération a travaillé...; qu'il y a une *œuvre française continue et collective;* chaque génération y a sa part, et dans cette génération tout individu a la sienne [1]. » — D'autres demandent avec instance que, devant le monde entier, les Français n'altèrent pas l'histoire de leurs aïeux : « Il n'est pas nécessaire, dit Mabilleau, par reconnaissance pour le présent, de déshonorer tout le passé. Ayons le respect de nos souvenirs; et, ne serait-ce que par fierté, évitons de nous représenter, surtout devant les étrangers, comme un peuple qui a vécu douze siècles dans l'esclavage et l'abrutissement [2]. » — D'autres veulent que l'histoire serve de trait d'union entre l'enseignement civique et le plus pur patriotisme. « Il faut voir, dans le rapprochement qui a été fait entre l'histoire et l'enseignement civique, une pensée à la fois juste et féconde. C'est compléter et élever les deux enseignements l'un par l'autre; c'est montrer qu'il n'y a pas deux patriotismes, l'un du passé, l'autre du présent, mais qu'on aime

---

[1]. Lavisse, article *Histoire*, dans le *Dictionnaire pédagogique*.
[2]. Mabilleau, *Cours d'instruction civique*, p. 28.

son pays comme on aime sa famille, c'est-à-dire dans ses ancêtres[1]. » Le souci légitime d'honorer les aïeux ne fait pas perdre de vue les devoirs à l'égard de l'avenir. « Les enseignements que l'école moderne doit chercher dans l'étude de toute l'histoire, dit l'auteur du *Dictionnaire pédagogique*, sont ceux qui tendent à former l'esprit démocratique, avec ses caractères distinctifs, la liberté de conscience, la liberté d'examen, l'égalité devant la loi, la fraternité humaine[2]. »

Enfin Gréard, au sujet des cours d'adultes, détermine ainsi, avec son indiscutable autorité, l'esprit qui doit présider à l'enseignement de l'histoire. « Il est bon que, par l'étude du passé représenté dans ses évolutions les plus saisissantes, nos adultes se rendent compte que la société française, cette société chrétienne par excellence, n'est pas née d'hier; que les grandes institutions d'égalité fraternelle dont nous recueillons aujourd'hui le bienfait, sont les fruits du travail de plus d'un siècle ; que le progrès, ce beau mot dont parfois les passions dénaturent et faussent si étrangement le sens, s'applique non aux dangereuses saillies de quelques imaginations déréglées vers des chimères, mais à la marche sage et sûre de la raison publique graduellement éclairée[3]. »

Lorsque les maîtres de l'éducation contemporaine ont défini avec cette sûreté le but de l'enseignement de l'histoire, faut-il désespérer que les instituteurs puissent jamais l'atteindre ? Sans doute il est élevé, mais il est digne des plus grands efforts. Les maîtres qui ne voudraient pas le voir ou qui le perdraient de vue manqueraient de courage, failliraient à leur tâche et tromperaient la confiance de leurs concitoyens et des pouvoirs publics. Lorsque,

---

1. Lemonnier, *l'Enseignement de l'histoire dans les écoles primaires* (fascicule du *Musée pédagogique*, 1889).
2. Buisson, *Dictionnaire pédagogique*, article *Histoire sainte*.
3. Gréard, *Éducation et instruction; Enseignement primaire*, p. 136.

devant ces petits enfants qu'ils doivent transformer en bons Français, ils commenceront une leçon quelconque du cours d'histoire, il faut qu'ils aient sans cesse présente à la pensée cette maxime de Jean-Jacques Rousseau[1] : « C'est l'éducation publique qui doit donner aux âmes leur forme nationale. » Il faut que l'histoire soit constamment à leurs yeux « *la nation, la patrie elle-même à travers les siècles* », et qu'ils enseignent aux jeunes générations « que la société *ne peut pas plus renier ce qu'elle a été jadis que renoncer à ce qu'elle est aujourd'hui*[2]. »

Il faut enfin qu'ils soient bien convaincus que c'est par l'histoire que les peuples prennent conscience de leur personnalité, et que c'est en elle qu'ils trouvent toujours un foyer d'excitation patriotique, un actif instrument de propagande nationale[3]. Dieu nous garde de nous asservir à l'exemple de l'Allemagne ! Pourtant, si nous détournons la tête avec dégoût de ces continuelles excitations à la haine de la France qui sont le fonds de l'enseignement du patriotisme dans ses écoles primaires, ne devons-nous pas constater « le rôle toujours grandissant des universités allemandes, et spécialement des professeurs d'histoire dans la formation de l'âme nationale ? Considérée à ce point de vue, l'Université (en Allemagne) n'est plus seulement une école, un atelier scientifique ; c'est presque un temple ; comme au temple, on y fait le prêche ; comme au temple, on y enseigne un catéchisme : celui de la pa-

---

1. Rousseau, *Sur le Gouvernement de la Pologne*, 277.
2. Guizot, *Histoire des anciennes institutions politiques*, cours de 1820.
3. V. Monod, *les Etudes historiques en France; Revue internationale de l'enseignement supérieur*, 15 septembre 1889. « Le mouvement national allemand, le mouvement national italien, le mouvement national tchèque, le mouvement national hongrois, le mouvement national slave, s'ils n'ont pas été créés par l'érudition historique, ont trouvé du moins dans l'érudition historique un puissant auxiliaire, un foyer d'excitation, un actif instrument de propagande. »

trie[1]. » Et le chef de l'empire allemand n'est pas encore satisfait de tous ces efforts. Au mois d'octobre 1889, répondant au recteur de l'Université de Gœttingue, l'empereur Guillaume II disait, dans son lourd langage germanique : « Je crois que c'est précisément par l'étude de l'histoire que le peuple peut être initié aux éléments avec lesquels sa force a été construite. Plus assidûment l'histoire sera inculquée au peuple, plus sûrement il prendra conscience de sa situation et sera élevé avec unité pour de grandes actions et de grandes pensées... J'espère que, dans les années suivantes, l'étude de l'histoire prendra un tout autre essor que jusqu'à présent[2]. » Nous convions les instituteurs français à peser ces paroles. Eux aussi, ils peuvent enseigner, par des exemples puisés dans presque tous les siècles de notre histoire, comment notre pays a pris conscience de sa force et comment il l'a employée à de grandes et généreuses actions. Eux aussi, ils doivent, en laissant aux Allemands leur fierté hautaine, apprendre aux générations qui s'élèvent à honorer celles qui ont vécu pour l'honneur de la France et le bien de l'humanité.

1. A. Lefranc, *l'Enseignement de l'histoire en Allemagne; Revue internationale de l'enseignement supérieur*, 15 mars 1888. La devise adoptée en Allemagne par la *Societas aperiendis fontibus rerum germanicarum medii ævi* est : *Sanctus amor patriæ dat animum.*
2. *Revue internationale d'enseignement supérieur*, 15 novembre 1889, p. 508.

TROISIÈME PARTIE

Les méthodes d'enseignement.

CHAPITRE VII

L'histoire à l'école normale.

I. Le double objet de l'enseignement à l'école normale :
    1° Acquisition des connaissances.
    2° Préparation professionnelle.
II. L'ACQUISITION DES CONNAISSANCES : les programmes et les instructions ministérielles. — Les méthodes et les procédés d'enseignement. — Les résultats et les sanctions.
III. LA PRÉPARATION PROFESSIONNELLE : 1° l'école annexe ; — 2° le cours de pédagogie ; — 3° les conférences. — Réformes possibles : la transposition des leçons, l'histoire provinciale et locale, conclusion.

> « L'instruction primaire est tout entière dans les écoles normales ; ses progrès se mesurent à ceux de ces établissements. »
> (GUIZOT.)

Lorsque l'élève-maître entre pour la première fois à l'école normale, il a déjà franchi d'importantes étapes dans la vie scolaire. Entré dès le jeune âge dans la carrière des examens (qui reste, hélas ! pour longtemps encore ouverte devant lui), il est déjà riche en diplômes ; il a le certificat d'études primaires élémentaires, le brevet de capacité de premier ordre, peut-être même le certificat d'études primaires supérieures ; enfin il n'a été classé dans sa promotion qu'à la suite d'un concours très scrupuleux, au cours duquel ses futurs professeurs ont évalué de leur mieux la qualité de son caractère et la force de son intelligence. Ce jeune vainqueur, qui connaît autant les fatigues de la lutte que les joies de la victoire, apporte ordinairement dans sa nouvelle école un esprit plus patient qu'actif, une tête plus pleine que sagement meublée, l'habitude d'apprendre bien plus que celle de comprendre, et enfin, sinon la vocation, du moins le désir de se préparer honnêtement à gagner sa vie dans les fonctions de l'enseignement primaire. L'école qui le reçoit a pour lui plus d'ambition qu'il n'en éprouve ordinairement lui-même. Elle doit, dans le cours de trois années, compléter son instruction et l'initier à la pratique de l'enseignement. Pour transformer l'élève-maître en homme instruit et en instituteur éclairé, elle l'emprisonne entre deux séries de travaux distincts : 1° les cours réguliers sur toutes les matières de l'enseignement primaire, conformes aux prescriptions des programmes officiels, qui doivent fortifier et enrichir son intelligence, et qui ont pour sanction, à la fin des études normales, les épreuves du brevet supérieur ; 2° les exercices pédagogiques (stage à l'école primaire annexe, cours de pédagogie, conférences hebdomadaires ou bimensuelles), qui doivent le préparer directement aux devoirs de sa profession, et qui auront pour sanction, au début de sa carrière, les épreuves du certificat d'aptitude pédagogique.

Les premiers sont confiés aux professeurs de l'ordre des lettres et de l'ordre des sciences, maîtres instruits et expérimentés, mais dont quelques-uns, comprenant trop volontiers leur tâche comme leurs collègues des lycées, ont plutôt le souci de parcourir exactement tout le programme que de donner à leurs élèves une instruction appropriée à leur carrière future ; les seconds sont réservés en partie au directeur de l'école annexe, mais surtout au directeur de l'école normale, aujourd'hui le seul pédagogue officiel de la maison. Cette méthode de travail ne satisfait pas tout le monde. Les uns demandent que l'on accorde plus de temps et plus d'importance aux exercices de l'école annexe; les autres, convaincus que l'homme qui sait bien doit enseigner, veulent surtout fortifier l'enseignement théorique en relevant le niveau des études. Ce sont critiques et vœux de détail; le principe de la double méthode et de la double série d'exercices reste universellement admis en France comme à l'étranger.

Pour faire connaître et apprécier exactement l'enseignement de l'histoire à l'école normale, il nous faut donc diviser ce chapitre en deux parties, qui correspondront l'une et l'autre aux deux groupes d'exercices qui se partagent l'attention des élèves: elles seront consacrées, la première à la discussion des procédés par lesquels les élèves acquièrent les connaissances historiques, la seconde à l'examen des travaux pédagogiques par lesquels on s'efforce de les mettre en mesure d'enseigner l'histoire, dans la classe de l'école primaire qui leur sera confiée à la fin de leurs études normales.

PREMIÈRE PARTIE

L'ENSEIGNEMENT

Pour apprécier avec exactitude la valeur de cet enseignement à l'école normale, il convient d'étudier successivement: 1° les programmes; 2° la méthode; 3° les résultats.

Programmes. — Il paraît quelquefois de bon ton de railler ou de critiquer avec humeur ces entraves à la liberté. On a bien tort; les programmes sont une loi qui oblige strictement, sans doute; mais ils sont assez larges pour qu'on s'y meuve à l'aise. C'est un thème assez agréable que de vanter l'initiative des professeurs. Mais lorsqu'elle s'exerce hors des programmes, elle aboutit à l'anarchie; et dans toute maison d'éducation c'est une vérité d'expérience qu'il vaut mieux suivre de mauvais programmes que n'en pas avoir du tout.

Or, depuis 1838, les écoles normales ont toujours eu des programmes détaillés pour l'enseignement de l'histoire ; à vrai dire, ils n'ont jamais été parfaits. Ceux de 1838 étaient ambitieux et prolixes. On les avait, à plaisir, surchargés de détails dans lesquels étaient noyés les plus importants événements de l'histoire générale. Était-il bien utile, par exemple, d'imposer à la mémoire des élèves-maîtres la date assez problématique de la mort de Codrus ou la situation des États slaves en 741 ? — Ceux de 1851 avaient de bien autres défauts et faisaient plus d'honneur à la passion politique qu'au sens historique de leurs auteurs. Pour les temps anciens, l'histoire sainte, si judicieusement rangée dans l'enseignement religieux par les programmes précédents[1], devenait le pivot de l'histoire du monde, et le professeur devait sans cesse faire graviter l'histoire de l'Orient, de la Grèce et de Rome autour des tribus de Juda et du peuple d'Israël[2]. Est-il besoin de faire remarquer qu'ils comportaient l'étude de la destruction de Jérusalem, mais ne disaient mot de la prise de la Bastille ; qu'ils citaient la bataille d'Ivry, mais qu'ils oubliaient Waterloo ? — Ceux de 1866, rédigés pour l'enseignement secondaire spécial et destinés, dans la pensée de Duruy, à compléter et à rectifier ceux de 1851[3], ne cor-

---

1. L'histoire sainte continuée jusqu'à la destruction de Jérusalem appartient au cours d'instruction morale et religieuse qui est confiée à M. l'aumônier de l'école normale primaire. (Délibération du conseil royal, approuvée par le ministre, novembre 1838.)
2. « L'histoire ancienne sera constamment rapprochée des faits contemporains de l'histoire sainte. » (Arrêté relatif aux programmes d'enseignement des écoles normales, 31 juillet 1851.)
3. « Les programmes de 1851 me semblent pouvoir servir encore de base à l'enseignement (des écoles normales), mais il sera facile de les étendre, selon les besoins, à l'aide des programmes qui viennent d'être arrêtés pour l'enseignement secondaire spécial. Ils ont été

respondaient pas, par leur répartition, aux trois années d'études normales, prescrivaient des exercices encombrants, comme les rédactions écrites après chaque cours, et, au point de vue politique, dépassaient toute mesure en demandant au professeur d'histoire de développer un amour généreux du pays et du *prince* qui le personnifie.

— Ceux de 1881 imposaient, pendant toute la première année, à l'élève-maître candidat au brevet élémentaire, une nouvelle revision de l'histoire de France. Depuis cinq ou six ans il n'avait cessé de la reviser, cette histoire élémentaire; pour chacun de ses examens antérieurs, il l'avait apprise dans le même livre, récitée dans le même texte, découpée dans un même nombre de leçons. Après une année perdue à cette fastidieuse besogne de récapitulation, il devait, en vingt mois, apprendre toute l'histoire du monde. Sans transition, on faisait tout à coup marcher à pas de géant, en pays inconnu, l'enfant tenu jusqu'à ce jour en lisière sur le sol natal.

Les programmes que l'on suit aujourd'hui[1] sont incontestablement meilleurs. Les esprits les plus chagrins ne peuvent y relever la moindre tendance politique. D'autre part la répartition est plus rationnelle. L'histoire générale — ancienne et moderne — est divisée, par parts à peu près égales, entre les trois années d'études.

En première année, deux trimestres sont consacrés à l'histoire ancienne (Orient, Grèce, Rome) et le troisième aux premiers siècles du moyen âge.

La seconde année termine l'histoire du moyen âge et l'histoire moderne jusqu'en 1789. Enfin la troisième année

---

rédigés dans un esprit de simplicité qui doit être celui de l'enseignement des écoles normales primaires, et ils sont précédés d'instructions qui seront bonnes à suivre dans tous les établissements d'instruction élémentaire. » (Instruction ministérielle du 2 juillet 1866.)

1. Arrêté du 10 janvier 1889.

doit apprendre l'histoire contemporaine, à laquelle, par une sage décision, on ajoute l'instruction civique, qui se trouve ainsi placée dans son cadre naturel. Cette heureuse répartition a le double avantage de séduire immédiatement l'élève-maître par le puissant intérêt de l'étude des civilisations antiques, et de l'armer ensuite, avant sa sortie de l'école, de la connaissance exacte de la société contemporaine et des institutions qui la régissent.

Si le cycle des études normales ne peut pas comprendre plus de trois années, et si d'autre part l'histoire générale doit tout entière figurer aux programmes, il n'est pas possible de prescrire une meilleure répartition.

Sous tous les régimes, la charge des programmes a toujours été lourde ; il est juste pourtant de reconnaître que les instructions ministérielles ont toujours voulu l'alléger. A chaque nouvelle publication de programmes, elles mettent le professeur en garde contre la variété, l'abondance et l'ampleur des matières à enseigner ; elles l'invitent à être volontairement incomplet ; elles lui conseillent de choisir, dans un champ si vaste, la récolte possible, de sacrifier les événements qui sont morts sans postérité, pour s'attacher d'une prise énergique aux époques qui ont exercé une influence décisive sur l'avenir du pays, le développement de la civilisation, le progrès de l'humanité. En 1838, Salvandy écrivait aux recteurs :

« En transmettant ce programme aux inspecteurs des écoles primaires, aux commissions de surveillance et aux directeurs des écoles normales de votre ressort académique, vous leur recommanderez de veiller avec le plus grand soin à ce que l'enseignement historique ne soit jamais donné que d'une manière sommaire et élémentaire. Il importe que les élèves retirent de cet enseignement des notions exactes sur l'enchaînement des faits qui ont exercé une influence quelconque sur la destinée des nations, qu'ils connaissent ces faits principaux et les personnages marquants qui y ont pris part ; mais il est complètement inutile de les entraîner dans des discussions de détail, qu'ils n'auraient pas le temps d'approfondir, et dont le résultat serait de rendre obscur pour eux un enseignement qui doit tendre à élever leur esprit en l'éclairant[1]. »

Dans son *Instruction du 2 juillet 1866*, Duruy disait également : « Dans le cours d'histoire, on ira droit aux grands hommes et aux grands événements, dont on retrouve partout le souvenir dans nos arts comme dans notre littérature, et on négligera cette multitude de faits qui surchargent la mémoire sans rien dire à l'esprit et au cœur. »

Enfin l'arrêté du 3 août 1881 comprend, dans l'instruction spéciale sur l'application des programmes, le conseil suivant : « En abordant l'histoire des peuples étrangers, le professeur devra se garder, avec plus de soin encore que pour l'histoire de notre pays, des détails superflus et des dissertations savantes ; il s'en tiendra aux grandes lignes et aux grands faits, et, écartant résolument de sa route tout ce qui ne servirait pas à expliquer notre propre passé, il s'efforcera de dominer son sujet et *de chercher son chemin par les hauteurs*. »

Ces instructions paraîtront sans doute fort sages. Elles nous conduisent pourtant à une objection qui mérite d'être retenue. D'une part, les *programmes* établissent la continuité de la trame historique ; de l'autre, les *instructions* la détruisent. Les uns, fidèles à la doctrine scientifique, insistent sur l'enchaînement des événements ; les autres, inspirés par la nécessité d'approprier l'enseignement à son but, choisissent les anneaux importants de la chaîne et négligent les intermédiaires. Les uns procèdent par une marche régulière, les autres par bonds. Il faut bien reconnaître entre eux une flagrante contradiction. Les

---

1. Circulaire du 2 novembre 1838.

professeurs éprouvent de réels embarras devant ces exigences qui se combattent. Ceux qui ont pour les programmes un religieux respect ont quelque peine à reconnaître « les *hauteurs* » et à s'y maintenir. Ceux qui veulent s'inspirer des *instructions* risquent de ne pas voir la suite des événements en voulant les dominer d'un point de vue trop élevé. Sans doute les maîtres qui possèdent bien la matière historique et qui ont l'expérience de l'enseignement normal savent triompher de la difficulté, mais ce n'est pas pour eux qu'on a rédigé programmes et instructions. Quant à ceux qui ont besoin d'être dirigés — et c'est le plus grand nombre — ils éprouvent quelque embarras devant ces chemins divergents que les instructions et les programmes ouvrent devant eux. En somme, les programmes sont bons et les instructions ne sont pas mauvaises ; mais ils seraient, les uns et les autres, bien meilleurs avec un peu plus d'harmonie.

Méthode et procédés d'enseignement. On admet encore aujourd'hui « qu'il est difficile de concevoir un enseignement de l'histoire sous une autre forme que celle du cours [1]. » Or, le *cours*, dans le langage scolaire, est l'exposition orale, faite par le professeur pendant la plus grande partie de chaque classe, de tous les chapitres du programme officiel. Il faut donc que le professeur d'école normale possède le talent d'exposer à chaque classe des leçons préparées avec soin, composées avec méthode, dites avec art. *Arduum opus!* Il est si malaisé, même après la plus scrupuleuse préparation, d'être maître de sa parole et de l'obliger à traduire fidèlement toutes les nuances de la pensée avec une précision suffisante ! D'autre part, si le maître est doué de ce talent si rare d'élocution, il faut encore qu'il sache provoquer et soutenir l'at-

---

1. Lavisse, *Discussion d'une leçon d'histoire* (Revue *pédagogique*, 15 août 1884).

tention, une heure durant, par un récit animé et vivant, sans tomber ni dans la vulgarité ni dans l'emphase, les deux écueils presque inévitables. Enfin (et c'est ici le point délicat), pendant seize heures par semaine il doit tenter les mêmes héroïques efforts et renouveler le même prodige sur tous les sujets possibles de l'histoire du monde!

Si l'on considère la somme de travail et de talent qu'exige l'enseignement de l'histoire par le cours, on pensera sans doute qu'il est au-dessus des ressources d'un homme ordinaire, et que la grande majorité des maîtres s'éloigne de cet idéal aussi bien dans les écoles normales que dans les lycées. Qu'arrive-t-il le plus souvent dans les établissements où l'enseignement par le cours est une obligation traditionnelle? La leçon du professeur n'est que la pâle récitation d'un chapitre de précis, précis différent sans doute de celui qui est entre les mains des élèves, mais non meilleur. Si sa mémoire est bonne, il le dit de souvenir; si elle est mauvaise, il suit de près son cahier de notes, où le cours est complètement écrit : souvenir ou lecture, ce n'est, dans l'un ou l'autre cas, qu'une dictée. Et comment est-elle faite? Si l'on pénétrait dans l'intimité de la classe journalière, on trouverait bien encore quelquefois le maître nonchalamment assis, enveloppant le poêle de ses jambes et débitant d'une voix monotone un cours qui distille l'ennui, ou bien se promenant, les mains dans les poches, avec un balancement automatique, les yeux à terre, tout préoccupé de suivre ses souvenirs qui se déroulent et de ne pas manquer un des anneaux, sinon la chaîne serait rompue et la coupure béante.

Cependant les élèves prennent des notes, excellent exercice, à la condition qu'il soit convenablement exécuté. C'est, en effet, une gymnastique de premier ordre pour l'esprit de suivre la pensée d'autrui développée par une parole aisée, d'apprendre à saisir dans la phrase sonore et abondante le mot simple qui fixe et résume l'idée, comme un œil exercé voit ou devine la charpente derrière les décorations d'une façade; en deux mots, de discerner le superflu du nécessaire et d'emprunter la pensée d'autrui en la marquant d'une empreinte personnelle. Mais quand le cours est tout l'enseignement, l'élève a d'autres préoccupations: il fait galoper sa plume à la poursuite des phrases et des mots qui résonnent à ses oreilles : il faut qu'il enregistre tout le cours avec la fidélité d'un phonographe, afin de le restituer exactement au moment des interrogations; et comme il ne peut suffire à la tâche, il laisse des blancs qu'il comble en étude, soit avec ses souvenirs, soit avec le cahier d'un camarade. Avec le système qui réduit tout l'enseignement au cours, les professeurs et les élèves sont donc condamnés à un double travail de galérien, les uns à composer et à dire, les autres à copier et à apprendre un ou plusieurs volumes de leçons sur toutes les matières d'histoire portées aux programmes officiels [1].

Hâtons-nous de rassurer le lecteur en lui apprenant que les professeurs des écoles normales n'ont pas pour le *cours* le respect superstitieux qu'on professe à la chapelle voisine, qu'ils ont osé porter une main sacrilège sur la sainte doctrine de l'éloquence à jet continu, et, *proh pudor!* qu'en cette révolution dont ils sont les intelligents ouvriers, ils ont eu pour guides les pédagogues les plus respectables et les plus élevés dans la hiérarchie universitaire. Le directeur de l'école de Saint-Cloud écrivait en 1885, dans une revue officielle, avec autant de bon sens

---

[1] Le tableau de la classe où le cours est à la mode est peint en deux lignes par le professeur qui accepte cette méthode: « Le professeur d'histoire faisant trop souvent sa classe tout seul, parlant à des mémoires qui enregistrent et à des esprits qui demeurent passifs. » (Lavisse, *Études et étudiants*, p. 141.)

que d'autorité[1] : « Faire un cours complet d'histoire ! voilà bien l'erreur où tombent la plupart des maîtres, et *qui est la cause de tout le mal*. Qu'un auteur et même un auteur de précis expose toute la succession des faits avec plus ou moins de détails, suivant le but qu'il se propose, cela se comprend, et cela est nécessaire. Mais faire une série de leçons, ce n'est pas faire un livre ; et, *puisque d'autres se sont acquittés de cette tâche, pourquoi la recommencer en vous exposant à la faire moins bien ?* »

Voilà qui est parler d'or ; et l'auteur conseille aux maîtres de n'exposer que les leçons qui méritent cet honneur spécial.

Il lui est facile de démontrer ensuite que, par un système combiné d'interrogations bien préparées, de lectures choisies avec goût, de compositions historiques corrigées avec attention, complétées par quelques expositions, le professeur peut faire apprendre d'une façon plus intelligente et plus sûre tous les chapitres du programme, qu'en consacrant un cours à chacun d'eux. Telle est la méthode préconisée aujourd'hui et suivie dans toutes les écoles normales que je connais. C'est la bonne.

Les expositions orales du professeur étant rares, sont choisies avec le plus grand soin ; et ce choix est déterminé tantôt par l'importance de la question, tantôt par l'insuffisance du chapitre qui lui est consacré dans les précis ordinaires, tantôt par l'impossibilité où sont les élèves de faire sur ce sujet d'utiles lectures. J'ajouterai même, sans intention de blesser personne, que quelquefois le professeur doit réserver le grand effort de l'exposition orale pour les questions qu'il ne possède pas parfaitement. Est-ce qu'il n'arrive pas chaque jour à un professeur d'histoire instruit et laborieux de constater que ses connaissances

---

1. Jacoulet. *Comment on peut faire une classe d'histoire à l'école normale* (Revue pédagogique, 15 décembre 1885).

sur un sujet donné sont ou incomplètes, ou incohérentes, ou superficielles? Un livre nouveau, un conseil d'inspecteur, un article de revue, lui ouvre des horizons imprévus; il se met à l'œuvre, multiplie les recherches, et, sur un sujet qui jusqu'à ce jour ne lui présentait aucun intérêt, il compose une leçon qui a pour lui toute la saveur de la nouveauté.

Dans ces conditions, la leçon orale n'est plus la corvée journalière et fastidieuse qui accable l'esprit et ruine la bonne volonté. Elle doit et elle peut, dans les limites des ressources intellectuelles du maître, se rapprocher de la perfection. Elle est la *leçon modèle*, avec ses références bibliographiques exactes, son sommaire d'une irréprochable concision, sa charpente solidement établie, ses développements choisis avec tact et groupés de telle sorte qu'ils éclairent toutes les parties du sujet, sa conclusion lumineuse laissant une impression claire et définitive dans les esprits. D'autre part, elle est dite avec l'assurance que donne la connaissance parfaite du sujet, avec l'entrain qu'inspire la vue nette des choses dont on parle. La craie à la main, le professeur est devant le tableau noir; il appuie ses phrases tantôt d'un croquis géographique lestement enlevé, tantôt d'un tableau synchronique adapté à l'objet de la leçon, et, s'il le faut, d'un dessin esquissé à la hâte pour représenter l'objet que sa parole décrit et commente. La leçon apparaît alors aux élèves dans toute sa clarté; les enseignements historiques qu'elle comporte pénètrent sans peine dans leur esprit captivé, et, — disons-le en passant, — ils reçoivent la plus utile leçon de pédagogie qu'on puisse leur donner, puisque, par un exemple vivant, ils apprennent à enseigner. Pour produire ces résultats, il est indispensable que la leçon soit rare, que maîtres et élèves la considèrent comme une occasion exceptionnelle, et qu'elle conserve, pour les uns le charme de la nouveauté, pour les autres le prestige de la perfection.

Les heures de classe sont donc rarement occupées par l'exposition magistrale du professeur. Elles peuvent être alors consacrées aux divers exercices qui ont tous pour point de départ soit les lectures communes substituées au cours, soit les lectures individuelles faites en étude. Un maître ingénieux peut en varier la forme à l'infini : le fond reste le même [1].

La note qui accompagne les derniers programmes recommande d'une façon toute particulière les lectures faites en classe pour la première année. « A chaque leçon, dit-elle, un certain temps sera réservé à des lectures choisies dans les œuvres des grands écrivains de l'antiquité ou dans celles des historiens modernes ou des voyageurs [2]. »

---

1. On ne peut, dans les limites de ce livre, entrer dans la discussion détaillée de ces divers procédés, qui doivent tous donner lieu à des expériences du plus haut intérêt et à des directions scolaires de la plus grande efficacité. Interrogations, comptes rendus de lectures, sommaires et tableaux récapitulatifs, critiques de notes prises au courant d'une lecture, compositions historiques sur certaines grandes périodes ou sur quelque point particulier, tout peut être tenté et donner des résultats appréciables.

2. Voici la note complète, qui indique avec netteté l'esprit du cours : « Les notions historiques sur l'Orient, la Grèce et Rome portent moins sur les faits, les guerres, les dynasties, la fondation ou le démembrement des empires, que sur les mœurs, les croyances, les monuments, les grandes œuvres des peuples de l'antiquité et sur la part qu'ils ont eue au développement de la civilisation. Les légendes, anecdotes, biographies d'hommes célèbres, les descriptions, l'histoire littéraire, y tiendront une large place. A chaque leçon, etc., etc., » (comme plus haut).

On peut rapprocher de ces instructions officielles les conseils de Nicole, qui les ont sans doute inspirées. « Outre les histoires qui font une partie de leur étude et de leurs occupations, il serait avantageux de leur en conter tous les jours une détachée, qui ne tînt point de place dans leurs exercices et qui servît plutôt à les divertir. Elle s'appellerait plutôt l'histoire du jour et on les pourrait exercer à en faire le récit, pour leur apprendre à parler. Cette histoire doit contenir quelque grand événement, quelque rencontre extraordinaire, quelque exemple remarquable de vice, de vertu, de malheur, de prospérité, de bizarrerie. On y pourrait comprendre les accidents extraordinaires, les prodiges, les tremblements de terre, qui ont quelquefois absorbé des villes entières ; les naufrages, les ba-

Ces sages conseils pourraient être étendus au programme tout entier. Si les lectures doivent contribuer à répandre et à préciser la connaissance des mœurs, coutumes et institutions de Rome et d'Athènes, elles peuvent rendre le même service pour l'étude de la société française sous l'ancien et le nouveau régime. La méthode d'enseignement prescrite par la note officielle pour la première année peut donc, sans danger, être appropriée aux études des deux autres. Pendant les trois années, la lecture doit prendre en classe la place laissée libre par la réduction du cours.

Est-il besoin de dire que la lecture que nous réclamons, choisie, dans la plupart des cas, et désignée d'avance par le professeur, ne peut être inspirée par une vaine curiosité conduisant, à la hâte et sans halte, l'élève à la fin du volume. Elle doit être lente et réfléchie ; toujours la plume à la main, l'élève a pour principale préoccupation de prendre des notes. Ce sera tantôt la copie littérale d'une phrase ou d'un passage caractéristique, tantôt l'analyse succincte et précise d'un développement qu'il serait trop long de prendre en entier, tantôt une référence bibliographique qu'il faut éclaircir à l'aide soit de l'index qui termine le volume, soit des dictionnaires et des ouvrages spéciaux que possède la bibliothèque de l'école.

Si j'étais professeur d'école normale, à l'occasion des notes prises au courant des lectures, je n'hésiterais pas à descendre dans les plus humbles détails matériels pour donner aux élèves-maîtres de bonnes habitudes de travail. Je proscrirais, par exemple, les cahiers volumineux,

tailles, les lois et les coutumes étrangères. En ménageant bien cette petite pratique, on leur peut apprendre ce qu'il y a de plus beau dans toutes les histoires ; mais il faut pour cela y être exact et ne passer aucun jour sans leur en conter quelqu'une, en marquant chaque jour celle qu'on leur aura contée. » (Nicole, *Traité de l'éducation d'un prince*.) On peut faire sans doute des réserves sur les matières du programme de Nicole, mais la valeur de son procédé pédagogique nous paraît indiscutable.

difficiles à remplir, plus difficiles à manier et qui ont tous les inconvénients du livre. Je conseillerais, dès les bancs de l'école normale, l'usage de la fiche uniforme, avec titre exact et marge régulière, consacrée à un seul objet ou, au plus, à une seule espèce de renseignements, écrite au recto seulement, le verso étant réservé aux annotations ultérieures ; et il me serait facile de montrer avec quelle facilité on peut les grouper par fascicules, les faire passer de l'un à l'autre, et les trouver, sans perte de temps, au moment où l'on en a besoin. Qu'importe que l'élève-maître sache prendre des notes pendant un cours! Il n'en entendra plus, après sa sortie de l'école; mais il lira toujours, et il faut qu'il ne perde pas le fruit de ses lectures.

Cette méthode a donc de grands avantages; outre qu'elle permet d'acquérir, par un travail attrayant, des connaissances solides et variées, elle développe dans l'élève-maître l'initiative et le goût des recherches personnelles; elle lui inspire de sages et prévoyantes habitudes de travail, qu'il gardera toute sa vie. Elle nous paraît préférable à l'ancienne; un grand nombre de professeurs la pratiquent avec un réel succès, et nous faisons des vœux pour que leur exemple décide tous leurs collègues à accueillir cette révolution qui donne la prépondérance à la lecture sur le cours.

Allons au-devant des objections. La variété, dira-t-on, engendre la confusion : par ces procédés divers, vous obtiendrez des résultats bien inégaux : 1° *pour toutes les parties du programme;* 2° *pour les différents élèves d'une même promotion.*

Sur le premier point, on peut craindre, en effet, que telle question, étudiée incomplètement dans le livre, ne soit pas assez éclairée par d'insuffisantes interrogations qui la fixeraient mal dans la mémoire ; telle autre, au contraire, grossie démesurément par la leçon exceptionnelle, serait hors de proportion avec les chapitres voisins.

On romprait ainsi l'unité de l'enseignement. A vrai dire, le danger n'est pas très grave; il est analogue à celui qui résulte de l'emploi d'un atlas dont les cartes ont des échelles différentes. Le professeur d'école normale conjure facilement un tel danger. D'ailleurs aucune autre méthode ne lui permet de suivre plus facilement les *programmes* et les *instructions*. Par les divers procédés en usage dans sa classe, il parcourt exactement toutes les parties du programme; par les leçons exceptionnelles, il fixe spécialement l'attention sur les grandes périodes; par les uns il reconstruit toute la trame des événements historiques, par les autres il essaie de « s'élever sur les hauteurs et de comtempler les sommets ». Il résout ainsi le problème difficile, précédemment posé, de suivre l'esprit des instructions ministérielles, sans négliger aucun point du programme officiel.

L'autre danger n'est pas à dédaigner. Une promotion comprend des élèves d'une force inégale et de tempérament différent : ils n'ont ni la même aptitude ni la même ardeur. L'enseignement par le cours a, en général, l'heureux effet de les grouper en une moyenne raisonnable. Comme cette méthode ne tient compte ni du passé ni des dispositions particulières de chaque élève, elle prétend exercer une égale influence sur toute la promotion. Elle exige d'ailleurs simultanément le même effort, et par la même série d'exercices elle doit pousser tout le groupe vers les mêmes résultats. Il est évident que si l'on accordait la prépondérance à la lecture et à tous les travaux qui en dérivent et sollicitent l'initiative individuelle, la promotion ne subirait plus le même entraînement. Avec le nouveau régime, la marche sera incohérente et désordonnée; les têtes de colonne feront double étape, tandis que le gros de l'armée multipliera les séjours et les haltes; celui-ci laissera même, sans doute, loin derrière lui quelques retardataires; et le professeur, mal placé pour apprécier les efforts de chacun, ne saura pas déterminer nettement le point précis où il convient de faire sentir son action.

L'inconvénient est réel; mais est-il aussi grave qu'on pourrait le penser? Il n'est pas indispensable, sous prétexte de discipline, d'exiger d'esprits différents des efforts identiques et des résultats uniformes. Pour assagir quelques esprits qui auraient l'imprudence de vouloir s'élever trop librement, faut-il condamner tous les autres à ramper? Nous avons toujours eu quelque défiance à l'égard du niveau égalitaire. Ne ramenons pas les géants à la taille des pygmées. Nous convenons qu'une classe qui présente un bel ensemble flatte, à bon droit, l'amour-propre de ceux qui en ont la responsabilité. C'est la fameuse classe sans queue, si chère aux fonctionnaires des écoles normales. Mais, si elle est sans tête, la mutilation n'est-elle pas plus grave? Ne craignez donc pas la réforme qui donnerait aux classes, avec plus de souplesse, moins d'uniformité. Par l'enseignement sans le cours, le professeur serait conduit à suivre avec plus de discernement les travaux personnels de ses élèves; plus intimement associé au labeur de chacun, il pourrait mieux approprier leurs efforts à leur force; son influence, tout en s'exerçant individuellement, serait plus pénétrante et plus efficace. En somme, le travail de la promotion serait peut-être moins uniforme; il serait plus en harmonie avec l'aptitude de chaque élève.

« Vous rétrogradez de vingt-cinq ans, nous dira-t-on encore, puisque vous nous ramenez à l'usage presque exclusif du livre, et que vous supprimez presque l'enseignement oral. Ici, comme partout, la vérité est dans les nuances. Le « cours » n'est pas tout l'enseignement oral; souvent même il n'en est que la moindre partie. Est-ce que l'interrogation habilement dirigée, la correction d'une composition écrite, la critique d'un compte rendu de lectures, n'exigent pas du professeur des développements oraux d'une importance capitale? Ces exercices l'obligent non seulement à parler lui-même, mais encore à faire parler les élèves; ils ont ainsi l'avantage de faire sortir ceux-ci du rôle muet que le cours leur impose. La méthode que nous préconisons ne détruit donc pas l'enseignement oral : elle le fortifie. Il est vrai qu'elle rend *aux livres* (et non au livre) une importance qu'ils n'avaient plus. Nous sommes de ceux qui croient que les livres bien faits sont les indispensables auxiliaires du maître, et qu'on a trop souvent le tort de les laisser dormir au fond des pupitres, après les avoir fait acheter par les élèves. En somme, et pour tout dire en un mot, à un cours médiocre nous préférons de bons livres.

Résultats et sanctions. — Les résultats de l'enseignement de l'histoire dans les écoles normales, constatés par la grande enquête de 1871 (voir plus haut) étaient bons; une nouvelle enquête, dirigée avec le même esprit d'impartialité et avec la même méthode d'investigation, établirait que, de nos jours, ils sont *excellents*. Il ne peut en être autrement, puisque professeurs et élèves-maîtres sont meilleurs qu'à l'époque de la guerre.

Il m'est arrivé quelquefois, pendant les examens du brevet supérieur, d'assister l'examinateur d'histoire, qui était ordinairement professeur au lycée du chef-lieu du département. — S'il débutait dans le jury, le jeune normalien de la rue d'Ulm ne pouvait cacher sa surprise, en entendant des réponses qu'il aurait en vain sollicitées de ses rhétoriciens ou de ses philosophes. Il découvrait, avec un étonnement qui ne m'était pas désagréable, qu'on n'enseigne pas mal l'histoire élémentaire dans les petites écoles normales, et qu'elle y est bien apprise.

En effet, à la fin de la troisième année d'études, l'élève-maître connaît bien les matières historiques du programme. En général, il répond avec une imperturbable sûreté de mémoire, une grande netteté d'expression, et peut-être aussi avec un trop grand luxe de détails sur les questions de faits qui lui sont posées. Si l'examinateur le presse un peu, il n'hésite pas davantage sur les questions d'*appréciation*. Il est aussi catégorique dans ses jugements qu'exact dans ses récits.

On lui reproche volontiers cette assurance et ce goût prononcé pour les sentences. « Il s'érige, dit-on, trop volontiers en juge, et traduit devant son tribunal rois, papes, hommes de guerre, hommes d'État, pour leur débiter les plus dures vérités et des harangues bien senties[1]. » C'est exact, l'élève-maître ne possède pas l'art des nuances ; son esprit est plus ferme que souple ; son jugement a plus de droiture que de délicatesse. Les affirmations très nettes sont donc bien son affaire.

Est-ce un mal ? Non. Sans doute ses jugements peuvent être frappés d'appel. On lui a du moins montré dans l'histoire autre chose que des dates à fixer dans une mémoire rebelle. Il a appris à juger et à raisonner, et c'est surtout des élèves-maîtres qu'on aurait pu dire : « Les enfants risquent beaucoup plus de ne pas raisonner que de raisonner faux[2]. »

D'autre part, au degré primaire on n'enseigne pas avec des hésitations, des nuances, des « que sais-je ? ». Il faut à ces esprits simples, qui doivent plus tard entrer en communication avec des esprits plus simples encore, des formules claires, des affirmations indiscutables, des vérités incontestées ; il faut surtout que la chose enseignée s'impose avec le prestige d'une incontestable autorité. « *Henri IV a eu raison de publier et Louis XIV a eu tort de révoquer l'édit de Nantes.* » Voilà les jugements de l'élève-maître, qui laisse aux savants le soin de disserter sur les

---

1. *De l'Enseignement de l'histoire dans les écoles normales;* Mention, *Revue pédagogique,* 15 juillet 1885.
2. Jallifier, *Rapport à la commission d'enseignement secondaire,* 1889.

mille détails qui aggravent ou atténuent la responsabilité de ces rois dans les actes accomplis.

Sans doute nous nous éloignons de l'esprit scientifique et de ce doute qui est le commencement de la sagesse. Le danger est réel, et il convient d'en mesurer toute l'importance. Le danger opposé serait bien plus grave, car le doute du savant conduirait promptement à l'indifférence; et, par là, le principal bienfait de l'enseignement de l'histoire, l'éducation morale du peuple, serait compromis pour toujours.

On pourrait, du reste, atténuer sérieusement cette tendance de l'élève-maître à juger trop catégoriquement les événements et les hommes, en rétablissant non les rédactions, mais les devoirs d'histoire choisis avec discernement. L'élève-maître comprend plus facilement quand il écoute; mais il réfléchit davantage quand il écrit. Sur tel sujet d'histoire, il a pour les interrogations des réponses toutes faites; il ne les transporterait pas telles quelles dans une composition écrite.

La plume est pour lui, comme pour tout le monde, un merveilleux instrument d'analyse. Elle l'aide à découvrir et à saisir les nuances de sa pensée, à les exprimer avec un certain art, à fortifier dans son esprit les habitudes de délicate réflexion que les lectures expliquées ont fait naître. Malheureusement l'histoire ne joue qu'un rôle très secondaire au brevet supérieur. Elle n'y apparaît qu'aux épreuves orales, qui sont peu périlleuses; elle n'a pas de place à l'examen écrit. Le normalien est un homme pratique; pour réussir, il concentre tout l'effort de sa préparation sur les épreuves réglementaires. Exclue de l'examen écrit, la composition historique est nécessairement en défaveur à l'école normale.

L'arrêté du 18 janvier 1887 établit que le sujet de la composition française sera choisi dans les programmes de littérature et de morale de l'école normale. L'auteur de l'arrêté a sans doute pensé qu'un candidat peut toujours écrire quelques pages sur un sujet de morale ou de littérature, tandis qu'une question d'histoire, s'il l'ignore, le réduit à déserter l'examen dès les premières épreuves. C'est fort contestable. Est-il vraisemblable qu'un candidat, qui ne connaît pas très bien le *Misanthrope*, puisse disserter sur le *caractère d'Alceste* ? Que sera la composition d'un élève sur le *déterminisme*, s'il n'a pas présents à l'esprit les souvenirs de son cours de morale? La composition écrite de littérature ou de morale fait donc nécessairement à la mémoire sa part légitime. La composition écrite d'histoire n'exige pas davantage. Il est bien évident, d'ailleurs, qu'elle serait choisie parmi les questions les plus importantes du cours, et qu'elle serait posée en des termes assez larges pour que, avec le minimum indispensable de connaissances historiques, le candidat put, en la traitant, prouver qu'il sait réfléchir, composer et écrire. En demandant que l'épreuve de composition française au brevet supérieur puisse être un sujet d'histoire aussi bien qu'un sujet de morale ou de littérature, nous sommes convaincu que nous servons la cause de l'enseignement de l'histoire à l'école normale, sans porter atteinte à la valeur de l'examen et sans en augmenter les difficultés. En somme, nous voulons une sanction réelle pour une des matières les plus importantes du programme ; rien n'est plus légitime.

On pourrait, il est vrai, s'arrêter à une solution plus révolutionnaire : la suppression du brevet supérieur. Les pédagogues qui dirigent l'enseignement primaire ont jugé opportun de laisser attaché à ses flancs cet autre baccalauréat. Dans les préoccupations de l'école, l'instruction est nécessairement au second plan, la récolte des diplômes au premier. Le directeur, qui a conservé le souvenir cuisant de la circulaire du 20 novembre 1876, voit peut-être avec quelque regret, assurément avec une satisfaction égoïste, la préparation au brevet supérieur prendre, dans son école, la place de l'enseignement normal. Lorsque le brevet supérieur aura exercé ses ravages dans les écoles normales, comme le baccalauréat dans l'enseignement secondaire, le problème de sa suppression ou d'un changement radical dans son organisation s'imposera nécessairement. L'enseignement de l'histoire bénéficiera de la solution, quelle qu'elle soit. Si l'examen disparaît, chaque matière reprendra dans l'enseignement la place qui lui convient, et l'histoire sera aux places d'honneur; s'il est maintenu, il devra assurer à chaque matière l'influence qu'elle mérite sur l'issue de l'examen, et, dans ce cas, l'histoire a tout à gagner et rien à perdre. L'avenir de cet enseignement dans l'école normale n'inspire donc aucune inquiétude.

DEUXIÈME PARTIE

LA PRÉPARATION PROFESSIONNELLE

A l'école normale, la préparation professionnelle comprend :

1° Le stage à l'école annexe;

2° Le cours officiel de pédagogie;

3° La participation de l'élève-maître aux conférences.

Le stage à l'école annexe dure, en moyenne, une vingtaine de jours, répartis entre les trois années d'études. C'est bien peu. Les personnes compétentes prétendent que l'école annexe ne peut donner davantage. Or, pendant ces trois semaines de « galère[1] » à l'école annexe, l'élève-maître consacrera, au maximum, neuf leçons d'une

---

1. Dans les écoles normales que j'ai inspectées, j'ai constaté que les élèves-maîtres se rendaient à l'*annexe* toujours avec regret, quelquefois avec dégoût. Je doute qu'il en soit autrement dans la plupart des autres écoles. Le temps passé là est, à leurs yeux, complètement perdu, puisqu'il n'est pas employé à la préparation des examens.

demi-heure à l'enseignement de l'histoire. Quatre heures et demie représentent donc tout le temps donné par l'élève-maître à la pratique de cet enseignement. Il a à peine le loisir de faire connaissance avec le livre en usage et d'apprendre les *numéros* qui lui sont échus, sans avoir jamais le souci, pourtant si naturel et si pédagogique, de ce qui a précédé et de ce qui doit suivre. Préoccupé de satisfaire le directeur de l'annexe plutôt que de le regarder à l'œuvre, il donne tant bien que mal les leçons prescrites, mais il ne se préoccupe pas de leurs effets. Il observe peu les élèves, et encore moins le maître; il fait peut-être la classe, mais il ne la regarde pas faire. Les résultats de l'école annexe ne sont en rapport, ni avec la perte de temps, ni avec les efforts dépensés de part et d'autre. L'élève-maître ne conserve rien ou presque rien de cet apprentissage incomplet et imparfait. Quand, dans son premier emploi, il devra enseigner pour son propre compte, on peut être assuré que, trop souvent, il suivra non les méthodes expérimentées à l'école annexe, mais les procédés qu'il a vu employer, lorsqu'il était élève, par son premier maître[1]. Avec l'organisation actuelle, le stage à l'école annexe, pour l'enseignement qui nous occupe, est donc à peu près illusoire[2].

1. A Beauvais, par exemple, on construit, à l'atelier des travaux manuels, un nécessaire d'instruments très simples, à l'aide desquels on peut faire d'intéressantes expériences pour l'enseignement des sciences. Chaque élève emporte son nécessaire en sortant de l'école normale. Un jour, dans une conférence cantonale à laquelle j'assistais, un jeune adjoint, ex-normalien, désigné plusieurs jours à l'avance, faisait une leçon de sciences au cours moyen. Il ne se servait point de son nécessaire; je lui en demandai la raison. Il me répondit très naturellement: « Il est dans ma malle, chez mes parents. »

2. Qu'on nous pardonne cette sévère appréciation des résultats de l'école annexe. L'institution nous paraît devoir être excellente, lorsqu'on sera sorti de la période de tâtonnements déjà bien longue, et que l'on aura déterminé avec netteté le but et les moyens; jusqu'à ce jour l'école annexe est, dans la vie de l'école normale, un organe imparfait qui accomplit mal sa fonction.

Le cours de pédagogie est-il plus efficace? — Le plus récent livre de pédagogie pratique, publié sous ce titre : *de l'Éducation de l'instituteur*[1], par un directeur d'école normale, contient 135 leçons en 560 pages. Dans ce volumineux ouvrage, *une leçon d'une page* est consacrée à l'enseignement de l'histoire et de l'instruction civique! Il n'est pas inutile d'ajouter que, d'après le programme officiel, cette leçon théorique doit être faite aux élèves de première année[2]. A peine entré à l'école, l'élève-maître est ainsi appelé à discuter et à juger les méthodes, les procédés, les livres scolaires; le courant pédagogique l'entraîne avant qu'il ait pris pied; et on le noie à plaisir dans un flot de méthodologie avant que l'habitude de la réflexion et de l'observation l'ait mis en état de résister à cette épreuve. En somme, il reçoit passivement la doctrine du directeur, et une page de notes plus ou moins judicieusement prises est le plus clair de son bénéfice.

L'exercice le plus pratique — mais le moins pratiqué — est la conférence pédagogique.

L'organisation en varie avec les académies. Elle peut être hebdomadaire, bimensuelle, mensuelle. Elle comprend le plus ordinairement une classe faite sur une des matières du programme des écoles primaires, par un élève-maître à une division d'enfants de l'école annexe, devant le personnel tout entier de l'école normale. La leçon est ensuite discutée par les camarades, puis par les maîtres du conférencier. Avant de lever la séance, le directeur résume habituellement les débats et arrête les directions pédagogiques qui résultent de la discussion,

---

1. *L'Éducation de l'instituteur; Pédagogie pratique et administration scolaire*, par Léon Chauvin, chez Alcide Picard et Kaan.
2. L'élève y revient, il est vrai, quelques minutes en troisième année, car *le premier trimestre de la troisième année sera consacré à la revision des cours de première et de deuxième année*. (Arrêté du 10 janvier 1889.)

Ces séances, qui sont la caractéristique des écoles normales, paraissent tout d'abord excellentes de tous points, et pourtant elles n'ont ni tout l'intérêt ni tous les avantages qu'elles comportent.

Le travail scolaire y est incomplet, les récitations de leçons, les corrections de devoirs n'y apparaissent que très rarement : l'élève-maître y pérore, il n'y fait pas la classe. Les petits écoliers, les patients, y sont dépaysés et muets ; les élèves-maîtres, heureux de n'être pas sur la sellette, s'amusent des incidents. Les professeurs se tiennent sur la réserve, laissant toute la responsabilité de la discussion à celui d'entre eux qui est chargé de l'enseignement objet de la leçon.

D'autre part, ces séances seraient complètement vides, si la conférence ou la classe était faite par un élève médiocre ou mauvais ; ce sont donc les têtes de promotion qui donnent ; comme c'est un travail d'élite, le plus grand nombre des élèves-maîtres quitte l'école sans l'avoir expérimenté. Il faut constater en outre qu'il y a ordinairement pour ces sortes de séance trop de mise en scène et d'apparat. A quoi bon forcer tous les élèves-maîtres à y assister ? De quelle utilité peut être la présence de tous ces professeurs, dont la spécialité n'est pas en jeu et qui se contentent du rôle d'auditeurs ? Toute cette solennité dans le grand amphithéâtre de l'école glace et paralyse les bonnes volontés ; on n'y retrouve pas les conditions ordinaires de la classe ; c'est une froide et vaine fiction.

- Enfin, les conférences étant rares et toutes les matières du programme devant en occuper au moins une, la classe d'histoire n'y apparaît que très rarement, une fois ou deux par an. Cet exercice, en apparence si ingénieusement organisé, ne donne donc pas tous les résultats qu'on en attend : théoriquement, il est parfait ; à l'épreuve, il est peu efficace.

Pris isolément, le stage à l'école annexe, le cours du

directeur, les conférences solennelles, ne contribuent donc pas d'une manière immédiate et suffisante à la préparation professionnelle de l'élève-maître. Cependant, vues dans leur ensemble, ces mesures constituent (on ne peut le méconnaître) — un sérieux effort d'éducation pédagogique. Elles sont (après le brevet supérieur, malheureusement) la grande préoccupation de l'école.

Elles créent dans cette école normale un milieu spécial et comme une atmosphère particulière, dans laquelle le futur instituteur respire le besoin d'enseigner avec méthode et d'adapter sa science à la force intellectuelle de ceux qui la doivent recevoir. Ce n'est pas en vain qu'il a vu et l'importance de ce cours d'éducation confié au chef de la maison, et la vigilance dont il a été lui-même l'objet pendant ses séjours à l'école annexe, et cette manifestation solennelle des conférences consacrées en quelque sorte au culte de la pédagogie.

Il n'a pas vécu trois années dans cette école où, suivant un néologisme à la mode, on pédagogise, sans se laisser entamer par la contagion. Il est amené à penser que les méthodes et les procédés d'enseignement valent qu'on y réfléchisse ; il y voit moins des traditions que des problèmes, et si l'école ne lui en fournit pas toutes les solutions, il aura peut-être plus tard la curiosité de les rechercher lui-même dans sa propre expérience de stagiaire.

Cet état d'esprit est excellent. L'école normale atteindrait exactement son but si elle cultivait avec succès et mettait en valeur les bonnes dispositions qu'il révèle. Mais elle ne peut l'atteindre qu'à la condition que tous les professeurs de l'établissement participent directement à cette œuvre commune, qui est, en somme, l'œuvre magistrale de l'enseignement normal.

Il faut qu'ils soient bien convaincus que le professeur d'école normale doit non seulement enseigner, mais apprendre à enseigner.

En un mot, *il doit faire dans sa classe la pédagogie de son cours*. C'est le principe nouveau que quelques inspecteurs généraux recommandent timidement et à titre d'essai. Il n'a jamais été imposé catégoriquement par les circulaires officielles, et pourtant il devrait être au premier rang des directions pédagogiques à l'usage du personnel enseignant.

Plus que tout autre, le professeur d'histoire devrait s'astreindre spontanément à cette règle, sans attendre que les circulaires ministérielles l'y obligent. Ses maîtres lui ont dit que « l'histoire est la plus difficile des sciences[1] », et lui-même il a appris par une rude expérience qu'aucune matière de l'enseignement n'exige du professeur plus d'assiduité dans la préparation, plus de variété dans les leçons, plus d'ingéniosité dans les divers exercices, plus de dépense de soi dans toutes les parties de la classe; il sait aussi, hélas! que les plus grands efforts donnent quelquefois les plus minces résultats. Il est donc convaincu que la pédagogie de l'histoire n'est pas moins difficile que la science de l'histoire. Il fera une bonne œuvre en s'efforçant d'épargner à ses élèves les *écoles* qu'il a faites lui-même, et en les préparant avec la plus vigilante attention à cette périlleuse partie de leur tâche.

L'exercice le plus utile à cette préparation sera sans contredit la *transposition*. On assure que, dans les grandes écoles de Fontenay et de Saint-Cloud, les maîtres les plus autorisés du haut enseignement ne dédaignent pas, après avoir exposé leur leçon, de montrer comment le même sujet pourrait être traité aux différents degrés de l'enseignement, depuis l'école normale jusqu'au cours élémentaire de la classe primaire. Aucun exercice pédagogique n'est plus rationnel ni plus efficace.

Les élèves qui assistent et quelquefois collaborent à ces

---

1. Fustel de Coulanges, *Recherches sur quelques problèmes d'histoire*, Introduction.

transpositions apprennent, pour ne plus l'oublier, qu'enseigner c'est choisir. Un des professeurs de la Sorbonne qui étend le plus utilement sa vivifiante action à tous les ordres de l'enseignement, E. Lavisse, décrit ainsi cet excellent exercice dans un remarquable compte rendu de l'histoire de la civilisation [1] :

« Je voudrais que ce livre servît de texte à des exercices pédagogiques dans les écoles normales. Par exemple, deux ou trois élèves liraient très attentivement les quatre premiers chapitres du livre premier : « Temps primitifs. — « Gaule indépendante. — Gaule romaine. — Gaule chré- « tienne. » Deux ou trois autres liraient les deux derniers chapitres du même livre qui sont consacrés à la Gaule franque. Chacun d'eux composerait ensuite un travail écrit où il classerait les notions qui lui paraissent pouvoir entrer dans l'enseignement à tel ou tel degré. Il n'y a pas de doute que de graves erreurs seraient commises dans des travaux de cette sorte; mais il est nécessaire que ces erreurs soient commises par les futurs maîtres au cours de leur éducation, pour qu'ils ne les commettent pas dans l'enseignement, où elles sont très redoutables... Supposez qu'un exercice comme celui dont je parle soit pratiqué dans les écoles normales; qu'il s'y forme ainsi une pédagogie raisonnée de l'enseignement historique; qu'elle soit mise à l'épreuve par l'élève-maître dans les écoles annexes et par le maître, plus tard, dans son école; que la théorie soit ainsi vérifiée, corrigée au besoin par l'expérience, car la pédagogie est à la fois une science théorique et expérimentale : il se formera dans le corps enseignant une façon de comprendre l'histoire toute différente de celle que nous avons encore aujourd'hui, malgré les progrès que nous avons faits [2]. »

1. Lavisse, *Compte rendu* (*Revue pédagogique*, 15 janvier 1886).
2. Et l'auteur ajoute excellemment : « Nous voudrions que des hommes de sens et d'expérience en possession complète de la matière historique, *pratiquassent sur elle une opération de tamisage*, pré-

Il est indispensable, pour le bon renom des écoles normales, que l'expérience soit faite et que ce vœu reçoive satisfaction. Le professeur pourra, du reste, autant qu'il lui plaira, varier les exercices scolaires qui lui permettront d'atteindre ce but. Tantôt il donnera l'exemple, en pratiquant ce travail de rédaction et de transposition sur un cours qu'il vient d'exposer lui-même ; tantôt il se contentera de s'assurer par quelques interrogations que les élèves-maîtres ont le souci de rechercher et le pouvoir de distinguer dans la leçon les parties spécialement destinées à l'enseignement normal et celles qui conviendraient à l'école primaire. Il les tiendra autant que possible au courant des essais tentés en ce sens par les principaux pédagogues ; il apportera en classe le livre, la revue ou le journal dans lequel un chapitre d'histoire déterminé sert de thème à un travail de ce genre [1].

De toute cette série d'efforts sortira certainement une

---

cipitant dans l'oubli les innombrables inutilités, retenant les choses essentielles; qu'elles fissent ensuite sur celles-ci un double travail de pédagogues et d'artistes : de pédagogues pour les classer aux divers degrés de l'enseignement ; d'artistes pour les parer de la forme et de la couleur les plus vraies et les plus propres à frapper les regards de l'enfant. » Comparez : Albert Sorel, *Comment on prépare une leçon d'histoire* (Revue pédagogique, 15 novembre 1882), et particulièrement : « Les leçons que les professeurs d'école normale ont à préparer sont destinées à enseigner directement les futurs instituteurs, indirectement les élèves des écoles primaires. Ce dernier objet est l'essentiel, et la leçon faite pour les élèves-maîtres doit être *conçue de telle façon que ceux-ci puissent la traduire à leurs élèves de l'école primaire*, en l'adaptant aux différentes classes entre lesquelles les élèves sont répartis... Tous les éléments des leçons destinées aux enfants se trouvent dans la leçon faite aux maîtres. »

1. A ce sujet nous ne saurions trop recommander au lecteur les nombreux articles de M. Ch. Normand dans la revue *l'Instituteur*. Ils constituent une série d'efforts vraiment remarquables pour adapter à l'intelligence des enfants les grands événements de notre histoire et de l'histoire générale. Ce sont d'excellents modèles, bien qu'on puisse reprocher à l'auteur (et ce n'est pas grand crime) une connaissance imparfaite des programmes et du niveau intellectuel de nos écoles primaires.

doctrine pédagogique, œuvre réelle de l'école elle-même, produite par la libre collaboration des élèves avec leur professeur.

On éprouvera peut-être quelque difficulté à mettre cette doctrine à l'épreuve. En vertu des règlements actuels et par une bizarrerie singulière, les professeurs de l'école normale ne peuvent ni entrer ni enseigner à l'école annexe ; celle-ci est le domaine exclusif de son directeur, qui seul est chargé des expériences pédagogiques pour toutes les matières de l'enseignement.

D'autre part, les conférences hebdomadaires sont trop publiques pour que le professeur d'histoire s'y expose, avec les tâtonnements et les incertitudes de ses essais, à la confusion d'un échec. Il faut donc qu'une administration débonnaire lui ouvre quelquefois l'annexe ou lui prête un groupe de petits écoliers. Il ferait son expérience en présence seulement des élèves-maîtres qui auraient spécialement collaboré à la préparation de la *leçon-essai*. L'épreuve aurait ainsi lieu sans bruit, sans dérangement ; les intéressés en suivraient toutes les phases avec la plus grande vigilance. Un travail de ce genre, bien préparé et bien conduit, ferait plus pour la préparation professionnelle des élèves-maîtres qu'un volume de leçons savantes sur la pédagogie.

Il est un dernier point sur lequel nous croyons devoir insister. L'instituteur, comme le professeur, n'enseigne bien que les matières qui l'intéressent et dont l'étude a pour lui un attrait séduisant. Il faut donc que l'école normale inspire aux élèves le goût et la passion de l'histoire. S'il est vrai « qu'un amas de dates, de batailles et d'avènements forme le squelette de l'histoire », reconnaissons que « c'est grand pitié de ne montrer aux enfants que le squelette [1] », et faisons-leur voir autre chose

---

1. Frary, *la Question du latin*, p. 238.

Par une démonstration incessante le professeur les convaincra que l'histoire est ni un livre élémentaire, ni un précis d'école normale, ni une série de gros volumes, mais une chose vécue et dont les vestiges vivants et réels nous entourent de toutes parts, exposés à notre observation et à notre étude. A l'appui de ses leçons les plus importantes, il peut trouver dans les musées, les bibliothèques ou les archives un ou plusieurs documents relatifs à l'histoire de la ville ou de la province; il ne se contentera pas de les analyser ou de les lire; il les montrera et les fera toucher aux élèves, en essayant de faire naître en eux, devant ces souvenirs concrets de la vie de leurs aïeux, une curiosité de bon aloi et, si c'est possible, une saine émotion.

Je voudrais que chaque école normale ajoutât au programme officiel d'histoire quelques leçons sur les grands événements de la province dans laquelle elle est située ; ces leçons seraient toujours faites à l'aide de documents locaux, soit à l'école même, soit dans des excursions aux lieux historiques les plus célèbres. Les bibliothèques privées et publiques, les archives des communes ou du département fourniraient au professeur les éléments de ces leçons extraordinaires dans lesquelles les élèves-maîtres apprendraient l'art d'employer les matériaux de l'histoire. Afin de rendre la chose possible, il n'y aurait aucun inconvénient à leur donner une notion très élémentaire de ce qu'on est convenu d'appeler les sciences auxiliaires de l'histoire. Il ne s'agit certes pas d'établir une concurrence déloyale à l'égard de l'École des chartes, ni d'initier nos futurs instituteurs aux secrets de la diplomatique. Quelques lectures de manuscrits, l'étude de monnaies ou monuments archéologiques des époques romaines, mérovingiennes, féodales; quelques leçons sur les types principaux des diverses architectures aux grandes périodes de notre histoire; une ou deux promenades dans les musées et dépôt d'archives, seraient suffisantes pour provoquer le goût des recherches personnelles et rendre celles-ci agréables et possibles. J'ai connu une école normale qui, au nombre des excursions annuelles, inscrivait toujours la visite d'un dépôt d'archives communales. L'archiviste du département voulait bien être de la partie, et je puis donner l'assurance au lecteur que, dans la modeste salle de la maison commune, devant les vieux registres ouverts, il savait enseigner aux élèves-maîtres autre chose que les devoirs du parfait secrétaire.

En somme, cette innovation aurait pour effet d'inspirer à l'élève-maître le goût du travail et des recherches personnelles, et de le mettre à peu près en état de s'y livrer avec quelque succès. Ne craignons pas trop que, piqué de la tarentule, il s'abandonne à la douce manie d'écrire et caresse le rêve d'être catalogué parmi les auteurs illustres. Pourtant, si la fantaisie de raconter l'histoire de la commune où il exerce allait lui être inspirée par ces travaux annexes de l'enseignement de l'histoire à l'école normale, qui pourrait s'en plaindre? Si, plus simplement, il était animé du désir de produire au grand jour quelques pièces manuscrites ou quelques rares documents dignes d'être insérés au recueil de la société savante de la région, n'aurait-il pas mérité toute la reconnaissance des esprits éclairés, ce modeste ouvrier du grand travail de reconstitution de l'histoire de France, si souvent écrite et pourtant toujours à refaire?

Le plus souvent (nous dirions volontiers *toujours*), il faudra se contenter de résultats plus modestes. Ne perdons pas de vue que nous sommes à la recherche non d'une œuvre de science, mais d'une méthode d'enseignement. L'instituteur, instruit de l'histoire de sa commune ou de sa province, sera amené à nourrir son cours, même le plus élémentaire, des découvertes qu'il a faites dans ce domaine. Or, tous les pédagogues demandent que, dans l'école primaire, une place importante soit réservée à l'histoire locale, et que celle-ci éclaire et vivifie l'histoire générale, en racontant les événements qui ont directement intéressé les aïeux des enfants qui sont sur les bancs. L'histoire provinciale et locale contribuerait donc d'une façon décisive à la préparation professionnelle des jeunes maîtres ; il faut qu'elle pénètre dans les programmes de l'école normale.

En somme, on sait enseigner et on sait apprendre l'histoire à l'école normale. Il reste pourtant encore des progrès à accomplir.

Si l'on veut jeter un coup d'œil d'ensemble sur les innovations et les modestes réformes que nous préconisons soit dans l'enseignement, soit dans la préparation professionnelle, on comprendra qu'elles nous sont inspirées par l'unique désir de substituer la variété des exercices de toute nature à la légendaire monotonie du cours.

Nous ne croyons pas qu'il y ait un moyen plus efficace d'éveiller la curiosité, de faire naître l'intérêt, de *donner la vie* à la classe d'histoire. Cette classe vivante ne doit plus connaître ni la docilité inerte ni la passivité stérile de l'élève-maître ; elle fait appel à son travail personnel, à sa constante collaboration ; elle le sollicite à la recherche du mieux ; elle peut, en provoquant son activité, lui inspirer le goût de l'initiative et transformer ses habitudes de pensée, en lui enseignant désormais à apprendre, à chercher, à trouver, au lieu de se contenter de recevoir. « Et le *brevet supérieur?* » dira-t-on. Je ne le crois pas compromis par cette méthode ; et pourtant, si ce malheur devait arriver, il faudrait en prendre son parti ; en définitive, l'école normale doit produire non des brevets, mais de bons instituteurs.

CHAPITRE VIII

Écoles primaires. — Les programmes.

I. Les diverses écoles primaires publiques. — Programme officiel de chacune d'elles.
II. A quel âge il convient de commencer l'étude de l'histoire.
III. Inconvénients des programmes uniformes pour des écoles diverses.
IV. Défauts de la répartition actuelle.
V. Changements possibles : le système concentrique et annuel, le système concentrique et bisannuel. — Les programmes des cours complémentaires et des écoles primaires supérieures.

> « Le programme oblige le maître à fournir régulièrement ses étapes, à marcher d'un pas égal, sans précipitation comme sans lenteur. »
>
> (GRÉARD, *l'École; Éducation et Instruction*, t. 1, p. 80.)

L'enseignement primaire public comprend, en France, outre les écoles normales :

1° Les écoles maternelles ;
2° Les classes enfantines ;
3° Les écoles primaires élémentaires ;
4° Les cours complémentaires et écoles primaires supérieures.

Les programmes officiels d'histoire prescrits par les décrets du 2 août 1882, du 27 juillet 1882, du 18 janvier 1887, sont, pour chacune de ces écoles :

I. Écoles maternelles. } Néant [1].

II. Classes enfantines } Anecdotes, récits, biographies, tirés de l'histoire nationale, contes, récits de voyage, explication d'images [2].
ou section enfantine de l'école primaire.

[1]. Les récits biographiques et anecdotes historiques prescrits par le décret du 2 août 1882, après une expérience désastreuse, ont été supprimés par le décret du 18 janvier 1887.

[2]. C'est le programme autrefois prescrit pour la deuxième section de l'école maternelle.

III. Écoles primaires élémentaires.	I. Cours élémentaire. — Récits et entretiens familiers sur les grands personnages et les faits principaux de l'histoire nationale, jusqu'au commencement de la guerre de Cent ans. II. Cours moyen. — Cours élémentaire d'histoire de France, insistant exclusivement sur les faits essentiels depuis la guerre de Cent ans. Exemple de répartition trimestrielle : 1er trimestre, de 1328 à 1610; 2e trimestre, de 1610 à 1789; 3e trimestre, de 1789 à nos jours; 4e trimestre, revision. III. Cours supérieur. — Notions très sommaires d'histoire générale: pour l'antiquité, les Juifs, les Grecs, Rome; pour le moyen âge et les temps modernes, grands événements étudiés surtout dans leurs rapports avec l'histoire de France.
Cours complémentaires.	Revision méthodique de l'histoire de France; formation du territoire; progrès des institutions nationales; grands événements des temps modernes.
Écoles primaires supérieures.	Rivalité de la France et de l'Angleterre; guerre de Cent ans. — Les Turcs en Europe; chute de Constantinople. — Les grandes inventions: la boussole, la poudre à canon, le papier, l'imprimerie. — Découverte du nouveau monde. Charles VII et Louis XI. — Les guerres d'Italie. — François Ier. — Lutte de la France et de la maison d'Autriche. — La Renaissance. — La Réforme et les guerres de religion. — Henri IV. — L'édit de Nantes; Sully. — Richelieu et Mazarin. — Traités de Westphalie et des Pyrénées. — Louis XIV. — Guerres et conquêtes. — Révocation de l'édit de Nantes. — Colbert. — Louvois. — Vauban. — Les lettres et les arts au XVIIe siècle. — Louis XV. — La Régence; le système Law. — Abaissement de la puissance française : élévation de la Prusse et de la Russie; lutte maritime entre la France et l'Angleterre; les Indes et le Canada. — Les philosophes et les économistes.

Écoles primaires supérieures *(suite).*

Louis XVI. — Turgot. — Necker. — Guerre d'Amérique. — Convocation des états généraux. — Formation du territoire français sous l'ancienne monarchie.

Les institutions avant 1789. — État de la France en 1789 (le pouvoir royal et les états généraux, les trois ordres, les corporations et les privilèges; la justice, l'armée, les impôts, l'agriculture, les colonies, etc.)

L'Assemblée constituante; ses réformes. — Les principes de 1789. — Constitution de 1791. — L'Assemblée législative. — La Convention. — Établissement de la République. — Les partis. — Procès et mort de Louis XVI. — Guerres. — Traités de Bâle. — Institutions et créations de la Convention. — Constitution de l'an III. — Le Directoire. — Bonaparte. — Le 18 brumaire. — Constitution de l'an VIII. — Les institutions du Consulat. — Le Code civil. — La paix d'Amiens.

L'Empire. — Le blocus continental. — Les traités de 1815.

La Restauration. — La charte, le régime parlementaire. — Prise d'Alger. — La monarchie de Juillet. — La République de 1848. — Le second Empire. — Les événements de 1870; le traité de Francfort. — Lois constitutionnelles.

Avant d'entrer dans la discussion de ces programmes, il nous faut tout d'abord constater, avec grande satisfaction, qu'après une expérience malheureuse, l'histoire a été rayée, par décret du 18 janvier 1887, du programme des écoles maternelles. Dans cette bienfaisante réforme on a oublié la section enfantine des écoles élémentaires, qui comprend les enfants de cinq à sept ans, et qui doit encore subir l'enseignement historique. En 1881, époque de toutes les audaces, on avait voulu étendre; en 1887, époque de prudente sagesse, on voulut restreindre le domaine de l'enseignement historique pour les petits enfants. Malheureusement, à cette dernière date on ne prit qu'une demi-mesure; et, si l'on sauva l'école maternelle u surmenage historique, on laissa la section enfantine de l'école élémentaire en proie à la maladie scolaire à la mode; de sorte que les petits enfants sont astreints à l'étude de l'histoire ou en sont exempts, selon qu'ils appartiennent à la section enfantine d'une petite école ou à une grande école maternelle. Les uns sont condamnés à l'indigestion, les autres à la famine. Les seconds sont encore les moins à plaindre.

Les auteurs du décret d'août 1882, il faut le reconnaître loyalement, s'étaient gravement trompés. Avec des enfants qui ne savent ni lire ni écrire, qui n'ont ni le sens du possible ni la notion du passé, qui ne peuvent s'élever encore ni à l'idée de patrie ni à celle de nationalité, il n'y a pas d'enseignement de l'histoire, à moins que l'institutrice ne déguise (profanation dont nous avons, hélas! été témoin) Vercingétorix en sergent et Jeanne d'Arc en cantinière[1]. En supprimant les anecdotes et biographies historiques pour ne laisser subsister que les récits et les contes, les auteurs du décret de janvier 1887 ont été bien inspirés et ont sagement agi. Il ne faut pas confondre l'histoire aux enseignements sérieux avec les contes aux charmantes distractions. Que les grands hommes de notre histoire se résignent donc à descendre de leur piédestal dans les écoles où l'on bégaye. Il leur faut céder la place à Cendrillon et au Petit-Poucet. Les écoliers et les maî-

---

[1]. « On tend (disait à cette époque, une inspectrice générale) à substituer aux récits amusants des récits tirés de l'histoire de France, comme Vercingétorix, Duguesclin, Jeanne d'Arc. Le sentiment est louable, mais l'application me paraît fausse. D'abord l'enfant ne trouve pas dans ces récits le délassement d'esprit et l'élément de gaieté qui lui sont nécessaires; de plus, la manie des récits belliqueux a déjà une assez large place dans tout notre enseignement pour qu'on nous en fasse grâce à l'asile. En outre, des enfants de dix ans, vivant dans un milieu illettré, sont absolument incapables de rien comprendre à ces idées de nationalité, de camp de César, d'assaut de forteresse. » (*Rapports d'inspection générale*, 1880-1881, Académie d'Aix, écoles maternelles, Mlle Matrat.)

tresses ne sauraient s'en plaindre; mais, du moins, que les bénéfices de cette mesure libératrice soient étendus à toutes les écoles de même nature. Il est nécessaire que la suppression de l'enseignement historique, décrétée pour les écoles maternelles, le soit aussi pour les classes ou sections enfantines dont les enfants sont âgés de cinq à sept ans. Cette réforme aurait pour effet de fixer à sept ans la limite d'âge uniforme où, dans toutes les écoles publiques, les enfants commenceraient à recevoir les premières leçons d'histoire[1].

Quant aux programmes de l'école élémentaire, l'autorité supérieure devrait faire connaître nettement si, pour toutes les écoles, ils sont une règle impérieuse et inflexible, ou la simple indication d'un but vers lequel les maîtres doivent tendre tous leurs efforts, en les assouplissant toutefois, selon la valeur de leur classe et l'aptitude intellectuelle de leurs écoliers. Cette dernière interprétation est, nous le savons, généralement admise par les autorités scolaires des départements; mais aucune disposition réglementaire ne l'autorise; c'est un malheur.

Un jour, à Saint-Étienne, j'assistais à une conférence pédagogique où l'on avait réuni tout le personnel enseignant de cette grande ville. Les inspecteurs primaires et moi nous venions de prêcher correctement le respect des programmes, lorsqu'une excellente directrice, femme expérimentée et vaillante, placée à la tête d'une école à six

---

[1]. Une inspectrice générale des écoles maternelles à qui une compétence toute particulière donne une grande autorité en cette matière, Mme Kergomard, écrivait, dans son remarquable livre de l'Éducation maternelle à l'école : « L'histoire est-elle à la portée des enfants de l'école maternelle? En principe, *non*. Faut-il la supprimer? En principe, *oui*. » Voici enfin aujourd'hui les faits d'accord avec les principes. Il n'est pas inutile, à ce sujet, de constater que Mme Kergomard a publié une excellente histoire pour les petits enfants. Ce livre, si utile, s'il ne pénètre plus dans les écoles maternelles, est assuré d'un bon accueil dans l'école primaire. Ici aussi les écoliers sont de petits enfants.

classes, s'exclama d'un ton navré : « Il nous faudra alors conserver deux ans nos fillettes au cours élémentaire sans leur parler de Jeanne d'Arc ! » En effet, le programme de ce cours s'arrête aux origines de la guerre de Cent ans. Ce jour-là, mieux que jamais, je compris les graves défauts des programmes actuels. — D'autre part, dans une école à un seul maître croit-on qu'il soit possible à celui-ci de faire utilement travailler ses trois ou quatre divisions avec des programmes différents, et s'il lui faut enseigner Clovis aux petits, aux moyens saint Louis, et les traités de 1815 aux grands ?

Le double défaut des programmes aujourd'hui suivis est, d'une part, de n'avoir pas tenu compte des divers types d'écoles, et d'avoir étendu leur poids uniforme sur les moindres classes de hameau comme sur celles des grandes villes, et, de l'autre, de n'avoir pas pris parti catégoriquement soit pour, soit contre l'enseignement concentrique.

Nous le demandons aux hommes compétents ; peut-on établir une analogie quelconque entre la petite école rurale, qui chaque année pousse péniblement et avec le renfort d'une préparation extraordinaire un ou deux élèves vers le certificat d'études, et la grande école urbaine, qui fait recevoir sans effort une classe de quarante élèves à cet examen, et qui, au-dessus de ce groupe d'enfants, a encore une classe supérieure composée d'élèves possédant tous le premier diplôme ? Astreindre ces deux écoles à suivre un même programme, c'est commettre la même erreur qu'imposer les mêmes études au collège de Sainte-Menehould et au lycée Louis-le-Grand. On prétend qu'elle a été commise dans l'enseignement secondaire. C'était une bonne raison pour l'éviter dans l'enseignement primaire.

L'enseignement concentrique, dit-on, supprimerait presque toutes les difficultés en imposant à chaque année l'étude de toute l'histoire, et en l'adaptant à la force intellectuelle de chaque groupe d'élèves. Avec une modification importante, ce système si simple pourrait, à notre avis, être facilement appliqué. Il suffirait de l'approprier, avec de légères modifications, aux deux types les plus caractéristiques de l'école primaire : 1° l'école à une ou deux classes ; 2° l'école à plus de deux classes.

Pour le premier type, le programme concentrique serait parcouru en entier chaque année. — Là tous les efforts du maître courent le risque d'être dépensés en pure perte dans la multiplicité des groupes d'écoliers et la variété des exercices. L'instituteur ne peut y avoir qu'un but : faire avancer, autant que possible, le plus grand nombre de divisions d'élèves dans l'étude du programme par une marche simultanée. Chaque année donc le maître serait réduit à faire étudier toute l'histoire de France, en y intéressant, autant que possible, les différents groupes d'élèves par des interrogations et des devoirs appropriés à la force de chacun d'eux. Le problème, certes, est difficile[1]. Les maîtres intelligents et expérimentés, s'ils sont

[1] « Je comprends l'avantage des leçons communes : elles ménagent le temps, et le temps est matière si précieuse ! Mais, d'autre part, la leçon commune, excellente en soi, n'est-elle pas, dans la pratique, bien difficile ? Que d'art non seulement pour faire, mais pour marquer, pour rendre sensible dans ce qu'on dit la part de chacune des divisions ! J'entendais un maître qui ne manquait pas d'expérience essayer d'expliquer comment Louis XIV arriva, Colbert aidant, à se rendre compte des agissements financiers de Fouquet, et conçut la résolution de l'écarter. Cela était déjà difficile pour les élèves du premier cours ; combien plus pour ceux du deuxième ! L'esprit de ces derniers, après s'être appliqué et rendu, fatigué de ne pas comprendre ou de comprendre à demi, se relâchait, sommeillait ou retournait ailleurs. Pour le réveiller ou en quelque sorte le ravoir, il eût fallu quelque expédient ingénieux, changer de ton, se rapprocher des bancs de cette division, interpeller brusquement un des élèves en faisant partie, rentrer alors dans le récit des faits plus simples, puis, l'attention une fois ressaisie ne plus la laisser échapper, poser coup sur coup plusieurs interrogations... mais ces habiletés sont-elles à la portée de tous ? » (Anthoine, *Rapports d'inspection générale*, année 1881.) — Nous avons vu, nous aussi, les maîtres aux prises avec ces difficultés, et bien souvent ils trouvaient ces habiletés-là. Depuis

modestes en leur visée, en trouvent la solution sans trop d'efforts. La difficulté, du reste, serait bien atténuée pour ces modestes écoles, si la section enfantine était, comme nous le demandons, exclue de cet enseignement. Le cours supérieur n'existant dans aucune d'elles, le maître n'aurait, en réalité, qu'à mener de front deux divisions, et cela n'est pas au-dessus de ses forces.

Pour le second type, le programme serait encore concentrique, mais ne serait étudié en entier que dans une période de deux années. — Dans les écoles, la répartition des élèves au point de vue de l'âge est théoriquement conforme au tableau suivant :

Section enfantine.

Division A.	Division B.
(Enfants de cinq à six ans).	(Enfants de six à sept ans).

Cours élémentaire.

Division A.	Division B.
(Enfants de sept à huit ans).	(Enfants de huit à neuf ans).

Cours moyen.

Division A.	Division B.
(Enfants de neuf à dix ans).	(Enfants de dix à onze ans).

Cours supérieur.

Division A.	Division B.
(Enfants de onze à douze ans).	(Enfants de douze à treize ans).

Laissons de côté la section enfantine, qui doit être exclue

1881, de grands efforts et de grands progrès ont été faits à ce point de vue. Les journaux et les inspecteurs ont donné d'excellents conseils ou d'excellents exemples. V., entre autres, les articles de Gatinot, inspecteur primaire à Compiègne, dans l'*Instruction primaire*, année 1888, n° 30.

de cet enseignement. Le programme d'histoire, divisé en deux parties égales, serait vu tout entier dans chacun des trois cours, les divisions A étudiant la première partie, les divisions B la seconde partie du programme. Suivant le nombre des classes créées dans l'établissement, chaque cours est confié à un ou deux maîtres. S'il est confié à un seul maître, celui-ci peut toujours appliquer le programme en donnant l'enseignement oral sur la première partie à la division A, tandis que la division B fait un travail écrit sur la seconde partie, et inversement. Si, au contraire, chaque division de cours est confiée à un seul maître, celui-ci fera la leçon commune à son unique groupe d'élèves suivant le programme de sa division. Dans tous les cas, le programme concentrique, avec cette méthode, sera vu trois fois pendant la durée des études primaires. On ne peut pas désirer mieux.

Le programme devant, pour chaque cours de ce type d'école, être réparti en deux années, le point important du débat est de préciser dans notre histoire la date de la séparation.

Dans le système bâtard actuellement suivi, la coupure est déterminée par celle de 1328. Ce choix est absolument condamnable. Notre histoire est ainsi divisée en deux parties d'importance très inégale, si l'on veut considérer qu'on s'occupe ici d'enseignement primaire. La première partie, antérieure à la guerre de Cent ans, est trop pauvre pour suffire à une année (et à plus forte raison à deux années) d'enseignement. La seconde, au contraire, est trop riche, et tout le monde constate et regrette légitimement qu'elle ne puisse être vue en entier. Le modèle officiel de répartition trimestrielle pour le cours moyen donne bien la preuve de cette impossibilité. Le troisième trimestre, par exemple, est un trimestre d'été, où le travail est moins soutenu; il n'a que deux mois et demi, le reste étant absorbé par les vacances de Pâques; enfin il est presque partout, sérieusement entamé par les revisions en vue de la préparation au certificat d'études, et c'est pendant ce trimestre qu'on doit étudier toute l'histoire contemporaine, depuis 1789 jusqu'à nos jours! C'est une tâche trop lourde; on l'accomplit mal, et elle ne produit rien. Ceci explique le concert de réclamations qui s'élèvent de toutes parts au sujet de l'ignorance des enfants sur cette partie de l'histoire[1]. Si la période contemporaine n'est pas sue, dit-on, l'enseignement de l'histoire manque le but pour lequel on l'a introduite dans les programmes. Cette réclamation est juste; il est indispensable d'en tenir compte pour fixer la nouvelle répartition.

Pour nous, après une mûre réflexion, nous adopterions la date de 1610. A la première partie du cours qui s'arrêtait autrefois en 1328, nous ajouterions ainsi la guerre de Cent ans et les guerres d'Italie, la Renaissance et la Réforme. La seconde partie, ainsi allégée, serait tout entière consacrée à nos trois derniers siècles. L'histoire contemporaine serait trois fois vue pendant le trimestre d'hiver, c'est-à-dire à l'époque où les classes sont le mieux fréquentées et le travail plus fécond[2].

1. V., dans l'*Éducation nationale*, n° du 13 octobre 1889, un violent article de M. Delapierre à ce sujet. Comparer Lemonnier, *l'Enseignement de l'histoire dans les écoles primaires*, p. 27 et 29.
2. Nous donnons, à titre d'indication, une répartition mensuelle pour les deux années de chaque cours, la mort de Henri IV servant de point de séparation:

	PREMIÈRE ANNÉE	DEUXIÈME ANNÉE
Octobre.....	Des origines à 510.	(Révision du cours de l'année précédente, ou histoire ancienne.)
Novembre...	De 510 à 987.	De 1610 à 1715.
Décembre...	Chevalerie. — Croisades.	De 1715 à 1789.
Janvier......	(Révision du trimestre précédent.)	(Révision du trimestre précédent.)
Février......	De 987 à 1328.	De 1789 à 1799.
Mars.........	De 1328 à 1453.	De 1799 à 1815.
Avril.........	De 1453 à 1559.	De 1815 à 1848.
Mai..........	(Révision du trimestre précédent.)	(Révision du trimestre précédent.)
Juin..........	De 1559 à 1610.	De 1848 à 1875.
Juillet.......	(Révision générale du cours.)	(Révision générale du cours.)

Est-il nécessaire d'ajouter que l'instituteur ne perdrait jamais de

Pour les cours complémentaires et les écoles primaires supérieures, les programmes en vigueur présentent de singulières anomalies. Les premiers, qui, sauf quelques exceptions, ne durent qu'un an, doivent se livrer à la revision complète et méthodique de l'histoire de France et du monde. Les seconds, qui durent au moins deux années, n'ont l'obligation du cours d'histoire qu'à partir de 1328. Il nous paraît difficile d'expliquer cette bizarrerie.

Il convient, à notre avis, d'exiger pour les divers types d'écoles primaires supérieures la revision, soit en une, soit en deux, soit en trois années, du cours complet d'histoire de l'enseignement primaire. Pour les écoles d'un an, le programme en vigueur serait maintenu. Pour celles de deux ans, on emploierait la répartition établie plus haut. Pour celles de trois ans, les programmes des écoles normales — un peu simplifiés — seraient excellents. Dans tous les cas, il serait utile d'ajouter aux programmes des directions qui appelleraient l'attention des professeurs sur la nécessité de mettre leur enseignement en harmonie avec le but spécial de ce genre d'écoles. Toutes les questions relatives à l'organisation de la société, du travail industriel et agricole, de l'échange commercial et du progrès colonial, occuperaient le premier rang. Du reste, ces écoles — sans passé et sans tradition — sont aujourd'hui si « ondoyantes et diverses » qu'il serait peut-être sage de laisser aux autorités locales et aux comités de patronage établis auprès d'elles, toute liberté pour adapter les programmes, quels qu'ils soient, aux besoins particuliers de la clientèle qu'elles reçoivent. Là, plus qu'ailleurs, une sage décentralisation produirait les meilleurs résultats.

vue le principe du système concentrique. « Il est nécessaire que l'enfant repasse incessamment sur les mêmes traces, c'est-à-dire que les développements des trois cours puissent s'étendre et les exercices d'application s'élever d'un degré à chaque cours, sans que le fond cesse d'être le même. » (Gréard, *l'École* dans *Éducation et l'Instruction*, t. I, p. 81.)

CHAPITRE IX

Écoles primaires (suite). — L'objet de l'enseignement.

I. Durée annuelle de l'enseignement, et aptitude intellectuelle des élèves.
II. Les trois cours concentriques et leur objet particulier.
III. L'histoire militaire et dynastique.
IV. L'histoire de la civilisation ancienne et moderne.
V. L'histoire locale.

> « Au lieu d'étudier sans plaisir une histoire morte, j'imagine qu'ils se livreraient avec passion à ces études vivantes... »
> (MANŒUVRIER, l'Éducation de la bourgeoisie, p. 200.)

La période d'enseignement dans les écoles primaires n'occupe que sept mois par an. Deux mois, en effet, sont pris par les vacances et trois mois[1] pour les revisions (un mois après chacun des deux premiers trimestres d'enseignement, et le dernier mois de l'année scolaire).

Or, l'arrêté du 18 janvier 1887 a établi que « l'enseignement de l'histoire et de la géographie, auquel se rattache l'instruction civique, comportera environ une heure de leçon tous les jours. » Sur les cinq jours de classe de la semaine, on donne donc deux heures à l'histoire, deux heures à la géographie, une heure à l'instruction civique. C'est, croyons-nous, la répartition la plus généralement employée. Elle attribue ainsi à l'histoire, pour les quatre semaines du mois, huit heures, et, pour les sept mois d'enseignement, cinquante-six heures. Mais il ne faut pas

---

1. C'est beaucoup pour la revision, dira-t-on. Et pourtant, dans la réalité, la durée de la revision, dans la plupart des écoles, est infiniment plus longue. Lorsque l'inspecteur se présente dans certaines classes et demande à l'instituteur de donner sa leçon comme d'habitude, cinq fois sur dix, le patient répond qu'il *revise!* Peu d'enseignement, et beaucoup de revision, voilà la méthode... des instituteurs qui ne sont pas parfaits.

oublier que l'école primaire, en théorie, n'a pas d'études, et que — même dans les écoles où celles-ci existent — la leçon est toujours, pendant les heures de classe, précédée ou suivie d'exercices écrits qui occupent au moins la moitié du temps consacré par le règlement à la matière dont elle fait partie. L'enseignement proprement dit — c'est-à-dire l'explication de la leçon et les interrogations — ne dispose que de la moitié de cinquante-six heures. *Vingt-huit heures par an, voilà tout le temps que l'instituteur peut consacrer à l'enseignement actif de l'histoire.* Ce petit calcul n'est pas superflu. Il fallait le faire tout d'abord, afin de préciser par là, mieux que par d'autres raisons, les limites étroites dans lesquelles on doit essayer de circonscrire et de contenir les principaux développements de chaque cours.

D'autre part, il ne faut pas se méprendre sur les habitudes d'esprit et la valeur intellectuelle des enfants de l'école primaire. Neuf fois sur dix, au cours élémentaire, l'écolier ne sait pas lire couramment ; il ne saisit dans la parole du maître que les mots les plus employés dans la vie ordinaire et dans la vie scolaire ; le premier terme abstrait le déroute, et il est bien difficile de revêtir l'idée la plus simple d'une forme assez sensible pour que son esprit puisse la saisir et la comprendre. Lorsqu'il entre au cours moyen, son intelligence a déjà été cultivée par la grande variété des exercices scolaires des années précédentes ; mais peut-être aussi a-t-elle été déjà plutôt fatiguée par les excès que fortifiée par un sage entraînement. Elle est encore si délicate et si débile ! En apparence elle a du ressort ; tendez-la un peu, elle se brise. Elle est curieuse ; mais si vous lui imposez une application un peu soutenue, elle plie sous le fardeau ou vous échappe. Elle aborde volontiers toutes les matières ; mais si vous essayez de la faire pénétrer assez avant dans une question, elle se rebute et ne vous suit pas. En somme, l'écolier primaire n'est qu'un enfant : ne le traitons ni en adolescent ni en homme [1].

L'instituteur n'a donc pas le temps de faire un cours complet, et ses élèves, s'il en avait la fantaisie, n'auraient pas les moyens de l'entendre. On comprend alors qu' « il est nécessaire de n'avoir pour l'histoire que des ambitions modestes, si l'on ne veut courir le risque de nourrir des prétentions décevantes [2]. » C'est pourquoi elles nous paraissent si sages et si dignes d'être rappelées, les instructions officielles qui mettent l'instituteur en garde contre ces témérités et qui sont résumées avec tant de clarté dans cette formule de Gréard : « L'objet de l'enseignement primaire n'est pas d'embrasser, dans les diverses matières auxquelles il touche, tout ce qu'il est possible de savoir, mais de bien apprendre, dans chacune d'elles, ce qu'il n'est pas permis d'ignorer [3]. » Ce principe s'applique à toutes les matières de l'enseignement; aucune ne doit s'y asservir plus strictement que l'histoire. Le premier devoir de l'instituteur sera donc de le prendre pour guide dans le choix des matières historiques qui conviennent à chaque cours.

Il est, du reste, dirigé aussi dans ce choix par les programmes officiels, qui lui donnent des indications précises non seulement sur l'étendue des périodes à parcourir,

---

1. Un des plus graves défauts de l'enseignement primaire, *c'est qu'il faut apprendre aux enfants de douze ans ce qu'ils ne comprendront bien que plus tard*, jeter dans leur mémoire des semences destinées à germer quand ils auront quitté les bancs, et qui risquent d'être desséchées auparavant. On ne peut guère lancer des Français dans la vie sans leur avoir donné quelque idée de l'histoire moderne de la France, des institutions nationales, du droit usuel. Il vaudrait bien mieux attendre; mais les élèves vont échapper : *il faut bien les pourvoir du bagage indispensable, bien qu'il soit trop lourd pour leurs épaules.* » (Frary, *Question du latin*, p. 169.)

2. Lemonnier, *l'Enseignement de l'histoire dans les écoles primaires.*

3. Principe rappelé dans les instructions ministérielles qui accompagnent les programmes de 1882.

mais sur l'objet particulier de l'enseignement dans les différents cours. Ils lui prescrivent :

1° *Pour le cours élémentaire*, des récits et entretiens familiers sur les grands personnages ;

2° *Pour le cours moyen*, un enseignement méthodique de notre histoire, avec développements particuliers sur la période moderne et contemporaine ;

3° *Pour le cours supérieur*, la revision de l'histoire de France, avec des vues sur l'histoire des autres peuples considérés dans ses rapports avec la nôtre ;

4° *Pour l'école supérieure*, un programme détaillé où une place importante est réservée aux institutions et aux questions économiques.

On voit que, si chaque cours est à peu près une revision du cours précédent, il n'en introduit pas moins des connaissances nouvelles, négligées précédemment, et qui deviennent le principal objet de l'enseignement de ce cours. Le bon instituteur sera celui qui, bien pénétré de ces nuances, saura donner à chaque cours sa physionomie propre, et, tout en précisant, chaque année, le fonds des connaissances élémentaires, introduira assez de faits et de points de vue nouveaux pour que son enseignement ne languisse pas chaque année dans une monotone et ennuyeuse répétition [1].

Si l'on prête l'oreille aux bruits du dehors, il semble qu'à ce sujet tout ne soit pas pour le mieux dans les

---

1. Nous donnons en note, à titre de spécimen, un sommaire de leçons pour les quatre cours sur le même sujet : *la conquête de l'Algérie*.

Cours élémentaire. — I. Montrer l'Algérie sur la carte, ou mieux sur le globe terrestre.
  II. Avec des images essayer de faire connaître Abd-el-Kader et Bugeaud.
  III. Donner un ou deux récits militaires choisis parmi les plus brillants : le combat des Portes de Fer. La retraite de Constantine. L'affaire du capitaine Lelièvre, du sergent Blandan, etc.

Cours moyen. — I. Décrire brièvement l'Algérie.
  II. Raconter la conquête en quelques phrases. (Ce récit aura pour conclusion

écoles publiques. Il faut croire que certains instituteurs, malgré les indications si précises des programmes, cherchent encore leur voie ou s'obstinent dans les vieux errements. Il ne manque pas de réformateurs pour dénoncer la barbarie de ce lourd enseignement, qui accable la mémoire sans profit pour l'intelligence ou le caractère. Ils l'accusent surtout d'être trop militaire et trop dynastique, et ils demandent qu'on lui donne pour but l'étude de la civilisation par l'intermédiaire de l'histoire locale. Ce serait toute une orientation nouvelle à imprimer à cet enseignement.

Sur ce point, plus délicat qu'il ne le paraît, il convient de faire les plus grandes réserves.

Tout d'abord, il n'est pas exact de dire que tout l'enseignement se réduit, de nos jours, à faire apprendre par cœur ou une série de batailles et d'opérations stratégiques ou une liste de rois. Il faudrait bien chercher, dans les livres aujourd'hui en usage, pour y trouver le récit détaillé d'une guerre quelconque ou la mention d'un règne insignifiant. Le corps enseignant a, malgré quelque répu-

---

naturelle de montrer que tous les gouvernements, depuis 1830 jusqu'à nos jours, ont voulu conserver, bien administrer et agrandir cette conquête.)
III. Citer nos principaux généraux d'Afrique, en insistant sur Bugeaud, et nos principaux adversaires, en insistant sur Abd-el-Kader.
IV. Conclure, en disant que notre armée d'Afrique a triomphé de tous ses adversaires, grâce à son *organisation*, à la bravoure des soldats et à la valeur des chefs. (On peut citer quelques-uns des faits de guerre extraordinaires.)

Cours supérieur. — I. Par des interrogations, rechercher si les enfants ont conservé quelque souvenir du cours précédent. Les faire retrouver et les compléter.
II. Le cours supérieur étant spécialement consacré à l'histoire générale dans ses rapports avec celle de la France, le professeur devra montrer comment la conquête a pu être faite et continuée jusqu'à nos jours sans provoquer de guerre avec la Turquie, sans soulever la jalousie de l'Angleterre, sans blesser trop vivement l'Italie.
III. Montrer notre prépondérance dans la Méditerranée occidentale, grâce à la conquête de l'Algérie et de la Numidie.

École primaire supérieure. — I. Faire (autant que possible par des interrogations) le rapide résumé des faits.
II. Établir les conséquences de cette conquête tant au point de vue de notre puissance maritime et militaire qu'à celui de notre richesse nationale.
III. Les progrès de la colonisation depuis 1830 jusqu'en 1890. Insister sur l'excellence du climat et la richesse du sol. — La population.

gnance, suivi les auteurs de livres dans cette voie, et s'il y a encore sur ce double point quelques minuties plus ou moins ridicules à relever dans certaines écoles, ce sont des exceptions.

Du reste, pour dire toute notre pensée, nous n'avons ni pour l'histoire militaire ni pour l'histoire dynastique cette hostilité qu'il est aujourd'hui de bon goût d'étaler dans des programmes où la pédagogie n'a rien à voir.

Si l'histoire militaire n'était que l'étude stratégique des moindres campagnes et la critique prétentieuse de marches et de contremarches où les généraux se sont eux-mêmes perdus, nous l'abandonnerions sans défense à ses adversaires. Mais ne confondons pas Saint-Cyr, ou l'école supérieure de guerre, avec l'école primaire [1]. Ici, l'*histoire-bataille*, comme on dit avec un air dédaigneux, nous offre une ample moisson de faits simples, clairs et émouvants. C'est pourquoi elle est si facile et pour ceux qui l'enseignent et pour ceux qui l'apprennent. Au cours moyen, aussi bien qu'au cours élémentaire, il est toujours plus aisé d'intéresser les enfants à Godefroy de Bouillon, Jeanne d'Arc et Bonaparte qu'à Étienne Marcel, Colbert ou Turgot [2]. On peut toujours captiver leur attention en leur montrant un roi de France qui, entre deux journées de combat, passe la nuit sur un affût de canon; il est à craindre qu'ils restent froids devant Cambon travaillant à constituer le grand livre de la dette publique. Nous oserons prétendre que, si l'histoire militaire est la plus

1. Cela arrive pourtant encore quelquefois même à ceux qui ont l'intention de diriger l'enseignement. V. dans l'*Instituteur* un article de Gourralgué sur l'enseignement de l'histoire militaire. C'est un cours de haute stratégie sur la campagne de Russie. A la fin de l'article, l'auteur entre pourtant dans l'enseignement primaire en donnant la très curieuse affiche de Rostopchine, document dont la lecture et le commentaire pourraient utilement remplacer la leçon entière.
2. V. P. Kergomard, *l'Éducation maternelle*, chapitre *Récits historiques*. Le point que nous indiquons y est discuté, à l'aide d'exemples, avec une indiscutable autorité.

intéressante pour les enfants, elle est aussi la plus utile. Plus que toute autre elle contribue à l'éducation nationale, en semant dans les jeunes cœurs les émotions fécondes et en glorifiant les vertus militaires. Nous souscrivons volontiers à l'appréciation suivante, d'un universitaire compétent entre tous :

« Je suis d'avis qu'on a beaucoup trop médit de l'histoire-bataille. Sans parler de l'utilité qu'elle peut avoir pour entretenir dans la nation l'esprit militaire, plus nécessaire aujourd'hui que jamais, on ne peut nier qu'elle tient une place considérable dans la vie de l'humanité. Nous sommes condamnés, hélas ! à renoncer pour longtemps à ces beaux rêves de paix universelle dont nous a tirés le terrible réveil de 1870, et nous sommes payés pour savoir de quel poids pèsent les batailles dans les destinées des peuples. Pour ne parler que des temps les plus rapprochés de nous, on peut affirmer, sans crainte d'être taxé de présomption, que, quelle que soit la méthode historique qui prévaudra à l'avenir, les futurs historiens du second empire ne manqueront pas de considérer la bataille de Sedan comme le fait capital et caractéristique de cette époque néfaste[1]. »

On aime à répéter que tout notre idéal national, que toute notre philosophie de l'histoire de France, est une idée, l'*idée du droit*. Sans doute, mais nous l'avons propagée, quelquefois imposée, toujours défendue les armes à la main. Dans l'avenir immédiat où les enfants qui peuplent aujourd'hui les écoles auront un rôle décisif, cette généreuse et belle idée, bien malade en notre fin de siècle, s'appuiera comme toujours sur les gros bataillons et sur la valeur militaire. Pour travailler à son triomphe, il faut vivre, et pour vivre il faut faire tout de bon

Ce dur métier que l'enfant joue.

---

[1]. Jean Zeller, *l'Éducation nationale*, 10 mars 1887.

Cultivons l'idée du droit; d'accord. Cependant, comme on le disait aux soldats de Cromwell, *tenons notre poudre sèche*.

« Mais c'est le *militarisme*, dira-t-on, que vous préconisez! » C'est fort possible, bien que le mot nous déplaise. Pourtant, qu'on ne se méprenne pas sur notre pensée. Il n'est pas à craindre que la nation qui a été la *fille aînée de l'Église* et le *soldat du droit*, c'est-à-dire qui a toujours sacrifié ses intérêts à une politique de générosité et de philanthropie, rêve jamais de restaurer en Europe une barbarie militaire. D'ailleurs l'école française, en distribuant ses virils enseignements à tous les enfants, ne poursuit point ce but. Ce n'est point provoquer le militarisme, c'est simplement veiller au salut de la nation que préparer les enfants du pays à la pratique des devoirs militaires qui rendent les peuples forts. De trop cruelles expériences ont démontré qu'il ne suffit pas à ceux-ci d'être bons. L'apprentissage de ces vertus, comme de toutes les autres, est à sa vraie place dans l'école. Laissons donc nos écoliers suivre avec enthousiasme Philippe-Auguste à Bouvines, les soldats de la Révolution à Watignies, la grande armée à Berlin. Un écrivain dont c'est le métier peut gémir à froid sur l'histoire-bataille et invoquer la fraternité des peuples. En attendant la paix universelle, « nos enfants ne vivront ni en l'air ni parmi les astres, moins encore parmi les espaces imaginaires; ils vivront sur la terre, dans ce bas monde, tel qu'il est aujourd'hui[1], » c'est-à-dire où les canons et les baïonnettes sont les principaux instruments de salut. Laissons l'instituteur continuer à allumer l'étincelle dans leurs esprits et y entretenir le feu sacré. Après tout, dans notre France mutilée, à l'humanitairerie aveugle et infirme nous préférons le militarisme national et triomphant.

1. Fleury, *du Choix et de la conduite des études*, ch. xxiii.

Quant à l'histoire dynastique, il faut bien peu connaître l'état actuel de nos écoles pour redouter ce fantôme. Qu'on veuille bien lire les livres d'histoire écrits sous le régime des programmes de 1882, ceux de Lavisse, par exemple, ou de Vast et de Jallifier; on verra si l'histoire, à tous les degrés primaires, est encore « l'art d'enseigner en quelle année un prince indigne d'être connu succède à un prince barbare. » Préoccupés de peindre la vie du peuple autant que le gouvernement, les mœurs nationales autant que la vie des rois et de leurs courtisans, la plupart d'entre eux ont replongé dans l'oubli et les descendants de Clovis et les descendants de Charlemagne et les ancêtres de saint Louis, de sorte que, dans leurs livres, les dynasties, amputées de toutes parts, disparaissent, pour laisser la place aux grands hommes et aux grands événements, en un mot aux époques qui ont été décisives pour notre histoire. Sans doute les vieux maîtres qui ont passé leur enfance à débrouiller l'écheveau confus des fils de Clovis ou des successeurs de Dagobert ont eu quelque regret à se séparer de ces laborieuses chimères. Peut-être en est-il encore quelques-uns qui ont considéré le sacrifice comme au-dessus de leurs forces et qui n'ont pu s'y résoudre. Mais combien ils sont rares! Les savants nous disent que la science de l'histoire se transforme sans cesse; nous pouvons affirmer que l'enseignement de l'histoire se renouvelle aussi, et que ses métamorphoses ont produit moins de confusion que de progrès.

N'est-il pas cependant à craindre que, dans cette réaction contre le caractère trop dynastique et trop monarchique de nos anciens petits traités d'histoire, on aille trop loin? Ne soyons pas ingrats. Ces pauvres dynasties, aujourd'hui proscrites, rendaient bien quelques services à l'enseignement. Elles fournissaient un cadre simple et commode dans lequel entrait sans peine un choix de faits précis et de dates importantes, « pour s'ancrer solidement dans la mémoire et empêcher l'esprit de flotter à la dérive sur les ondes du temps[1]. »

Sans doute ce n'était pas toute l'histoire; c'était, du moins le premier obstacle à franchir; si on ne l'abordait pas résolument, la marche en avant était bien compromise. C'est que, dans la pratique, les enfants de l'école primaire ont une peine infinie pour mettre un peu d'ordre dans leurs premières connaissances historiques. Le tableau est confus; ils n'y distinguent ni les divers plans, ni les effets de la perspective; ils n'en saisissent pas la profondeur. Aussi les pédagogues expérimentés demandent-ils qu'on simplifie leur effort, en leur fournissant des points de repère très nets et très exacts qui leur permettent de voir avec précision les étapes principales des temps écoulés[2]. Les trois *races* se prêtaient merveilleusement à ce travail.

D'autre part, il est bon d'éviter une exagération puérile. En histoire, si l'on pardonne à l'erreur, l'injustice reste toujours haïssable. Or, n'est-il pas à craindre qu'en diminuant et en effaçant presque le rôle des rois et de leurs conseillers, pour lui substituer celui des masses; en supprimant les individus, pour ne mettre en relief que les foules, on commet non seulement une hérésie, mais aussi une injustice historique? Sans doute, en apparence, par cette méthode on *démocratise l'histoire*. Mais il y a des philosophes qui affirment que cette prétendue *histoire démocrati-*

---

1. Frary, *Question de latin*, p. 242.
2. « Il ne serait pas inutile que le maître composât lui-même deux tableaux chronologiques très succincts, l'un de vingt-cinq à trente dates et faits principaux à l'usage de la première classe, l'autre de dix à douze dates et faits pour la deuxième division, qu'il aurait soin d'écrire en gros caractères et de placarder au mur sous les yeux de tous. Ces tableaux, auxquels on adresserait chaque jour les élèves, une fois bien gravés dans la mémoire, leur fourniraient des points de repère pour s'orienter dans leurs lectures, et des cadres précis pour y emmagasiner les faits dans un ordre suffisant. » (Pécaut, *Rapport d'inspection générale*, Conclusion.)

sée est une véritable rétrogradation scientifique[1]. Si elle peut être le contraire de la vérité, elle est aussi le contraire de la justice. On se plaint avec humeur que « le véritable héros de l'histoire de France telle qu'on nous l'apprenait au collège, c'est le pouvoir royal, et que les conquêtes des Capétiens et les vicissitudes de leur autorité sont l'intrigue de ce long drame[2]. » Si, dans ce drame, le véritable héros n'est pas la royauté, sera-ce la noblesse asservie, ou la bourgeoisie docile, ou le peuple sans pouvoir et sans volonté? Sans doute dans ce long et lent travail de la formation de l'unité territoriale et politique de notre pays, œuvre essentielle et capitale de notre histoire, les rois ont été aidés par les circonstances, par les fautes de leurs adversaires ou de leurs ennemis, par leurs conseillers ou leurs hommes de guerre, quelquefois aussi par l'élan unanime et spontané de presque toute la nation. Ils n'ont donc pas été les seuls acteurs de ce drame; mais il serait puéril de ne pas vouloir reconnaître qu'ils en ont été les *grands premiers rôles*. Laissons-les donc à leur place sur la scène.

Enfin cette évolution dans laquelle on veut entraîner l'enseignement primaire de l'histoire présente le danger, plus grave encore, de permettre aux esprits étroits ou malavisés d'introduire la politique avec toutes ses injustices dans l'école primaire. Vous proscrivez les rois au nom soit d'une prétendue philosophie de la science, soit des intérêts d'une pédagogie discutable. D'autres, transportant dans le passé les préoccupations de l'heure présente, les proscriront au nom d'un parti. Déjà l'on voit apparaître les premiers symptômes de ce mal: « Quelques instituteurs, dit un rapport d'inspection générale, dans la pensée louable de faire aimer nos institutions et les conqué-

---

1. V. *Revue philosophique*, XXI, 647; compte rendu du livre de P. Mougeolles, *les Problèmes de l'histoire*; Reinwald, 1886.
2. Frary, *Question du latin*, p. 238.

tes de la Révolution, ne conservent pas toujours un juste équilibre dans leurs jugements, et tracent de l'ancien régime un tableau un peu poussé au noir. Ils sont parfois injustes pour un passé qui a eu pourtant ses gloires[1]. » La lutte des manuels blancs et rouges a sévi dans l'instruction civique ; ne leur ouvrons pas le domaine sacré de l'histoire. Le patrimoine de souvenirs que nous ont légués nos ancêtres est un, nous ne devons pas le diviser. Les gouvernements se sont succédé, différents et opposés, dans une France unique. L'histoire, soit qu'elle rappelle les siècles de l'ancienne monarchie, soit qu'elle étudie la Révolution, ne peut enseigner qu'il y a pour nous deux patriotismes et deux Frances.

Le principal objet de l'enseignement historique, à l'école primaire, sera donc toujours les événements militaires et l'action gouvernementale, parce que cette partie de l'histoire est la plus facile et la plus intéressante pour les enfants ; parce qu'aussi elle est la plus utile, puisqu'elle prépare dans l'enfant d'aujourd'hui le soldat de demain, et fortifie dans les jeunes cœurs le sentiment national.

Le cadre principal et le fond essentiel de cet enseignement étant maintenus, il ne peut nous déplaire qu'on essaye d'introduire, dans la limite du possible (et elle est bien étroite), les éléments de ce qu'on est convenu d'appeler de nos jours l'histoire de la civilisation. Qu'on attire et qu'on fixe l'attention des enfants sur les besoins, les habitudes, les métiers de leurs ancêtres, sur leurs armes et leurs vêtements, sur les privations de leur vie matérielle, c'est excellent, à la condition que, pour chaque époque, on précise les caractères principaux de ce genre de développements, et qu'en évitant les vulgaires généralités, on donne à chacune de ces époques sa marque

---

[1]. Bertrand, *Rapport d'inspection* (Revue pédagogique, 15 octobre 1883).

particulière. Si même, passant de la vie matérielle à la vie morale et intellectuelle, on veut essayer de peindre leurs sentiments et leurs pensées, leurs croyances et les révoltes de leur raison, leurs aspirations et leurs déconvenues, toutes les manifestations, en un mot, de leur esprit et de leur cœur, nous y consentons; mais combien la tâche est ardue! S'il se trouve un grand historien pour donner la vérité et la vie à ces tableaux, peut-on espérer qu'un modeste instituteur les touchera d'une main assez légère et assez sûre pour ne pas altérer ou éteindre les couleurs? Il n'est pas donné au premier venu de raconter *l'histoire véritable de Jacques Bonhomme d'après les documents authentiques*. L'élève, ce petit enfant de sept à treize ans, aura-t-il assez de vigueur dans l'imagination et assez de finesse dans l'esprit pour voir toutes les nuances de ces leçons si délicates? Pour éviter de décourager ceux qui, dans les meilleures intentions, préconisent l'histoire de la civilisation[1], nous ne dirons pas que les exercices de ce genre sont impossibles à l'école primaire, mais nous craignons qu'ils présentent au plus grand nombre des maîtres de très sérieuses difficultés, et à tous les élèves des connaissances sans précision et sans portée. Si donc on leur fait une place dans l'enseignement, qu'elle soit modeste, sinon l'on surchargera les enfants de généralités vulgaires et peu utiles, et l'on noiera l'instituteur

---

1. L'histoire restera-t-elle, dans l'instruction primaire, destinée à dérouler presque exclusivement le spectacle des événements politiques, ou fera-t-elle une place à des faits d'un autre ordre? J'ai déjà dit qu'on pouvait entrevoir, dans certaines parties des programmes ou dans l'esprit des circulaires ministérielles, la préoccupation de ne pas négliger ce qui touche aux mœurs, aux coutumes, aux arts, à la civilisation; en un mot, je crois qu'il faut aller plus nettement dans cette voie. Nous ne serons pas les premiers à nous y engager, et il y a longtemps que les Allemands ont le terme et la chose sous le nom de *Kulturgeschichte*, etc. V. tout le passage, qui est fort intéressant et auquel nous rendons justice, tout en le combattant dans une certaine mesure, Lemonnier, *loco cit.*, p. 33.

dans les problèmes encore mal résolus d'une science, pour la plupart d'entre eux, trop élevée et insaisissable[1].

Après avoir introduit l'histoire de la civilisation française dans l'enseignement primaire, on a été conduit tout naturellement à y faire également une place, si petite soit-elle, pour la *civilisation antique*. Le programme dit : *histoire ancienne;* mais il est bien évident qu'il ne prescrit ni les guerres ni les révolutions politiques; on n'aurait pas le temps de les énumérer. L'innovation est bonne, car « nous procédons plus qu'on ne le pense de cette époque reculée, et notre civilisation, si fière de ses prodigieuses découvertes, y plonge ses premières racines[2]. » Mais on ne l'a introduite qu'au cours supérieur. Dans le plus grand nombre d'écoles, ce cours n'existe pas, et les enfants quittent les bancs sans avoir jamais entendu parler ni de l'Orient, ni de la Grèce, ni de Rome. D'autre part, le cours supérieur, quand il existe, ne peut accorder à l'étude de la civilisation antique que le mois d'octobre. Sur un si vaste sujet peut-on, en huit leçons, enseigner quelque chose d'utile et de durable? C'est surtout dans ce programme que le choix doit être fait judicieusement. L'effort principal doit avoir pour but de faire connaître avec quelque précision les grandes œuvres de ces peuples, véritables ancêtres de la civilisation moderne, et les grands monuments qui attestent leur force et leur génie. Dans un article remarquable, Ch. Normand établit que, s'il était chargé de faire une leçon au cours supérieur sur les peuples de l'Orient, il prendrait quatre objets:

[1]. « Même aujourd'hui, la science est loin d'avoir dit son dernier mot sur les institutions de la royauté, les parlements, les états généraux, le conseil du roi, l'organisation militaire, les finances, encore bien moins sur la condition exacte des personnes et des terres aux différents âges, les faits de l'histoire littéraire, scientifique et artistique. » (A. Rambaud, *Histoire de la civilisation française*, Préface.)

[2]. Ch. Normand, *Ce que nous devons aux peuples de l'Orient* (*l'Instituteur*, fascicule du 5 octobre 1889).

1º un *alphabet*; 2º un *calendrier*; 3º un *atlas*; 4º *une montre*. Avec l'alphabet, il remonterait par les Grecs et les Phéniciens jusqu'aux Égyptiens, les premiers inventeurs des caractères traduisant le langage. Avec le calendrier, il irait, en passant par l'Égypte, jusqu'aux Chaldéens, les inventeurs du Zodiaque, du cadran solaire et de la division du temps en année. Avec la montre, il suivrait ce même peuple dans la création du jour et sa division en vingt-quatre heures. Enfin, avec la mappemonde et avec l'atlas, il remonterait à l'origine de la division du cercle en 360 degrés, et *il fixerait d'autre part la place de ces peuples sur les continents*[1]. Et il conclut en disant : « N'y a-t-il pas là de quoi intéresser nos enfants, qui bâillent, sans qu'on n'ose leur en faire un crime, au récit des victoires mirifiques et sans doute apocryphes de Nabuchodonosor, pardon de Na-bou-kou-dou-noussour? » Cette leçon-modèle est excellente de tous points, et nous estimons que huit leçons (puisque c'est le maximum prévu), écrites sous la même inspiration et consacrées aux œuvres essentielles et impérissables de l'antiquité, établiraient parfaitement la *doctrine nouvelle*, qu'il est indispensable de constituer pour l'enseignement de l'histoire ancienne[2].

Si nous avons voulu limiter le rôle de l'histoire de la civilisation dans l'enseignement primaire, nous appelons du moins de nos vœux les plus ardents le jour où tous les instituteurs s'inspireront des monuments locaux et des souvenirs du pays, pour en composer leurs principales leçons. Sur ce point, la réforme est deux fois légitime, d'abord parce que la *réalité historique* est toujours plus vivante que la *doctrine* plus ou moins bien écrite, et ensuite parce que l'enseignement par l'aspect est le prin-

---

1. L'auteur n'indique pas ce dernier point, qui n'est pourtant pas une quantité négligeable à l'école primaire, même au cours supérieur.
2. V. Lemonnier, *loco cit.*

cipe fondamental de toute méthode à l'enseignement primaire.

Hâtons-nous, du reste, pour rendre hommage à la vérité, de reconnaître que cette réforme ne serait pas une innovation. Il y a déjà longtemps que les maîtres expérimentés nourrissent leurs leçons des documents que leur fournit la région dans laquelle ils exercent. Ceux qui les dirigent les engagent ou les affermissent dans cette voie; et, à notre connaissance, il est plus d'un inspecteur qui, dans ses instructions au personnel, lui a conseillé d'animer les leçons d'histoire par les souvenirs dont les écoliers peuvent voir et toucher les traces matérielles[1]. Pour nous, en demandant qu'à l'école normale on fasse une place importante à l'histoire locale et régionale, nous avons voulu surtout que l'élève-maître, devenu instituteur, ait la volonté et le pouvoir de rattacher son enseignement aux diverses manifestations de la vie de la cité ou de la province dans laquelle il est. Sur ce point, pédagogues et publicistes nous sommes d'un accord parfait. Dans un livre très agressif, dirigé contre nos voisins de l'enseignement secondaire, un écrivain qui n'a pas de prédilection pour les sentiers battus disait : « Le professeur ne devrait pas hésiter à guider ses élèves à travers les cités et les campagnes, dans des excursions historiques, analogues à

---

1. Il est juste de remarquer, en effet, que cette tendance se manifeste depuis longtemps dans les écoles. Les programmes mensuels de l'enseignement primaire du département de l'Aisne, rédigés sous l'administration de M. Zeller, insistent sur ce point d'une façon toute spéciale. Beaucoup d'inspecteurs préconisent et récompensent les promenades historiques. Certaines librairies mettent en vente depuis plusieurs années des histoires de France avec des annexes d'histoire locale. V. *Précis d'histoire de France et synchronismes d'histoire locale de l'arrondissement de Compiègne*, à l'usage des écoles primaires, par Gatinot et Dervillé. L'effort est réel et mérite d'être signalé. V. aussi *Rapports d'inspection générale*, M. Beaudoin, Sarthe, 1881. « Il y a des *gloires locales* et des noms célèbres qui ont plus de titre à notre reconnaissance que ceux des conquérants, etc.

celles que font chaque jour les botanistes et les géologues[1]. C'est là, en effet, que notre histoire nationale, que la vie passée de nos pères, se trouvent écrites d'une façon saisissante sur le terrain des champs de bataille, dans les plus belles rues de nos cités, sur les toiles et les marbres de nos musées, dans nos cathédrales et nos hôtels de ville, enfin sur les antiques manuscrits et les vieux livres de nos bibliothèques[2]. »

Cette réforme est exactement ajustée à la taille de l'enseignement primaire par les conseils suivants :

« Il serait bien intéressant que l'histoire, *en gardant son unité*, se localisât parfois davantage... Le règne de Charles VI une fois esquissé, si je professais dans une école de Paris, je choisirais pour un récit le meurtre du duc d'Orléans, accompli dans la rue Barbette, où les enfants peuvent aller le dimanche suivant ; au Mans, la folie du roi, qui commença dans la forêt *toute voisine* ; à *Montereau*, l'assassinat de Jean sans Peur sur le pont, dont l'emplacement est là *tout à côté*. A Dunkerque, je ne penserais pas déplacer le centre de gravité du règne de Louis XIV en consacrant une leçon à Jean Bart. L'avantage est de donner à l'enfant le sens du concret ; on sent mieux que les événements sont *vrais* quand on voit l'endroit où ils se sont passés ; il est aussi de fournir une occupation toute trouvée pour les loisirs des congés ; il est enfin de développer l'amour du pays natal, et une sorte de patriotisme local qui, loin de nuire à l'autre, ne fait que le développer en le précisant[3]. »

---

1. A ce sujet, nous ne pouvons oublier qu'en 1872, étant professeur dans un petit collège de Champagne, nous avons conduit une division d'élèves à *Valmy* et aux Islettes, et pour compléter le programme, le professeur d'histoire naturelle nous accompagnait, *le tout par ordre de l'administration, qu'on accuse partout de routine !*
2. Manœuvrier, *l'Éducation de la bourgeoisie sous la République*, p. 199.
3. Lemonnier, *loco cit.*, p. 36.

En somme, le champ est vaste: Histoire locale, histoire de la civilisation, histoire du gouvernement de notre pays, histoire de nos guerres et de nos héros nationaux, voilà de quoi occuper amplement les vingt-huit heures d'enseignement de chacun de nos cours. Suivant la force des élèves et le degré de la classe, il faudra faire des coupures et ménager des éclaircies. Il nous suffit d'avoir indiqué et circonscrit le terrain. Le maître saura le parcourir sans s'y sentir trop à l'étroit, et il y trouvera toujours (c'est son devoir strict) une ample matière pour des leçons patriotiques et un enseignement national.

CHAPITRE X

Écoles primaires (suite). — Les méthodes et les procédés d'enseignement.

I. La méthode anecdotique et la méthode historique.
II. La leçon orale; ses partisans; modèles et types de leçons orales: inconvénients.
III. L'emploi du livre, ses adversaires, ses dangers, ses avantages.
IV. Comment, avec l'emploi du livre, l'enseignement peut rester oral et actif.

« ... On retourne à la barbarie par la science. »
(Pécaut.)

Le principe de la méthode dérive directement des programmes et de l'objet de l'enseignement. Lorsque les instructions officielles assignent au cours élémentaire *des récits et entretiens familiers sur les grands hommes de l'histoire nationale*, elles imposent ainsi la méthode anecdotique, qui convient, en effet, le mieux aux petits enfants. Lorsqu'elles prescrivent au cours moyen *une étude élémentaire de notre histoire, insistant sur les faits essen-*

tiels, elles veulent qu'on constitue ici solidement la trame historique par un enseignement régulier, continu et progressif. Cette doctrine de la double méthode, suivant l'âge des enfants, est exposée par Buisson avec la plus grande clarté : « L'histoire, dit-il, peut être enseignée dans les écoles primaires soit sous la forme d'un cours régulier et suivi, soit par fragments et récits détachés. On a reconnu partout que cette seconde façon de procéder doit être celle des débuts. Dans les classes élémentaires, en France comme en Allemagne, en Europe comme aux États-Unis. C'est en groupant les faits principaux autour de quelques grandes figures, que l'on donne à l'enfant les premières notions de l'histoire... La méthode biographique est considérée comme préparatoire et enfantine; dans les classes supérieures, elle doit faire place à la méthode vraiment historique.

« De ces deux façons d'instruire, laquelle atteint le mieux son but? C'est une question qu'il n'est peut-être pas possible de résoudre absolument une fois pour toutes. La méthode qui procède par récits distincts, par grandes scènes, frappe plus vivement l'imagination des enfants, et par conséquent grave mieux les faits dans leur souvenir[1]; celle qui suit le fil des événements, si l'on a soin d'éviter l'abus de rigueur chronologique, a l'avantage de faire mieux saisir dans leur continuité les grandes lignes du développement historique... Toutes deux, mal appliquées, sont également, quoique diversement, mauvaises[2]. » Cette

---

[1]. V., notamment, *Congrès pédagogique de 1881*; ministère de l'instruction publique, question de l'enseignement de l'histoire et de la géographie dans le cours élémentaire. Nous recommandons vivement la lecture du compte rendu de ce congrès. — Huit sections sur dix désirent que « l'histoire nationale soit enseignée dans la petite classe, sous forme de récits des grands faits et de biographie des grands hommes, en suivant l'ordre chronologique et à l'aide de tableaux à images. »

[2]. Buisson, *Rapport sur l'Exposition de Vienne*.

dernière considération, un peu pessimiste, ne peut nous échapper. C'est, en effet, l'application qui décide tout. Or, l'application n'est autre chose que l'ensemble des procédés, expédients et exercices scolaires que le maître emploie soit pour communiquer les connaissances à l'enfant, soit pour obtenir de celui-ci qu'il les conserve. La méthode générale étant fixée, il convient donc d'étudier seulement les *moyens pratiques* qui sont et qui doivent être en usage dans les écoles primaires.

Pendant toute la période qui suivit la promulgation de la loi de 1867, ces moyens étaient d'une simplicité rudimentaire et d'une désespérante monotonie. En respectant toujours les exceptions, on peut affirmer que presque partout l'unique effort pédagogique consistait à faire réciter par cœur à toute la classe un nombre déterminé de lignes du livre employé dans l'école. Cela ne devait pas fatiguer le maître, qui souvent même ne prenait pas la peine de faire la coupure au bon endroit. Cependant l'élève épuisait les forces délicates de son esprit et de sa volonté à enfoncer dans sa mémoire des noms bizarres et des phrases incompréhensibles, qu'il récitait ensuite en psalmodiant d'un ton plaintif, sans comprendre un mot de ce qu'il chantait. Nul effort de la part du maître pour expliquer ce qu'il ne comprenait peut-être pas toujours lui-même, nul effort de la part de l'écolier pour comprendre ce qui n'avait pas été expliqué. Sous ce régime, les listes de rois et les nomenclatures militaires avaient le bon bout. A ce sujet les témoignages sont unanimes et confirment sans doute les souvenirs personnels de ceux qui ont vécu la vie scolaire de cette époque. Aux quatre points cardinaux de la France, les rapports d'inspection générale constatent que « l'histoire est apprise par cœur, qu'elle n'est pas enseignée, qu'elle est généralement la matière la plus négligée du programme obligatoire, qu'en somme, « le mal qui domine dans les écoles est la funeste habitude de faire lire, écrire, apprendre par cœur, et réciter des mots et des phrases dont les enfants ne comprennent pas le sens[1]. »

Avec cette méthode d'inertie générale, d'inactivité pour le maître et de passivité pour l'élève, le livre était le grand coupable. Il n'y avait place que pour lui. Si on le supprimait, le maître serait bien obligé de payer de sa personne, d'enseigner activement, au lieu de se contenter d'entendre, sans écouter et en dormant à demi, la récitation de la classe entière; et d'autre part l'enfant, délivré de la servitude à l'égard du livre, apprendrait peut-être à saisir dans l'enseignement, non plus des mots, mais des pensées. En France, les solutions simples sont réputées les meilleures; et celle-ci n'était certes pas compliquée. On proscrivit donc le coupable. Une campagne rigoureuse, à tous les degrés de la hiérarchie, fut entreprise contre l'enseignement par le livre et pour la leçon orale. On espérait avoir trouvé la panacée en imposant aux humbles maîtres d'école de discourir *ex cathedra* sur la loi salique et les états généraux de 1614!

On l'encouragea, cet ignorant dans l'art de bien dire, par de bonnes paroles et des conseils généreux; on lui persuada que sa parole, même incorrecte et tâtonnante, était plus instructive que le meilleur livre[2]. La leçon orale qui venait de passer sans peine des lycées aux écoles normales, passa des écoles normales aux écoles primaires. Les inspecteurs généraux notèrent avec complaisance les

---

1. V., au hasard, les *Rapports d'inspection générale*, notamment les années 1879-1880.
2. Pécaut, *Rapport d'inspection générale*. Empressons-nous d'ajouter que M. Pécaut avait trop de bon sens et d'expérience pour pousser cette théorie jusqu'à sa dernière limite, c'est-à-dire l'exclusion du livre, et qu'il ajoutait avec beaucoup de raison : « Mais que les maîtres ne dédaignent pas pour cela le livre; ni l'enfant ni le maître lui-même ne doivent être livrés aux hasards de la mémoire et du cahier. »

résultats de la doctrine nouvelle. Ceux qui l'établirent y apportèrent bien quelques restrictions; ils essayèrent de laisser une place, si petite fût-elle, au livre dans l'enseignement. Mais en descendant des sommets jusqu'aux couches profondes du corps enseignant, la doctrine officielle ne mit en relief que le principe de l'obligation de la leçon orale. Un grand nombre de maîtres pourtant ne se laissèrent ni séduire ni convaincre. Il nous est arrivé quelquefois de rencontrer dans une école un instituteur laborieux et expérimenté que nous essayions de convertir à la méthode préconisée, et qui nous répondait avec la plus grande bonne foi, qu'il ne savait pas parler comme en Sorbonne. Quant aux instituteurs d'élite (et ils ne sont pas nombreux) ils se jetèrent résolument à l'eau pour apprendre à nager. Quelques-uns d'entre eux ne se noyèrent pas. Il en échappa au moins un. C'est celui qui fit un jour devant E. Lavisse, sur le régime féodal, cette merveilleuse leçon, recueillie depuis par son auditeur extraordinaire, publiée par les grandes revues, et donnée à juste titre comme un exemple au monde entier des instituteurs[1]. C'est un parfait modèle. L'habileté dans la composition, l'agrément et le choix heureux des développements, la bonne humeur du maître et l'émotion des élèves, tout y est combiné et réglé avec un art infini. Quelle que soit la part à faire au professeur qui l'a publiée, il est certain que, puisqu'on ne prête qu'aux riches, l'instituteur parisien qui l'a exposée est un maître exceptionnel. Et pourtant nous ne voyons là que la moitié du travail scolaire. Après la leçon orale, les difficultés commencent. Les enfants ont été émus sans doute, et ce premier résultat est excellent. Mais ce n'est pas tout. Chez eux, l'émotion est passagère, et le commencement de la sagesse pour un instituteur

---

1. V. cette leçon aux Pièces annexes, à la fin du volume, sous la rubrique *Trois leçons orales*.

est de se défier des impressions fugitives. Qu'a-t-il fait pour transformer celles-ci en connaissances acquises et les bien classer dans l'esprit? A-t-on donné comme devoir écrit soit un sommaire, soit une rédaction? Si c'est un sommaire, quand, comment et par qui a-t-il été composé? A-t-il conservé dans ses maigres lignes cette vie si intense qui déborde de la leçon? Si c'est une rédaction, nous aurions été très curieux de découvrir ce que devenait, sous la plume de tous les élèves, cette lumineuse exposition qui, à cause même de sa qualité principale, c'est-à-dire l'abondance heureuse du dialogue, devait si difficilement passer dans un petit devoir d'écolier. Et d'autre part, a-t-on conseillé une lecture sur le même sujet? laquelle? A-t-on surtout prévu la difficulté de mettre en harmonie les données de l'exposition et celles du livre? En somme, nous avons écouté une leçon irréprochable, et nous avons bien vu comment, par l'exposition orale, on a communiqué les connaissances; nous ignorons ce qu'on a pu faire ensuite pour les fixer et les graver dans l'esprit.

La publication de cette leçon eut un grand retentissement. Le corps enseignant fut vivement frappé de ces qualités, qui paraissaient si simples et si naturelles. Puisqu'elle était si facile, la leçon orale fut recommandée et même prescrite. Plus d'un honnête instituteur, du reste, eut spontanément l'ambition de composer pour chacun des chapitres du cours une leçon analogue. Admirable confiance! Ce fut toujours l'histoire de la prose de Voltaire : elle est si simple qu'elle ne trahit aucun effort; essayez de l'imiter; si vous en trouvez le secret, vous serez un homme heureux! Les maîtres sincères, qui ne pouvaient méconnaître la stérilité de cette œuvre mal accomplie, auraient sans doute déserté la tâche depuis longtemps; mais on réconforta leur courage, en même temps qu'on s'efforçait de leur faciliter la besogne. Les revues et les journaux consacrés à l'enseignement primaire publièrent d'autres leçons modèles ; mais ce n'était plus que des imitations pâles et sans reflet de la leçon magistrale sur la féodalité.

Les résultats de cette campagne si vigoureusement menée en faveur de la leçon orale ont été médiocres. C'est du moins l'impression que nous a laissée une inspection attentive de plusieurs années dans deux départements importants ; et nous connaissons bon nombre de nos collègues qui l'ont éprouvée. Ceux qui ne pénètrent pas dans les écoles peuvent, du reste, avec des documents authentiques, apprécier la décadence de cette méthode. Dans son chapitre intitulé *Deux Méthodes différentes*, Lemonnier donne, en 1889, le spécimen de deux leçons orales qu'il a entendues dans les écoles de Paris. Il ne les a certes pas choisies ni parmi les plus médiocres ni parmi les plus difficiles. L'une est consacrée à Charles VI, l'autre à Philippe-Auguste[1]. Ce sont encore des modèles, ou au moins des types. Mais si on les compare à celle du régime féodal, ce ne sont plus que des ombres de leçon : la première, avec son émotion factice et son langage puéril sur le « pauvre roi » et le « vilain homme » ; la seconde, avec la raideur empesée de ses froids paragraphes et l'attitude passive des enfants, qui « pensent à l'examen ». La conclusion de cet observateur est que les deux leçons « répondent à deux tournures d'esprit différentes, certains ayant dans l'intelligence plus de clarté et portant avant tout dans l'enseignement le souci de la précision, fût-elle un peu sèche, et de la méthode, fût-elle un peu aride ; d'autres ayant plus de vivacité et se préoccupant de faire ressortir le côté pittoresque des choses, fût-ce au détriment de la rigueur de l'exposition. »

Chacun de ces maîtres n'a donc plus que la moitié des

---

1. V. ces deux leçons aux Pièces annexes, à la fin du volume, sous la rubrique *Trois leçons orales*.

qualités essentielles à celui qui pratique la *leçon orale*. Or, ils font encore partie de l'élite : non seulement ils sont incomplets, mais nous les voyons déjà bien près de graves défauts. Le langage enfantin peut devenir, par un simple changement de nuance, un ton pleurard et ridicule; la rigueur de la leçon peut conduire, sans qu'on s'en doute, à la rigidité du squelette dont nous parlions plus haut. Dans l'un et l'autre cas, il y aurait encore une leçon orale, il n'y aurait plus d'enseignement de l'histoire.

N'acceptons donc la leçon orale qu'avec la plus grande réserve. Si l'on veut la juger comme elle le mérite, il faut descendre des hauteurs de la théorie pour voir exactement ce qui se passe à l'école primaire; il faut aussi considérer la moyenne des écoles, au lieu de vouloir l'apprécier d'après les meilleurs établissements de Paris.

Elle est trop difficile pour les bons maîtres. — Ils ne peuvent, en effet, la pratiquer utilement qu'à la suite d'une laborieuse préparation. Or, le même jour (il ne faut pas négliger ce point) ils enseignent cinq ou six autres matières, les plus variées qu'on puisse imaginer, depuis la morale jusqu'aux sciences expérimentales; et elles réclament toutes le même travail. Le bon maître n'improvise, en effet, aucune leçon orale. Conçoit-on un instituteur, après six heures de classe, après la correction des devoirs, après les travaux de la mairie, se livrant avec amples recherches à la composition méthodique de cinq ou six leçons orales qui doivent remplir la journée du lendemain? *Versate diu quid ferre...*

Elle est impraticable aux maîtres ordinaires ou médiocres. — Ceux-ci n'ont pas, en effet, le don de la parole. Le ton, le choix des mots, l'enchaînement méthodique des phrases et des idées, tout leur manque. S'ils sont consciencieux, ils ont préparé leur leçon, mais ils la disent ou la récitent trop vite, ou bien ils la déclament avec pédanterie. Si, au contraire, ils n'ont pas eu le temps (et ils sont bien excusables) de faire une préparation sérieuse, ils se livrent aux hasards dangereux de l'improvisation. Les erreurs, les inexactitudes, les lourdes impropriétés de termes, abondent dans leur parole inquiète et irréfléchie. La véritable histoire court alors le plus grand péril. Nous avons entendu beaucoup de leçons orales, et quelques-unes n'étaient pas sans mérite; mais la plupart, quand elles n'étaient pas médiocres, étaient nettement mauvaises. Il ne sied pas qu'on enseigne, comme nous l'avons vu faire dans une conférence cantonale, que Witikind était un *malin*, mais que Charlemagne était *plus malin* que lui. Ces vulgarités inévitables aux maîtres médiocres compromettent, avec la vérité du fait, la dignité de l'histoire.

Enfin la leçon orale est presque toujours funeste aux élèves. — Si elle ne donne pas lieu à un devoir écrit, elle est si fugitive qu'après avoir encombré quelque temps la mémoire de l'enfant, elle s'efface promptement sans laisser de traces appréciables dans son esprit. Si, au contraire, elle donne lieu à des devoirs écrits, nous retombons avec elle dans la copie à outrance : copie de sommaires, copie de rédactions, copie de cartes, travail ingrat qui fatigue et assomme l'activité intellectuelle de l'écolier. Le danger est signalé depuis 1879 par l'inspection générale. « Nos méthodes récentes, en faisant appel à l'action individuelle du professeur et de l'élève, réclament évidemment une bien plus grande dépense d'activité spontanée que les anciennes. Là où cette activité, accompagnée de discernement et d'expérience, fait défaut, *on retourne à la barbarie par la science;* et les rédactions de toute sorte, historiques, géographiques, sciences naturelles, etc., deviennent une mécanique perfectionnée qui fatigue d'autant plus les élèves[1]. » Qu'on veuille bien ajouter, afin de compléter le

---

1. Pécaut, *Rapports d'inspection générale*, année scolaire 1879-1880, département du Gers.

tableau, que l'enfant a presque toujours entre les mains un livre d'histoire[1]. Sans cesse tiraillé entre les leçons du maître et celles du livre, il se perd dans ce double courant, qui ne lui offre qu'obscurité et confusion. En un mot, la leçon orale le trouble et l'accable, sans exercer son intelligence et, par conséquent, sans l'instruire.

La cause de tout le mal vient de la confusion qu'on établit entre la leçon orale, d'une part, et, d'autre part, la méthode active, comme si tous les procédés scolaires différents de l'exposition parlée, conduisaient fatalement les maîtres et les élèves à la passivité et au mutisme. Cette erreur est fondamentale, et l'on ne saurait trop insister pour la détruire.

La passivité, il faut le reconnaître sincèrement, est la condition ordinaire de la leçon orale; celle-ci engendre fatalement la routine et pour le maître, qui sur le même sujet expose toujours la même leçon, et pour l'écolier, qui dans tous les cas limite son effort à entendre et à enregistrer. Le flot monotone du cours endort donc aussi bien la classe que la lecture d'un texte. Leçon ou lecture, peu importe; dès qu'elles sont médiocrement faites, elles vont au même résultat. Telle exposition orale, si elle est somnolente et lourde, conduit plus directement la classe à l'inertie intellectuelle qu'un passage de livre vivement expliqué; de même que, d'ailleurs, la récitation monotone d'un paragraphe assoupit mieux l'esprit qu'une suite d'interrogations habiles. La passivité et l'activité ne sont donc pas dans les expédients ou les procédés scolaires; elles sont dans l'esprit et le tempérament du maître. Si l'instituteur s'est laissé envahir par des habitudes d'inertie quelle que soit la manière dont il donne l'enseignement, on peut être assuré qu'elle relève de la « mécanique per-

---

[1]. Ce livre est obligatoire au cours moyen, en vertu de l'arrêté de février 1890. (V. *Bulletin administratif.*)

fectionnée », qui laisse son esprit en repos ; s'il a conservé, au contraire, avec le désir de bien faire, une intelligence active et entreprenante, il saura toujours communiquer la vie à son enseignement, même dans le cas où il ne pérorerait pas du haut de sa chaire et où il considérerait le livre comme l'outil indispensable à son métier.

Il ne faut pas davantage considérer que la leçon orale est tout l'enseignement oral. Elle n'en est qu'une partie, qui n'est ni la meilleure ni la plus indispensable. L'enseignement oral peut très bien exister sans elle. Il consiste, en somme, à faire parler quand et comme il convient les maîtres et les élèves. Ce n'est ni l'enseignement bavard ni l'enseignement muet ; il peut et il doit faire sa part autant à la réflexion individuelle qu'à la communication des connaissances. Il comporte un grand nombre d'exercices scolaires qui exigent une grande dépense d'activité et transforment la classe en une collaboration animée des élèves avec le maître. Les principaux sont :

Une lecture expliquée avec le plus grand soin par le maître et coupée d'interpellations adressées à divers élèves, pour les tenir tous en éveil ou provoquer en eux la promptitude dans l'effort intellectuel ;

Une récapitulation dont le cadre, plus ou moins ingénieux, peut être fréquemment renouvelé, et à laquelle on fait participer la classe entière, un élève écrivant au tableau noir et les autres sur leurs cahiers les divers points du sujet, au fur et à mesure qu'ils sont découverts et précisés ;

Une série d'interrogations qu'on disperse sur toute la classe, de façon à faire naître en tous les élèves le désir de se signaler par de bonnes réponses ;

La correction d'un devoir écrit, faite au tableau noir, avec la collaboration de toute la classe, et dirigée de telle sorte qu'on puisse redresser soit un plan défectueux suivi par la majorité des élèves, soit les erreurs les plus grosses relevées dans plusieurs cahiers.

On peut varier ces exercices et les adapter à toutes les questions importantes du programme d'histoire. Ils présentent tous cet avantage commun : c'est que maîtres et élèves y prennent la parole. Par eux, et sans leçon orale, la classe est vivante et active, puisque tous les esprits, en éveil, donnent ou acquièrent les connaissances.

Pour qu'il soit possible d'employer utilement ces excellents procédés, il faut nécessairement les appuyer sur une collection d'images pour les petits enfants, sur le livre pour les écoliers. Pour les images, leur utilité et leur emploi sont sagement déterminés dans les lignes suivantes : « Il faut utiliser les tableaux d'histoire de France. Trop souvent ces images ne servent qu'à décorer l'école ; elles sont un ornement et non plus un moyen d'enseignement intuitif ; elles sont sans véritable utilité quand elles peuvent, et doivent, au contraire, rendre les plus grands services. Ce sont comme des professeurs auxiliaires, tout prêts à seconder le maître dans sa difficile besogne, de faire marcher de front des divisions de forces inégales. Laissez quatre ou cinq enfants groupés autour d'un tableau causer librement entre eux à voix basse, se communiquer leurs observations, leurs découvertes. Puis, après quelques minutes d'examen, que chacun passe à un autre tableau et trouve un nouvel aliment à sa curiosité naturelle[1]. » Ces conseils si simples et si pratiques nous éloignent bien des ambitieuses prétentions de la leçon orale, et nous ramènent sur le vrai terrain de l'école primaire. Quant au livre, il présente avant tout le grand avantage de rendre toujours possible l'enseignement oral par son intermédiaire. « On insiste avec raison, dit un autre inspecteur général, pour que les maîtres exposent

1. F. Cadet, *Rapport d'inspection générale.*

eux-mêmes d'avance la leçon. Toutefois il convient, ce me semble, de mitiger cette exigence et de s'en tenir au possible. *Le possible, dans la plupart des cas, c'est que l'instituteur lise le texte du livre de classe et qu'il ajoute,* viva voce, *des explications préparées à l'avance[1].* » Et en effet, le maître le moins expérimenté dans l'art de la parole, s'il est soutenu par le livre, qu'il ouvre franchement au lieu de le dissimuler derrière un rempart de cahiers, peut toujours à la lecture du texte ajouter de simples éclaircissements qui le rendent intelligible, ou de nouveaux détails qui le complètent. D'autre part, l'effet de ce procédé, s'il reste modeste, ne sera du moins jamais nuisible, comme cela arrive trop souvent pour une leçon orale mal faite, qui engendre les erreurs, donne lieu à des copies ou à des notes mal écrites, où les noms propres sont défigurés et où, par suite, abondent les hérésies.

Pour donner à ce chapitre une conclusion catégorique, *nous estimons qu'on doit soit maintenir, soit rendre une place prépondérante au livre dans l'enseignement primaire de l'histoire.* Il le faut, même dans la classe du maître exceptionnellement doué pour l'enseignement, et surtout dans celle-là. S'il veut courir les dangers de la leçon orale, on l'encouragera sans doute; mais que sa leçon du moins vienne toujours à l'appui du livre de classe, qui doit rester longtemps encore l'outil essentiel de l'enseignement primaire; qu'elle ait surtout pour objet de guider l'élève dans l'usage de ce livre, sinon elle ne sera plus qu'un de ces lambeaux brillants dont parle le poète et qui éblouissent l'esprit sans le pénétrer ni l'enrichir.

On va sans doute nous reprocher la *marche en arrière*, et nos contradicteurs montreront de nouveau la classe asservie à la récitation monotone d'un texte qui n'a pas été expliqué et qui n'est pas compris. Nous con-

---

1. Pécaut, *Rapport d'inspection générale.*

damnons ce vieil abus ; et, s'il apparaît quelque part, on peut être assuré qu'il sera combattu par ceux qui ont le droit de le réprimer. Le corps enseignant a au-dessus de lui toute une hiérarchie de chefs qui le surveillent et le dirigent ; on doit s'en rapporter à eux du soin d'empêcher un bon usage de se transformer en un condamnable abus. On peut espérer que seuls les mauvais maîtres s'exposeront à leurs rigueurs. Nous nous demandons, d'ailleurs, à quels résultats aboutissaient les instituteurs de cette catégorie avec la leçon orale. Qu'on mette en balance les inconvénients de la récitation mécanique et de la leçon orale ridicule, nous voyons immédiatement le plateau le plus lourd ; tout le monde conviendra que le mauvais maître peut faire plus de mal en parlant qu'en faisant réciter un texte.

Mais c'est trop insister sur cette catégorie d'instituteurs, qui sont fort rares. Ce livre n'est pas écrit pour les exceptions. Pris dans son ensemble, le corps enseignant a du courage et de la docilité. Il peut apprendre à se servir d'un livre avec intelligence ; et il le fera de bon cœur, si on le lui conseille. Sur ce livre en usage dans sa classe il saura greffer un enseignement actif, très vivant et très personnel. Compléter le texte par des devoirs écrits choisis avec soin et corrigés avec scrupule, par des cadres ou tableaux de revision établis avec une méthode claire et rigoureuse, par l'emploi de cartes imprimées ou tracées au tableau noir et destinées à éclairer la question avec les plus indispensables éléments de la géographie historique ; interroger, même le livre en main, mais sans astreindre les enfants au texte littéral, et en les amenant à répéter les explications données précédemment en classe à l'occasion de la première lecture ; les habituer à raconter, en redressant avec bonté les imperfections de leur parole hésitante et inexpérimentée, et ne leur permettre la récitation par cœur que pour les résumés ou les sommaîtres très courts; en un mot, tenir toujours les esprits en éveil, soit pendant les explications, soit pendant les interrogations, par l'innombrable variété des procédés scolaires, tel est le but. Il n'est pas si élevé qu'il désespère la bonne volonté des maîtres d'une aptitude ordinaire; et il est encore assez haut pour que l'élite du personnel soit astreint à de réels efforts pour l'atteindre. Si l'instituteur, quel qu'il soit, met en œuvre ces moyens qui sont tous à sa portée, on peut être assuré qu'avec le livre sa classe sera vivante et active, qu'elle participera avec intérêt à tous les exercices, qu'elle apprendra et comprendra l'histoire, au lieu de s'assoupir sous les déplorables effets de la leçon orale, qui est encore moins à sa place dans les écoles que dans les collèges. L'enseignement primaire ne regrettera point cette méthode, qui a énervé tant de bonnes volontés, et qui apparaîtra comme un cauchemar dans la mémoire des instituteurs, qui en seront enfin délivrés.

CONCLUSION

On a beaucoup écrit de nos jours sur l'alliance nécessaire qui doit relier l'enseignement supérieur à l'enseignement primaire. On a représenté le premier comme une source intarissable qui, en descendant des hauteurs, se ramifie en mille ruisseaux où viennent s'abreuver les enfants des petites écoles. L'image est saisissante, elle n'est pas très exacte. Je me défie de ce torrent de science qui, sans désaltérer personne, peut tout submerger. Si l'enseignement supérieur tient à la disposition des savants la liqueur capiteuse de ses découvertes, il ne suffit pas de l'*étendre* pour pouvoir la servir à l'école primaire, même sous forme d'abondance : elle ruinerait l'estomac et casserait la tête des petits. Sauvons l'école d'une indigestion qui provoquerait pour toujours un insurmontable dégoût.

L'instituteur, sans doute, ne peut rompre avec la science ; il faut qu'il reste en relation avec elle, qu'il suive sa marche et connaisse ses découvertes ; il lui doit un fidèle attachement, mais qu'il la garde pour lui. Quand il voudra la mettre à la portée de ses écoliers, il doit l'avoir tellement élaborée par la méditation et le besoin de l'approprier à sa classe, qu'il en aura transformé l'aspect et changé la nature. Ce ne sera plus la science, ce sera autre chose, avec le concours de la science.

L'histoire de l'école primaire ne sera pas l'histoire de la Sorbonne. Celle-ci est un thème scientifique sur les questions obscures, mal ou incomplètement connues ; l'autre sera surtout une sorte d'évangélisation qui, à l'aide du passé, préparera le citoyen aux devoirs de la vie.

Aux deux degrés opposés de l'enseignement public elle poursuit ainsi deux buts distincts ; il faut donc pour chacun d'eux lui assurer des moyens particuliers et une action spéciale. Que la Sorbonne élève des savants, c'est son devoir et son honneur ; mais laissons l'instituteur former des hommes honnêtes et de bons citoyens : c'est sa mission.

Il est temps de ramener les esprits à une conception plus exacte du rôle de l'enseignement primaire. Ceux qui l'ont, sinon créé, du moins régulièrement organisé en France, l'ont déterminé avec la plus grande netteté. Les auteurs de la loi de 1833 n'ont pas oublié d'imprimer, dans le texte même de cette loi, le caractère qu'ils voulaient donner à cet enseignement. Ils y inscrivent sans doute la géométrie, mais ils l'accompagnent aussitôt de ses *applications usuelles,* voulant par là que l'instituteur initie ses écoliers non pas aux mystères de la dialectique d'Euclide, mais aux procédés ordinairement employés pour la mesure des volumes et des surfaces, soit sur les objets, soit sur le terrain. Ils inscrivent aussi le dessin, non dans le but d'une culture artistique, mais pour disposer les enfants aux travaux élémentaires d'*arpentage*. De même, si les programmes se sont enrichis, de nos jours, des éléments des sciences d'observation, c'est pour diriger les enfants vers les *applications pratiques* de ces sciences à l'hygiène et à l'agriculture. L'économie politique elle-même a obtenu le droit de cité à la faveur des *notions usuelles* qu'elle peut répandre. L'école primaire est donc une école d'application qui a pour objet immédiat et exclusif la conduite de la vie.

S'il est excellent d'enseigner à l'écolier les notions usuelles dont il tirera profit aux divers moments de son existence matérielle et économique, il est meilleur encore de l'armer des vertus qui lui seront indispensables dans sa vie morale et civique. C'est ici surtout qu'il faut éviter de se perdre dans les spéculations de la science philosophique : les *notions usuelles* doivent rester au premier plan. Choisies avec soin et déterminées avec précision, elles inclineront l'enfant vers le bien ; et comme l'histoire est une des matières du programme qui peuvent le plus utilement contribuer à ce choix et à cette détermination, elle doit jouer un rôle décisif dans l'éducation pratique, le principal objet de l'enseignement primaire. Nous dirions volontiers du domaine historique ce que le vieillard de La Fontaine disait de son champ :

Un trésor est caché dedans.

C'est le riche trésor d'exemples de générosité, de bonne humeur, de dévouement, de bravoure, de fidélité, d'héroïsme, que nous trouvons dans la vie de nos ancêtres, et que les éducateurs ne doivent pas craindre d'épuiser pour enrichir les âmes des enfants de sentiments élevés et d'aspirations bien françaises.

Sans doute l'instituteur ne doit pas délaisser l'instruction proprement dite ; il doit faire sa part à la culture de la mémoire et de l'intelligence ; cette part sera large, mais pourtant il convient de la mesurer sagement, sinon elle occuperait toute la place. Le principal bienfait de l'enseignement serait compromis si l'instituteur négligeait d'éveiller et de fortifier en ses élèves le sens moral et le sentiment patriotique. Que l'instruction soit le moyen, nous l'accordons ; nous n'oublions pas que l'éducation est le but. Il n'est ni indispensable (nous oserons dire) ni utile que l'écolier sache bien l'histoire et qu'il la récite ou même la raconte avec la plus exacte assurance ; il n'est même pas nécessaire qu'il sache écrire un court récit ou composer une petite rédaction sur une étroite question du cours. S'il réussit à le faire, tant mieux ; s'il est impuissant en ce genre d'exercices, n'en concevons pas trop de chagrin. Mais il est indispensable que toute la suite de l'enseignement historique ait développé en son âme un violent amour pour son pays et pour ses ancêtres, et lui ait inspiré les vertus qui font les caractères énergiques. C'est pourquoi, en somme, les questions de programme, de méthodes, d'exercices scolaires, n'ont qu'une importance relative, si l'on veut limiter leurs effets à la simple acquisition des connaissances. Quelle que soit la solution donnée à ces divers problèmes dans les écoles publiques, on peut presque affirmer que les enfants qui auront régulièrement travaillé à l'école sauront, en la quittant, assez de faits et de dates tirés de l'histoire de notre pays. Peut-être en sauront-ils trop. Il ne faut pas avoir beaucoup fréquenté les examens du certificat d'études primaires pour éprouver un réel étonnement et aussi une impression pénible, à la vue de ces petits enfants de onze ans qui répondent avec une parfaite assurance et une grande précision sur des questions qui ne sont pas sans difficulté. Voilà bien les têtes trop pleines ! L'effort intellectuel a été grand de la part du maître et des candidats : l'un a beaucoup travaillé, les autres trop appris. Mais leur cœur a-t-il été assez touché pour éprouver un sentiment juste? Leur conscience a-t-elle été assez exercée pour juger tous ces faits d'après la claire notion du devoir? En un mot, l'enseignement a-t-il créé cet état d'esprit particulier qui ne se contente pas de recevoir les connaissances, mais qui, à mesure qu'il les découvre, s'attache aux idées élevées et s'enflamme pour elles d'une passion généreuse? Le mot de Clovis : « Que n'étais-je là avec mes Francs! » lorsqu'on lui racontait la passion de Jésus-Christ, donne une idée vive et naturelle des effets que le récit historique peut et doit produire sur l'âme des enfants.

Nous avons fait un jour, au sujet de l'éducation morale que l'histoire porte en elle-même, une expérience qui présentait quelque intérêt. Dans les instructions données aux commissions d'examen du certificat d'études primaires, nous avions recommandé aux examinateurs d'histoire de vouloir bien préparer, pour être posées aux enfants, des questions faciles auxquelles on rattacherait une interrogation soit d'instruction civique, soit d'éducation morale. Ils ne furent pas toujours heureux dans leur choix; la tâche était d'ailleurs nouvelle et présentait de réelles difficultés. Dure pour les maîtres, cette expérience fut désastreuse pour les jeunes candidats. Tous ces enfants, immédiatement déroutés dès qu'on voulait les faire sortir du récit historique, restaient bouche bée. Ils savaient leur histoire, sans aucun doute; mais en général ils ne l'avaient pas sentie. En assistant à cette série d'interrogations dans les divers centres d'examen, nous avons acquis la certitude que l'enseignement des faits historiques, qui n'est que la moindre partie de la tâche, avait absorbé toute l'attention des maîtres et tous les efforts des enfants. Il était facile de constater le degré d'instruction; l'éducation ne pouvait être appréciée, puisqu'elle n'existait pas.

Depuis 1867, les progrès de l'enseignement de l'histoire à l'école primaire ont été constants. Les livres ont été améliorés, les méthodes d'enseignement perfectionnées, les instituteurs mieux préparés à cette partie de leur tâche. Entre l'enseignement que nous avons connu dans notre enfance et celui qui est donné aujourd'hui, il y a un abîme; il serait injuste de le méconnaître. Par des progrès successifs, auxquels ont contribué aux divers degrés de la hiérarchie tous les hommes dévoués à l'enseignement primaire, on s'est élevé peu à peu de la récitation mécanique au récit intelligent, de l'enseignement du texte à celui des faits, de l'effort pour retenir à l'effort pour comprendre. Si l'on considère le point de départ, la marche a été rapide; si l'on regarde le but, on y tend, mais il n'est pas encore atteint. L'instituteur qui veut s'en rapprocher doit alléger la charge qui retarde sa marche, en se débarrassant de tous les *impedimenta* trop lourds; dates inutiles, faits sans portée, personnages secondaires, réflexions théoriques, considérations savantes, tout cela est affaire de science et non d'enseignement primaire. Il devra toujours revenir au mot de Duruy : « L'enseignement de l'histoire est une morale en action ; » et il faut qu'il puisse toujours dire, avec l'auteur de la loi de 1867 : « Si cet enseignement ne devait être qu'une nomenclature sèche et aride de dates, de faits, de batailles, je ne l'aurais jamais donné. »

Puisqu'il y est obligé, que l'instituteur donne donc cet enseignement, en ne perdant jamais de vue la partie élevée de sa tâche. De toutes les matières du programme de l'école primaire, l'histoire est une de celles qui, en contribuant au développement des facultés de l'esprit, peuvent faire pénétrer dans l'âme des enfants de fortifiantes leçons. Demandons-lui tout ce qu'elle peut donner. Sans doute cette prédication morale à l'aide des exemples historiques trouvera des adversaires; ils voudront démontrer que l'instituteur n'a pas toujours cette sereine élévation d'esprit qui est indispensable aux éducateurs. Les écoles normales répondront aux critiques en préparant de jeunes maîtres pleins d'ardeur et de foi en leur mission, et bien convaincus que leur profession est non seulement un gagne-pain, mais une sorte d'apostolat qui leur permet de propager, avec l'histoire de la France, le culte du devoir et la religion de la patrie.

PIÈCES ANNEXES

I. Instructions officielles pour l'enseignement de l'histoire à l'École normale.
II. *a.* La première répartition officielle des matières de l'enseignement de l'histoire à l'école primaire (circulaire du 18 novembre 1871, M. J. Simon, ministre de l'instruction publique). — *b.* Les directions et les programmes mensuels de la Seine pour l'enseignement de l'histoire (17 octobre 1871-25 juillet 1872, M. Gréard, directeur de l'enseignement primaire).
III. L'histoire contemporaine (instruction aux recteurs et discours, de Duruy, ministre de l'instruction publique).
IV. Trois leçons orales à l'école primaire : Lavisse, questions d'enseignement ; Lemonnier, monographie du musée pédagogique.

I

Instructions officielles pour l'enseignement de l'histoire à l'École normale.

AVIS RELATIF A L'ENSEIGNEMENT DE L'HISTOIRE DANS LES ÉCOLES NORMALES (6 JUILLET 1849)

Le Conseil,

Vu la délibération de la commission de surveillance de l'école normale primaire de la Meuse en date du 21 janvier 1849, relative à des dispositions nouvelles pour l'enseignement de ladite école ;

Vu les observations de M. le recteur de l'Académie de Nancy contenues dans sa lettre du 27 février ;

Considérant que des changements généraux ne seront utilement introduits dans l'enseignement des écoles normales primaires qu'après un examen approfondi ; que néanmoins, dans la situation où se trouvent actuellement les écoles normales, et jusqu'à ce que le législateur se soit prononcé, la protection et la bienveillance des autorités départementales et communales deviennent la principale condition d'existence de ces établissements,

Est d'avis que, exceptionnellement et sans engager l'avenir, il y a lieu d'adopter les modifications proposées et de décider, en conséquence :

1° *Que le programme d'histoire de l'école normale primaire de la Meuse n'embrassera plus désormais l'histoire du moyen âge et l'histoire moderne que sous les points où ces deux histoires ont des rapports avec l'histoire de France;*

2° *Que l'enseignement de l'histoire nationale s'arrêtera à l'année 1789, comme par le passé, et conformément à l'arrêté du 11 septembre 1838;*

3° *Que le programme des examens de capacité ne sera pas changé, aucun rapport n'existant entre ce programme et les études adoptées pour les écoles normales primaires;*

4° *Que l'épreuve du dessin et la composition de style cesseront d'être rangées au nombre des épreuves à l'aide desquelles les commissions éliminent une partie des concurrents; que ces épreuves et l'exclusion des candidats ne devront avoir lieu que dans les limites de la loi de 1833*[1].

1.   OPINION D'UN MEMBRE DU CONSEIL.

Dans le cours de la discussion à laquelle a donné lieu le rapport sur les modifications à introduire dans le programme d'enseignement de l'école normale primaire du département de la Meuse, il a été proposé de ne pas étendre au delà de l'année 1789 l'enseignement de l'histoire de France, et le conseil a été d'avis qu'en effet cette extension ne devait pas être autorisée.

Je professe depuis longues années une opinion contraire, et je saisis cette occasion de la consigner au procès-verbal de la séance du conseil.

La disposition qui arrête à l'année 1789 l'enseignement de l'histoire de France me paraît pleine d'illusions et de dangers. Je la combattrais alors même qu'il serait possible, dans l'état actuel de la société, d'arriver, à force de dissimulation et de silence, à ce que les jeunes hommes destinés à être, dans peu d'années, électeurs et éligibles, sortissent des écoles sans avoir aucune connaissance des grands événements survenus depuis soixante ans. Je combats à plus forte raison cette même disposition, lorsqu'il est certain que, bon gré, mal gré, dès l'âge le plus tendre et dans tout le cours de leur éducation, sur tous les points de la France, par tous les moyens imaginables, par les journaux de toutes couleurs, par les conversations de tous les instants, les jeunes Français sont et seront entretenus de ces faits prodigieux, de ces immenses bouleversements, de ces sciences des anciennes institutions, de ces innombrables essais de réforme, de ces mille rêves plus ou moins désastreux qui tourmentent, troublent ou menacent incessamment tout notre ordre social.

PIÈCES ANNEXES

INSTRUCTION SUR LA MÉTHODE A SUIVRE POUR L'ENSEIGNEMENT DE L'HISTOIRE (4 JUIN 1866), A L'OCCASION DES PREMIERS PROGRAMMES DE L'ENSEIGNEMENT SECONDAIRE SPÉCIAL RECOMMANDÉS PAR LE MINISTRE AUX ÉCOLES NORMALES.

1° **Année préparatoire**. — *Histoire de France* (simples récits). — On sait combien les enfants aiment à entendre raconter des histoires, des aventures de chasse, des récits de voyage, de tempêtes et de batailles. Ils veulent qu'on les répète, ils les écoutent avec un plaisir inépuisable, et, si le narrateur oublie le plus petit incident, ils le rappellent aussitôt à l'exactitude du premier récit. Profitant de cette curiosité naturelle pour développer à la fois leurs facultés intellectuelles et morales, le maître habile saura, par l'étude de l'histoire, exercer la plus salutaire influence sur leur raison et sur leur cœur, à un âge où les agitations de la vie n'ont pas encore troublé le calme et la transparence de l'âme. Mais, si l'on veut obtenir ce double résultat, il faut rendre cette étude intéressante, agréable, animée, et par conséquent abandonner le système des récitations textuelles. Le cours d'histoire pour cet âge n'est pas un cours critique.

> Laisser nos jeunes élèves errer sur ce vaste océan d'opinions humaines, sans boussole et sans guide; les exposer à ne recevoir sur les principes qui doivent les diriger et sur les devoirs qu'ils ont à remplir, sur les droits qu'ils auront à exercer, que de fausses et funestes impressions; ne pas venir au secours de leur inexpérience et de leur faiblesse par un bon enseignement tel que l'Université peut et doit le leur donner, me semble, je l'avoue et le proclame, une souveraine imprudence, un déni de justice et de lumière. Le remède à tous les maux qui sont nés et naîtront infailliblement de l'ignorance ou de la fausse science en pareille matière, est un enseignement sagement distribué, au nom et sous la surveillance de l'État, dans toutes les écoles secondaires ou primaires, et pour le moins dans toutes les écoles publiques.
>
> A mon avis donc, l'enseignement de l'histoire de France doit comprendre, dans une juste mesure, tout le temps de nos révolutions successives, jusques et y compris la promulgation de la constitution qui régit la République.

Il se compose de biographies détachées et de faits isolés que le professeur raconte avec simplicité, mais avec art, ayant soin de faire ressortir vivement les grandes qualités des personnages illustres et laissant dans l'ombre leurs défauts et leurs vices. Il ne craint pas d'entrer dans de minutieux détails, parce qu'ils intéressent les enfants; mais il appuie sur les grands traits qui frappent leur jeune imagination et y laissent une trace profonde; enfin, il résume son récit par quelques bonnes pensées, qui forment peu à peu dans leur cœur comme un fonds de morale pratique.

Pour habituer les élèves à lier leurs idées et à parler, le professeur fait répéter, séance tenante, ses récits de vive voix; pour les exercer à écrire, il leur demande ensuite d'en faire une courte rédaction, dans laquelle ne sont pas oubliées les observations auxquelles le récit a donné lieu. Cette rédaction doit, comme on l'a déjà dit, servir à la fois de page d'écriture et d'exercice d'orthographe.

2° **Première année.** — *Les grandes époques des histoires ancienne, grecque, romaine et du moyen âge.* — On sait ce que les études littéraires contiennent de principes féconds pour le développement de l'esprit et du cœur; aussi, dans la combinaison des diverses parties du programme de l'enseignement spécial, a-t-on donné en moyenne une part à peu près égale aux lettres et aux sciences.

Les élèves des cours spéciaux ne doivent pas rester entièrement étrangers, d'ailleurs, aux grands événements qui ont marqué le cours des siècles, ni sortir du collège sans avoir entendu parler des hommes qui ont influé sur les destinées des empires. Mais, comme un pareil cadre embrasse le monde entier, le professeur doit se borner à un petit nombre de récits de nature à frapper vivement l'esprit des jeunes gens, et en composer un cours de morale pratique.

Ainsi, après avoir consacré quelques leçons de revision à l'histoire sainte, qui a été soigneusement étudiée dans les classes primaires, il montre l'Égypte et ses monuments les plus remarquables; l'Assyrie avec les noms retentissants de Sémiramis et de Sardanapale; les Perses sous Cyrus et Darius; la Grèce, qui lui fournit avec Lycurgue, Solon, Miltiade, Aristide, Thémistocle, Périclès, de beaux exemples à citer. Il signale les batailles de Leuctres et de Mantinée, du Granique et d'Arbelles, et arrive rapidement à l'histoire romaine, qu'il esquisse à grands traits : fondation de Rome, Cincinnatus, Fabricius, les Décius, etc., les guerres Puniques, les Gracques, Cicéron, César, Auguste, Trajan, Marc-Aurèle et Constantin; puis les barbares, Attila, Genséric et Clovis; enfin Justinien, Charlemagne, Godefroy de Bouillon, saint Louis, la prise de Constantinople, etc.

Ce cours a pour effet de faire connaître aux élèves de l'enseignement spécial certains noms et certains faits qui reparaissent sans cesse autour de nous, dans les livres, dans les musées, dans les œuvres de l'art, jusque dans la conversation habituelle, et que personne n'a le droit d'ignorer.

3° **Deuxième année.** — *Histoire de France et grands faits de l'histoire moderne jusqu'en 1789.* — Le professeur prend la France à son berceau et la suit jusqu'à l'époque actuelle, en isolant son sujet de l'histoire des autres peuples, sans négliger pourtant les grands événements qui conduisent nécessairement l'histoire de la France au delà de nos frontières. Il raconte les faits les plus remarquables ; il insiste sur les beaux caractères, mais il évite les détails qui fatigueraient inutilement l'attention des enfants.

Les élèves reçoivent des sommaires courts et coordonnés avec soin, qui, après avoir servi de guide pour le travail de la rédaction, sont appris par cœur et récités, ou, mieux encore, développés de vive voix au commencement de chaque classe.

Le devoir est la reproduction de la leçon.

4° **Troisième année.** — *Histoire de France et histoire générale du pays depuis 1789.* — Tout homme doit connaître, dans la mesure de son éducation, l'histoire de son pays. Tout Français doit avoir en mémoire les grandes choses accomplies par la royauté, le clergé, la noblesse et le peuple, depuis le commencement de la monarchie jusqu'en 1789, et savoir la part qu'ont prise ses aïeux à la transformation de l'ancienne société et à l'établissement de la France nouvelle. Il importe surtout que les élèves de l'enseignement spécial, qui doivent composer la partie la plus intelligente du peuple, parmi les classes livrées aux arts usuels, soient mis au courant des progrès réalisés dans les temps modernes, pour se préserver de ce dédain du présent et de cette hâte funeste vers l'avenir, qui empêchent d'apprécier sainement le temps où l'on vit et d'être un membre intelligent et utile de la cité. Il faut donc qu'ils étudient l'histoire contemporaine pendant le cours de cette année, pour que ceux qui ne pourraient pas achever leurs études sortent du collège spécial connaissant ce qui s'est passé en France et en Europe.

Le cours comprend l'histoire de la France et l'histoire générale depuis 1789 jusqu'aux temps actuels. Son but et son objet sont de développer un patriotisme sincère, un amour généreux du pays et du prince qui le personnifie, un sentiment élevé et profond de la France et de la dignité du nom français.

Comme dans l'année précédente, des sommaires sont mis

entre les mains des élèves pour les aider à classer leurs souvenirs.

Pour devoir, des rédactions sur les matières qui ont fait le sujet de la leçon.

5° **Quatrième année.** — *Revision de l'histoire générale et histoire intérieure de la France depuis l'avènement de Louis XIV jusqu'à nos jours; tableau des institutions actuelles de la France.* — Ce cours se terminera par l'exposé de la constitution et par le tableau de notre organisation politique et administrative.

On n'apprend rien en une fois, et l'esprit n'entre en pleine possession d'une science qu'en y revenant sans cesse. L'histoire, dont la connaissance doit être une partie essentielle de toute éducation, ne peut se graver dans la mémoire des élèves qu'autant qu'ils revoient ses récits une seconde, même une troisième fois, sous des points de vue nouveaux. La nature du développement de l'enfant rend cette revision nécessaire; son esprit et son jugement subissent, comme son corps, l'action lente, mais continue, de transformations profondes. S'il interrompt une étude pour la reprendre au bout de quelques mois, il se retrouve, après ce temps de repos, armé de facultés nouvelles, qui lui permettent de pénétrer plus avant dans des questions déjà entrevues.

D'ailleurs, durant les trois premières années, l'élève du collège spécial n'a vu, en histoire, que le dehors des choses; la vie extérieure de la France et des temps modernes; dans la quatrième, il arrive aux applications, c'est-à-dire aux connaissances vraiment utiles. Il est ramené ainsi encore une fois à l'histoire de son pays durant les deux derniers siècles, où l'industrie, l'agriculture et le commerce ont pris leurs plus larges développements; mais on lui raconte moins l'histoire des batailles qu'on ne lui fait celle des institutions qui garantissent la prospérité de la France.

Après un préambule sur Henri IV et Sully, ramenant l'ordre dans les finances, le travail dans les campagnes et dans les ateliers, la sécurité partout, le professeur esquisse l'administration de Colbert, parle des grandes compagnies commerciales et dit comment s'est formé le commerce hollandais au XVIIe siècle; viennent à ce propos des détails sur les banques de Londres et d'Amsterdam, les établissements des Anglais dans les Indes, les assignats et le grand-livre, le blocus continental, la réforme d'Huskisson, l'émigration européenne au XIXe siècle, la nouvelle politique coloniale, etc., etc. Cette revision marche parallèlement avec le cours de la morale publique, l'histoire de la littérature française, l'histoire des inventions industrielles et la géographie générale, ensemble d'études qui répandront de vives lumières dans l'esprit des élèves et nourriront dans leur cœur l'amour du pays.

DIRECTIONS OFFICIELLES POUR L'ENSEIGNEMENT DE L'HISTOIRE A L'ÉCOLE NORMALE, ANNEXÉES AUX PROGRAMMES DE 1881.

L'examen du brevet élémentaire étant obligatoire à la fin de la première année, et cet examen comprenant des interrogations sur l'ensemble de l'histoire de France, il était nécessaire de faire entrer toute cette histoire dans le programme de la première année; aussi a-t-on jugé, en raison même de l'étendue de ce programme, que ce n'était pas trop de quatre heures par semaine pour le parcourir utilement. Ce n'est pas que le conseil supérieur ignorât que les élèves, en entrant à l'école, y apportent d'ordinaire des connaissances historiques assez complètes; ce n'est pas non plus qu'il ait entendu donner à l'enseignement de l'histoire de grands développements; mais il s'est souvenu que si ces élèves savent, ils savent généralement mal; qu'il faut redresser leurs idées et leurs jugements sur bien des points, mettre un lien entre leurs connaissances, appeler et retenir leur attention sur certaines parties de notre histoire qu'ils n'ont fait qu'entrevoir à l'école primaire.

Il n'a pas pensé toutefois qu'un programme détaillé fût nécessaire; il s'est borné à faire la répartition des matières à enseigner dans chacun des trimestres de l'année, s'en remettant à la sagesse du professeur pour écarter de son enseignement les détails inutiles, les menus faits qui ne laissent pas de trace, les dates accumulées qui n'enseignent rien, et, au contraire, pour mettre en relief les événements qui dominent et éclairent notre histoire, pour s'occuper des choses encore plus que des hommes, des peuples encore plus que de ceux qui les ont gouvernés, des épreuves que notre société a traversées, des transformations qu'elle a subies, des grands hommes, des grandes découvertes, des grandes institutions qui l'ont marquée de leur ineffaçable empreinte.

En deuxième année, le professeur initiera ses élèves à la connaissance de l'histoire ancienne; mais autant il est nécessaire qu'ils ne restent pas ignorants de cette antiquité, qui a fait de si grandes choses et qui nous a légué de si grands exemples, autant il serait inutile, pour leur future profession, de les faire entrer dans le détail de cette histoire. Suivre la marche générale de la civilisation à travers les âges anciens ; savoir quels sont les peuples et quels sont les hommes qui ont le plus contribué aux progrès de l'esprit humain, connaître les mœurs et les principales institutions des peuples anciens, c'est là tout ce qu'il est utile que nos élèves-maîtres apprennent : trois mois suffiront à cette tâche.

Le reste de la deuxième année et toute la troisième sont réservées à l'étude des éléments de l'histoire générale. Ici le domaine est immense, et le Conseil a cru qu'il était indispensable de donner un guide sûr au maître chargé de le parcourir. Aussi a-t-il rédigé un programme complet et détaillé, sur l'économie duquel il ne sera pas superflu d'insister. A proprement parler, cette histoire générale n'est autre chose que l'histoire de notre pays, mais agrandie, complétée et éclairée par l'histoire des peuples avec lesquels le cours des événements l'a mis en relations. L'histoire de France reste toujours, — le professeur ne l'oubliera pas, — le point de départ et comme le centre de son enseignement : c'est de là qu'il doit partir ; c'est là qu'il doit toujours revenir.

Il s'en convaincra à la seule lecture du programme. Dans la première partie, ce programme ne diffère pas sensiblement de celui de la première année : c'est qu'à l'origine les relations de notre pays avec les pays voisins sont extrêmement restreintes ou d'une portée peu considérable ; mais peu à peu ces relations s'étendent et le programme s'élargit avec elles, à mesure que l'isolement cesse pour les nations et qu'elles deviennent de plus en plus solidaires les unes des autres ; à mesure que les nécessités de la politique, les besoins du commerce et de l'industrie créent des liens plus étroits entre les peuples ; à mesure enfin que notre action et notre influence pénétrant davantage les sociétés voisines, notre histoire devient par certains côtés l'histoire du monde. Mais en abordant l'histoire des peuples étrangers, le professeur devra se garder, avec plus de soin encore que pour l'histoire de notre pays, des détails superflus et des dissertations savantes ; il s'en tiendra aux grandes lignes et aux grands faits, et, écartant résolument de sa route tout ce qui ne servirait pas à expliquer notre propre passé, il s'efforcera de dominer son sujet et de chercher son chemin par les hauteurs. Enfin, il alliera toujours à l'enseignement de l'histoire l'enseignement de la géographie : ces deux études, conduites parallèlement, se soutiennent et s'éclairent l'une l'autre.

(*Extrait de l'Instruction spéciale sur l'application des programmes d'enseignement dans les écoles normales primaires [arrêté du 3 août 1881].*)

II

Programmes des écoles primaires.

I. — La première répartition officielle des matières de l'enseignement de l'histoire à l'école primaire (circulaire du 18 novembre 1871, M. J. Simon, ministre de l'instruction publique).

II. — Les directions et les programmes mensuels de la Seine pour l'enseignement de l'histoire (17 octobre 1871, 25 juillet 1872, M. Gréard, directeur de l'enseignement primaire de la Seine).

CIRCULAIRE J. SIMON DU 18 NOVEMBRE 1871

(*Extrait.*)

L'enseignement proprement dit n'a pas été suffisamment organisé dans nos écoles primaires. La loi a bien désigné, d'une manière générale, les matières qu'il doit embrasser dans toutes les écoles et celles qu'il peut aussi comprendre dans certains cas; mais cette détermination se borne à un simple énoncé; aucune règle ne prescrit comment cet enseignement doit être donné, en combien d'années il peut être réparti et ce qu'il doit comprendre dans chaque année d'études.

Un trop grand nombre d'instituteurs à qui l'on n'a ni prescrit exactement leur tâche ni laissé l'initiative ou inspiré la confiance nécessaire pour la fixer eux-mêmes, marchent sans guide, au hasard. Leur bonne volonté ne saurait suppléer aux instructions précises qui leur manquent...

... Chaque instituteur doit dresser un plan d'études indiquant la répartition de l'enseignement en un nombre d'années approprié aux besoins de l'école, et un emploi du temps en harmonie avec ce plan. Afin de venir en aide aux instituteurs, je joins à cette circulaire un modèle du plan d'études et un tableau de l'emploi du temps.

PIÈCES ANNEXES

L'emploi du temps annexé donne :

Une demi-heure (de 2 h. à 2 h. 1/2) à la *première année* pour les récits d'histoire et les notions de géographie;

Une heure (de 2 h. 45 à 3 h. 45) à la *deuxième* et à la *troisième année* pour l'histoire et la géographie (le maître faisant la leçon une demi-heure à la *deuxième* et une demi-heure à la *troisième*, pendant que les élèves libres écrivent leur devoir).

Organisation des études dans les écoles primaires. — Répartition trimestrielle des matières de l'enseignement.

MATIÈRES	TRIMESTRES	PREMIÈRE ANNÉE	DEUXIÈME ANNÉE	TROISIÈME ANNÉE
HISTOIRE DE FRANCE — On devra tracer et faire tracer par les élèves les cartes de la Gaule et de la France aux principales époques de notre histoire, comme, par exemple, la Gaule primitive, la Gaule sous Clovis, l'empire de Charlemagne, la France après le traité de Verdun, la France avec ses accroissements successifs sous les Capétiens, etc.	1er	La Gaule. — Attila. — Sainte Geneviève. — Les Francs. — Clovis et Clotilde.	NOTIONS PRÉLIMINAIRES. Manière de compter les temps. — Peuples anciens. — La Gaule et les Gaulois. — Les Romains, les Francs. **1re PÉRIODE** Les Mérovingiens. Règne de Clovis. — Les successeurs de Clovis. — Les rois fainéants et les maires du palais jusqu'à Pépin le Bref.	**5e PÉRIODE** Les Valois (suite et fin). Récapitulation des siècles précédents. — Seizième siècle. — Du règne de Louis XII à la mort de Henri III. — Les guerres d'Italie et les guerres de religion.
	2e	Charlemagne. — Les Croisades. — Saint Louis.	**2e PÉRIODE** Les Carlovingiens. Règne de Charlemagne. — Successeurs de Charlemagne jusqu'au démembrement définitif de l'empire. — Fin des Carlovingiens; la féodalité.	**6e PÉRIODE** Les Bourbons. Dix-septième et dix-huitième siècle. — De l'avènement de Henri IV à la Révolution. Henri IV et Sully. — Louis XIII et Richelieu. — Louis XIV, Mazarin et la Fronde. — Louis XV, la Régence. Système Law. — Louis XVI. — Guerre d'Amérique.
Chaque fois qu'il se rencontre un nom de lieu géographique dans la leçon d'histoire, le maître doit en faire connaître la position sur la carte. Les derniers jours de chaque trimestre seront employés à la revision des matières étudiées pendant ce trimestre.	3e	Les Anglais en France. — Duguesclin. — Jeanne d'Arc. — Les Français en Italie. — Bayard. — Henri IV. — Son éducation. — Son entrée à Paris. — Sa mort. — Sully.	**3e PÉRIODE** Les Capétiens directs. La monarchie féodale et les croisades. Premiers rois capétiens. — Les croisades. — Philippe-Auguste et saint Louis. — Les derniers Capétiens directs : Philippe le Bel.	**7e PÉRIODE** La Révolution française. Fin du dix-huitième siècle. — États généraux. — Assemblée nationale. — Assemblée législative. — Convention. — Directoire.
NOTA. — Pour l'histoire, il n'y a pas d'enseignement suivi en première année. Cet enseignement consiste en lectures et en récits faits par le maître.	4e	Richelieu. Louis XIV.	**4e PÉRIODE** Les Valois jusqu'aux guerres d'Italie. Quatorzième et quinzième siècles. — De l'avènement de Philippe-de-Valois à Charles VII. — La guerre de Cent ans et la ruine de la féodalité.	Commencement du dix-neuvième siècle. — Consulat. — Empire.

EXTRAIT D'UNE CIRCULAIRE DE M. GRÉARD, INSPECTEUR GÉNÉRAL DE L'INSTRUCTION PUBLIQUE, DIRECTEUR DE L'ENSEIGNEMENT PRIMAIRE DE LA SEINE, AUX INSPECTEURS PRIMAIRES.

Paris, le 17 octobre 1871.

J'ai déjà souvent insisté, mais je ne crains pas d'insister encore, sur la nécessité d'établir à ce point de vue un rapport de mutuel concours entre l'histoire et la géographie. C'est surtout par la géographie que nous arriverons à enseigner à l'enfant ce qu'il a besoin de connaître en fait d'histoire politique. La place des champs de bataille de Soissons, de Tolbiac et de Vouillé suffira, bien expliquée, à lui faire comprendre les progrès de l'établissement de la monarchie française sous Clovis. Le tracé des limites de l'empire de Charlemagne, dessiné avec intelligence, lui donnera une idée nette de l'étendue de ses conquêtes. Je prends avec intention ces deux exemples, qui se rattachent aux deux premières périodes de notre histoire, d'abord parce que, faute de ces points de repère géographiques, l'enfant court le risque de s'égarer dans le détail des descriptions de campagnes, qui ne lui offrent aucun rapport direct avec le monde dans lequel il vit; ensuite parce qu'en permettant d'abréger, sans obscurité, l'histoire des premiers temps de nos annales, ce procédé donne le moyen d'arriver rapidement aux époques modernes, plus vivantes et plus utiles, et de s'attacher au développement des améliorations pacifiques, des réformes spéciales, des progrès dans le rapprochement et la fusion des classes, qui sont la véritable moralité de l'étude de l'histoire.

EXTRAIT DE LA DIVISION MENSUELLE DES MATIÈRES DE L'ENSEIGNEMENT PRIMAIRE ADRESSÉE, LE 25 JUILLET 1872, PAR M. L'INSPECTEUR GÉNÉRAL DE L'INSTRUCTION PUBLIQUE, DIRECTEUR DE L'ENSEIGNEMENT PRIMAIRE, AUX INSPECTEURS DU DÉPARTEMENT DE LA SEINE.

COURS ÉLÉMENTAIRE
Histoire de France.

Les leçons consisteront en récits et entretiens sur les principaux personnages et les grands faits de notre histoire.

Le maître ne craindra pas d'entrer dans les détails qui peuvent intéresser les enfants. Après avoir exposé le sujet de la leçon, il s'assurera, par de nombreuses interrogations, qu'il a été compris.

Chaque leçon doit être ensuite résumée en quelques mots clairs et faciles à retenir.

Toutes les fois qu'il se rencontrera dans la leçon d'histoire un nom de lieu géographique, le maître le montrera immédiatement sur la carte.

Octobre. — *La Gaule et les Gaulois.* — Aspect du pays; mœurs et coutumes. — Les druides, la récolte du gui; les sacrifices. — Les bateliers de Paris. — Vercingétorix et César.

Novembre. — *La religion chrétienne en Gaule.* — Blandine à Lyon. — Saint Denis à Montmartre. — Attila et sainte Geneviève. — Clovis et Clotilde. — Charles Martel à Poitiers. — Charlemagne sacré empereur d'Occident.

Décembre. — *La société féodale.* — Aspect des campagnes; le château du seigneur et la cabane du serf. — Intérieur des villes; le beffroi, le couvre-feu, etc. — Les pirates normands: siège de Paris. — La chevalerie: trêve de Dieu. — Louis le Gros et Suger, abbé de Saint-Denis. — Les communes. — Philippe-Auguste à Bouvines. — Saint Louis sous le chêne de Vincennes.

Janvier. — *Revision des matières étudiées dans le trimestre précédent.* — Les croisades. — Pierre l'Ermite. — Godefroy de Bouillon en Palestine. — Saint Louis en Égypte et à Tunis.

Février. — *Les Anglais en France.* — Duguesclin. — Jeanne d'Arc à Domremy, à Orléans, à Reims, à Compiègne; son supplice à Rouen. — Les grandes inventions et les grandes découvertes. — Les monastères et les manuscrits; invention de l'imprimerie par Gutenberg; les livres. — Expéditions maritimes; la boussole; Christophe Colomb.

Mars. — *Les Français en Italie.* — François Ier vainqueur à Marignan, vaincu à Pavie, prisonnier à Madrid. — Le connétable de Bourbon et le chevalier Bayard.

Avril. — *Revision des matières étudiées dans le trimestre précédent.* — Henri IV. — Son éducation en Béarn. — Son entrée à Paris. — Son ministre Sully. — Sa mort.

Les institutions populaires. — Charlemagne: les écoles. — Les trois cents pauvres de Robert le Pieux. — Philippe-Auguste. — L'Hôtel-Dieu. — Saint Louis: les Quinze-Vingts. — Louis XII, le père du peuple. — Henri IV et la poule au pot. — Saint Vincent de Paul: les sœurs de la Charité.

Mai. — *Le siècle de Louis XIV.* — Louis XIV enfant et Anne d'Autriche pendant la Fronde. — Louis XIV roi; ses grands ministres : Colbert, Louvois. — Ses victoires : Condé, Turenne, Luxembourg, Duquesne, Vauban. — Protection donnée aux lettres et aux arts : Boileau et la pension du vieux Corneille; Molière à la table de Louis XIV; Bossuet et Fénelon précepteurs du Dauphin. — La colonnade du Louvre, les Invalides, Versailles. — Misères des dernières années du règne; l'hiver de 1709.

Juin. — *La Révolution.* — Les enrôlements volontaires pour la défense de la patrie. — Valmy, Jemmapes et Fleurus; le *Vengeur.*

Juillet-août. — *Revision générale.*

COURS MOYEN

Chaque leçon sera exposée d'abord par le maître.

Dans cette exposition, lorsqu'il s'agira de faits importants, le maître s'efforcera d'en faire découvrir les causes aux élèves; il leur en fera également rechercher et apprécier les conséquences.

Afin d'habituer les enfants à lier leurs idées et à parler, il leur fera reproduire des résumés de vive voix. Les événements remarquables, les biographies intéressantes, seront l'objet de comptes rendus écrits.

Le maître tracera au tableau noir et fera tracer par les élèves au tableau et sur le papier, les cartes de la France aux principales époques de notre histoire. Les pays, villes et lieux divers dont il est parlé dans les leçons, seront toujours montrés sur les cartes.

Octobre. — (*Les origines jusqu'en l'an 406 après J.-C.*) — *La Gaule indépendante.* — Les anciens Gaulois; leurs mœurs et leur religion. — Prise de Rome (390). — Conquête de la Gaule par César (58-51). — Le christianisme en Gaule.

(*De 406 à 687.*) — *Les invasions; les Mérovingiens.* — Clovis et ses fils (481-561). — Frédégonde et Brunehaut : Neustrie et Austrasie (561-613). — Dagobert (628-638). — Les maires du palais et les rois fainéants. — Bataille de Testry (687).

Novembre. — (*De 687 à 843.*) — *L'empire carlovingien.* — Charles Martel à Poitiers (732). — Pépin le Bref sacré roi (752). — Charlemagne (768-814); ses conquêtes, son gouvernement, ses capitulaires. — Charlemagne sacré empereur d'Occident (800). — Louis le Débonnaire et ses fils. — Traité de Verdun (843).

PIÈCES ANNEXES

(*De 843 à 987.*) — *La France féodale.* — Charles le Chauve (840-877). — Le capitulaire de Kiersy-sur-Oise (877). — Les Normands. — Eudes et le siège de Paris (885). — Lutte des derniers Carlovingiens contre les ducs de France. — Les grands fiefs, la société féodale.

Décembre. — (*De 987 à 1328.*) — *La formation du pouvoir royal; les Capétiens.* — Les premiers Capétiens. — L'an 1000. — La première croisade (1095). — Louis le Gros (1108-1137); les communes. — Philippe-Auguste (1180-1223). — Richard Cœur de lion et Jean sans Terre; bataille de Bouvines (1214). — Saint Louis (1227-1270). — Bataille de Taillebourg (1242). — Les deux dernières croisades. — Institutions de saint Louis. — Philippe le Bel (1285-1314) et ses fils. — Les légistes. — Les premiers États généraux (1302).

Revision des matières étudiées dans le trimestre.

Janvier. — (*De 1328 à 1453.*) — *La guerre de Cent ans; les Valois.* — Résumé des événements de la rivalité entre la France et l'Angleterre, antérieurs à la guerre de Cent ans. — Philippe de Valois (1328-1350) et Jean le Bon. — Crécy (1346) et Poitiers (1356). — Les États généraux (1357). — Charles V (1364-1380) et Duguesclin. — Charles VI (1380-1422). — Les Armagnacs et les Bourguignons. — Bataille d'Azincourt (1415). — Traité de Troyes (1420). — Charles VII (1422-1461). — Siège d'Orléans (1428). — Jeanne d'Arc (1429-1431). — Formigny (1450), Castillon (1453); expulsion des Anglais.

(*De 1453 à 1494.*) — *Le triomphe du pouvoir royal sur la féodalité.* — Charles VII : ses institutions. — Louis XI (1461-1483) et Charles le Téméraire. — Minorité de Charles VIII.

Février. — (*De 1494 à 1519.*) — *Les guerres d'Italie.* — Charles VIII à Naples (1494). — Louis XII : bataille de Ravenne (1512). — François Ier à Marignan (1515).

(*De 1519 à 1559.*) — *L'équilibre européen.* — Lutte contre la prépondérance de la maison d'Autriche (1re période). — L'empire de Charles-Quint. — François Ier et Henri II (1515-1559). — Batailles de Pavie (1525) et de Cérisoles (1544). — La cour de François Ier et la renaissance des lettres et des arts. — Henri II : bataille de Saint-Quentin (1557). — Traité de Cateau-Cambrésis (1559).

Mars. — (*De 1559 à 1598.*) — *Les guerres civiles.* — François II et Charles IX (1559 à 1574). — L'Hôpital et les politiques. — Henri III (1574-1589). — Les Guises et la Ligue. — Henri IV (1589). — Siège de Paris (1590). — Édit de Nantes et paix de Vervins (1598).

Revision des matières étudiées dans les trimestres précédents.

Avril. — (*De 1598 à 1661.*) — *La monarchie absolue ; les Bourbons.* — Henri IV (1589-1610) et Sully. — Louis XIII (1610-1643) et Richelieu ; les grands, les protestants ; seconde période de la lutte contre la maison d'Autriche ; guerre de Trente ans (1618-1648) ; période française : Condé et Turenne. — Traité de Westphalie (1648). — Louis XIV (1643-1715). — Sa minorité, — Mazarin et la Fronde (1648-1653). — Traité des Pyrénées (1659). — Louis XIV roi (1661).

Mai. — (*De 1661 à 1789.*) — *Louis XIV et ses successeurs.* — Gouvernement personnel de Louis XIV. — Les quatre grandes guerres de son règne : guerre de Dévolution, guerre de Hollande, guerre d'Allemagne, guerre de la succession d'Espagne. — Traité de Nimègue (1678) : apogée de la grandeur de Louis XIV. — Colbert et Louvois. — Les grands hommes du xviie siècle. État de la France en 1715. — Louis XV (1715-1774). — Le régent. — Les trois guerres du règne de Louis XV : guerre de la succession de Pologne et de la succession d'Autriche, guerre de Sept ans. — Louis XVI (1774-1789). — Turgot. — Guerre d'Amérique. — Convocation des États généraux (1789).

Juin. — (*De 1789 à 1800.*) — *La Révolution française.* — La Constituante : la nuit du 4 août 1789. — L'Assemblée législative : le 10 août 1792. — La Convention. — Le 9 thermidor. — Le Directoire. — Bonaparte. — Campagne d'Italie et campagne d'Égypte.

(*De 1800 à 1814.*) — *Le Consulat et l'Empire.* — Le Consulat. — Organisation administrative de la France. — Marengo (1800). — L'Empire (1804). — Austerlitz (1805) ; Iéna (1806) ; Wagram (1809) ; la Moskowa (1812) ; Waterloo (1815).

Juillet-août. — Revision générale.

COURS SUPÉRIEUR

Octobre. — Revision des matières du cours moyen jusqu'à la guerre de Cent ans.

Novembre. — *La guerre de Cent ans.* — Avènement de la maison de Valois. — Loi salique. — Rivalité de la France et de l'Angleterre. — États généraux, importance du tiers état, la Jacquerie. — Administration de Charles V ; Duguesclin. — Minorité de Charles VI ; les Bourguignons et les Armagnacs. — Charles VII. — Jeanne d'Arc. — Expulsion des Anglais.

Décembre. — *Le triomphe du pouvoir royal sur la féodalité.*

— Institutions de Charles VII. — Louis XI; lutte contre la maison de Bourgogne; régence d'Anne de Beaujeu; états généraux de Tours. — Administration de Louis XII.

Les guerres d'Italie. — Charles VIII et le royaume de Naples. — Louis XII et les Milanais. — François Ier; Marignan.

Revision des matières du trimestre.

Janvier. — *L'équilibre européen.* — Lutte contre la prépondérance de la maison d'Autriche (1re période). — Charles-Quint: François Ier et Henri II. — Cateau-Cambrésis. — Renaissance artistique et littéraire.

Les guerres civiles. — François II. — Charles IX. — Henri III. — Les Guises. — Les Bourbons. — L'Hôpital et les politiques. — La Ligue. — Henri IV. — Édit de Nantes et paix de Vervins.

Février. — *La monarchie absolue.* — Henri IV et Sully. — Minorité de Louis XIII : régence de Marie de Médicis ; États de 1614. — Richelieu ; les grands, les protestants; seconde période de la lutte contre la maison d'Autriche : guerre de Trente ans; période française; victoires de Condé et de Turenne; traité de Westphalie. — Minorité de Louis XIV; régence d'Anne d'Autriche. — Mazarin et la France; rôle du parlement de Paris. — Mazarin et l'Espagne; traité des Pyrénées. — Louis XIV roi.

Mars. — *Louis XIV.* — Politique extérieure. — Guerre de Dévolution. — Guerre de Hollande : Condé, Turenne, Duquesne. — Guerre d'Allemagne : Luxembourg. — Guerre de succession d'Espagne : Villars. — Traités d'Aix-la-Chapelle, de Nimègue, de Ryswick, d'Utrecht. — Gouvernement intérieur. — Finances, industrie, commerce : Colbert. — Organisation militaire : Louvois, Vauban. — Révocation de l'édit de Nantes. — Le duc de Bourgogne. — Situation de la France en 1715.

Revision des matières des trimestres précédents.

Avril. — *Les successeurs de Louis XIV.* — Régence. — Idée du système de Law. — Louis XV. — Ministère de Fleury. — Guerres de la succession de Pologne et de la succession d'Autriche; le maréchal de Saxe; Fontenoy. — Dupleix aux Indes. — Guerre de Sept ans. — Choiseul. — Louis XVI. — Ministère Turgot. — Les parlements et le pouvoir royal. — Guerre d'Amérique : La Fayette. — Les idées de réforme.

Mai. — *Révolution française.* — Les États généraux. — Assemblée constituante : abolition des privilèges, réformes politiques et administratives; Mirabeau. — Assemblée législative — Première coalition. — Le 10 août 1792. — Convention. — Le 9 thermidor. — Valmy, Jemmapes, Fleurus. — Le Directoire. — Bonaparte en Italie. — Traité de Campo-Formio. — Expédition d'Égypte.

Juin. — *Le Consulat et l'Empire.* — Le Consulat : organisation administrative, judiciaire, financière. — Concordat ; Légion d'honneur. — Deuxième campagne d'Italie ; paix de Lunéville et d'Amiens. — L'empire. — Coalitions de l'Europe ; campagnes d'Allemagne et de Prusse ; guerre d'Espagne ; expédition de Russie ; campagne de France ; les Cent-jours ; traités de 1815.

Juillet-août. — Revision générale.

III

L'histoire contemporaine.

(*Instruction aux recteurs et discours*, Duruy, ministre de l'Instruction publique.)

L'HISTOIRE CONTEMPORAINE

Lorsque, au bout de la dernière année d'études, nous ouvrons devant nos élèves les portes du lycée, ils entrent dans l'inconnu. Fort au courant des choses de Sparte, d'Athènes et de Rome, ils savent encore ce qu'étaient un manoir féodal et l'Œil-de-Bœuf de Versailles ; mais ils ignorent la société dont ils deviennent les membres actifs, son organisation, ses besoins, ses désirs, les grandes lois qui la régissent et quel esprit de justice l'anime et la conduit. Les meilleurs sont, par leurs études, contemporains du siècle de Périclès, d'Auguste et de Louis XIV ; aucun ne l'est de Napoléon III. De là tant d'ignorance des choses au milieu desquelles ils sont destinés à vivre, tant d'erreurs et de déceptions, tant d'hommes enfin qui ne sont ni de leur temps ni de leur pays. Nous avons, Messieurs, une éducation classique, ce qui est bien ; mais nous n'avons pas une éducation nationale, ce qui est un mal.

(Duruy, *Extrait du discours prononcé à la distribution des prix du concours général*, en 1863.)

INSTRUCTION AUX RECTEURS SUR L'ENSEIGNEMENT DE L'HISTOIRE EN PHILOSOPHIE

Du 24 septembre 1863.

Monsieur le Recteur,

Je vous adresse le programme pour le nouveau cours d'histoire institué dans la classe de philosophie, et qui doit s'étendre depuis 1789 jusqu'à nos jours, afin que ceux qui, dans quelques années, feront les affaires du pays, sachent de quelle manière ce pays a jusqu'à présent vécu.

En rhétorique, le professeur expose déjà dans ses dernières leçons les faits qui se sont accomplis de 1789 à 1815. J'ai jugé nécessaire de reprendre cette étude en philosophie d'une manière rapide. Notre société actuelle, avec son organisation et ses besoins, date de la Révolution, et, pour la bien comprendre comme pour la bien servir, il faut la bien connaître.

Mais, en faisant cette revision, le professeur se placera à un point de vue différent de celui où il se met en rhétorique. Cette fois, il négligera les événements militaires qu'il a racontés l'année précédente, pour suivre de plus près l'enchaînement logique des choses et montrer la marche incertaine, quelquefois précipitée et téméraire, mais toujours résolue et active, de notre société française vers le but nouveau et légitime de ses impatients désirs, plus de bien-être physique, plus aussi de bien-être moral.

A partir de 1815, le récit reprend son cours et s'étend successivement, comme nos intérêts, bien au delà de nos frontières. C'est l'honneur de notre pays d'appeler sur lui l'attention des peuples et de faire sentir au loin son influence. Il a tant agi et pensé pour le monde qu'on trouverait peu de grandes questions européennes qui ne fussent aussi des questions françaises; de sorte que notre histoire ne s'explique bien qu'à la condition d'étudier celle des autres. En outre, les diverses nations de l'Europe, même du monde, deviennent solidaires. Il faut mêler leurs annales, comme elles mêlent leurs intérêts.

J'ai disposé le programme de manière à ce que les événements accomplis dans les différents pays s'éclairent et s'expliquent les uns les autres. A ce sujet, vous aurez, Monsieur le Recteur, à rappeler aux professeurs une des lois de leur enseignement, celle qui les avertit de moins tenir à donner beaucoup, qu'à bien choisir ce qu'ils donnent. Vous leur ferez aussi remarquer que je me suis efforcé de porter la lumière plutôt sur les choses que sur les personnes. Les hommes passent, les faits demeurent, et nos enfants n'auront affaire qu'avec les conséquences. Même pour les faits, il conviendra de ne pas les étudier à la façon de Suétone et de Saint-Simon, mais de les regarder de haut et de loin, bonne manière pour bien voir. On s'arrêtera donc uniquement sur ceux qui sont considérables ou caractéristiques, et que le temps, en les jetant dans son crible, n'a point encore laissés passer et se perdre.

J'ai introduit dans l'histoire des idées et des événements de ce siècle quelques notions d'économie politique. Ce n'est pas à dire que nos chaires doivent se transformer, et que les faits aient à y céder la place aux théories hasardées. Au lycée on ne fait pas de la science nouvelle; on donne la science faite et éprouvée. Or, depuis un siècle que les économistes sont à l'œuvre, ils ont mis en lumière un certain nombre de vérités que personne aujourd'hui ne conteste plus, et dont l'éducation peut déjà s'emparer, au grand profit de nos élèves et du pays.

Tant que la guerre et les intrigues de cour ont été la grande affaire des sociétés, Machiavel et l'histoire-bataille suffisaient. Aujourd'hui il faut autre chose. Les faits économiques ont pris une trop grande place dans notre société pour que l'histoire puisse les négliger, si elle veut rester ce qu'elle doit être : le trésor de l'expérience humaine et la maîtresse de la vie, *magistra vitæ*. L'Angleterre a pu traverser paisiblement une crise épouvantable, parce que tous ses ouvriers connaissent ce que nos jeunes gens ignorent encore : les ressorts si délicats de la production et de la vie économique. Nos misères de 1848 sont venues de cette ignorance.

Grâce à cet enseignement, nos élèves, en sortant du lycée, ne tomberont plus dans l'inconnu. Nous leur aurons montré le terrain où, jusqu'à cette heure, ils marchaient sans guide, et nous les aurons mis en état de comprendre les événements au milieu desquels la vie sérieuse vient les surprendre. Jeter un jeune homme dans la cité sans lui avoir rien dit de l'organisation et des nécessités qu'il y rencontre, c'est comme si l'on jetait dans la bataille un chasseur à pied avec l'armement des francs-archers de Charles VII.

Vous connaissez le but de ce cours : éclairer la route où nos enfants s'engagent en devenant hommes ou citoyens.

Quel en sera l'esprit ? Un esprit de paix et de justice.

J'ai toujours trouvé à l'histoire une grande vertu d'apaisement. Elle montre par toutes ses leçons que, si l'absolu se trouve dans la vérité religieuse et dans la vérité scientifique, la politique est, comme la loi, une question de rapport, une convenance entre les choses à faire et les choses déjà faites; que même il faut compter, sans les subir, avec les passions, les préjugés, et que la plus grande des forces, c'est la fermeté dans la modération.

L'histoire stimule les timides en leur faisant voir les nécessités impérieuses des choses, et elle calme les impatients en leur prouvant que rien de durable ne s'improvise; que ce qu'il y a toujours de plus dans le présent, c'est toujours du passé, et qu'il faut en tout l'aide du temps, ce puissant maître, comme dit un des nôtres, le vieil Eschyle.

Aussi suis-je convaincu que l'étude faite avec bonne foi des épreuves que nous avons subies depuis quatre-vingts ans, est plutôt de nature à apaiser les esprits en les éclairant qu'à les irriter, et qu'elle contribuera à affermir et à améliorer nos institutions plutôt qu'à les ébranler.

Veillez donc, Monsieur le Recteur, avec la plus active sollicitude, comme j'y veillerai de mon côté par l'inspection générale et par moi-même, à ce que ce cours soit une école de moralité, de respect et de modération : la vérité sur les choses; partout et en tout une haine vigoureuse pour le mal et pour ceux qui l'ont accompli sciemment; mais des égards pour ceux qui n'ont fait que se tromper et qui ont servi leur pays avec de l'erreur quand ils croyaient le servir avec de la vérité.

Respectons les hommes qui ont, avant nous, porté le poids du jour, pour que nous soyons respectés à notre tour malgré nos fautes.

Le gouvernement impérial cherche, comme son glorieux fondateur, la réconciliation des partis, et sa plus belle victoire serait de réunir tous ceux que nous ont légués nos révolutions, pour qu'il n'en restât qu'un seul, celui de la France.

Aussi, Monsieur le Recteur, je n'ai pas besoin de vous dire qu'en instituant ce nouveau cours, le gouvernement ne songe pas à faire de tous nos professeurs d'histoire des avocats intéressés et aveugles d'une cause qui n'est plus à gagner.

Quand on n'est qu'un parti, on fausse l'histoire pour la faire servir à ses desseins; mais quand on représente, après les avoir noblement servis, les intérêts généraux du pays et la nation même avec ses aspirations les plus généreuses, on ne craint pas la lumière ni la comparaison avec personne, et on demande simplement la vérité.

Les professeurs d'histoire de votre Académie n'ont donc, Monsieur le Recteur, qu'à s'inspirer, pour leur enseignement, de ce patriotisme éclairé qui met l'honneur et l'intérêt du pays au-dessus de toutes les questions et de la fierté légitime que donne l'idée qu'on appartient à une société policée, libre et puissante.

Agréez, Monsieur le Recteur, etc.

Le Ministre de l'instruction publique.
Signé : DURUY.

IV

Trois leçons orales à l'école primaire.

1° Lavisse, *Questions d'enseignement.*
2° Lemonnier, *Monographie du musée pédagogique sur l'enseignement de l'histoire.*

LAVISSE, QUESTIONS D'ENSEIGNEMENT

J'arrivai au moment où un jeune maître commençait une leçon sur la féodalité. Il n'entendait pas son métier, car il parlait de l'hérédité des offices et des bénéfices, qui laissaient absolument indifférents les enfants de huit ans auxquels il s'adressait. Entre le directeur de l'école[1]; il interrompt, et, s'adressant à toute la classe : « Qui est-ce qui a déjà vu ici un château du temps de la féodalité ? » Personne ne répond. Le maître, s'adressant alors à un de ces jeunes habitants du faubourg Saint-Antoine : « Tu n'as donc jamais été à Vincennes ? — Si, Monsieur. — Eh bien ! tu as vu un château du temps de la féodalité. » Voilà le point de départ trouvé dans le présent. « Comment est-il, ce château ? » Plusieurs enfants répondent à la fois. Le maître en prend un, le conduit au tableau, obtient un dessin informe qu'il rectifie. Il marque des échancrures dans la muraille. « Qu'est-ce que c'est que cela ? » Personne ne le savait. Il définit le créneau. « A quoi cela servait-il ? » Il fait deviner que cela servait à la défense. « Avec quoi se battait-on ? avec des fusils ? » La majorité : « Non, Monsieur. — Avec quoi ? » Un jeune savant crie du bout de la classe : « Avec des arcs. —

1. M. Berthereau, directeur de l'école communale de la rue Keller.

Qu'est-ce qu'un arc? » Dix voix répondent : « Monsieur, c'est une arbalète. » Le maître sourit et explique la différence. Puis il dit comme il était difficile de prendre avec des arcs et même avec les machines du temps un château dont les murailles étaient hautes et larges; et, continuant : « Quand vous serez ouvriers, bons ouvriers, que vous voyagerez pour votre travail ou pour votre plaisir, vous rencontrerez des ruines de châteaux. » Il nomme Montlhéry et autres ruines dans le voisinage de Paris. « Dans chacun d'eux il y avait un seigneur. Que faisaient tous ces seigneurs? » Toute la classe répond : « Ils se battaient. » Alors le maître dépeint devant ces enfants, dont pas un ne perd une de ses paroles, la guerre féodale, mettant les chevaliers en selle et les couvrant de leurs armures. « Mais on ne prend pas un château avec des cuirasses et des lances. Alors la guerre ne finissait pas. Et qui est-ce qui souffrait surtout de la guerre? Ceux qui n'avaient pas de châteaux, les paysans, qui, dans ce temps-là, travaillaient pour le seigneur. C'est la chaumière des paysans du seigneur voisin qu'on brûlait. « Ah! tu me brûles mes chaumières, disait le seigneur attaqué; je vais te brûler les tiennes. » Il le faisait, et il brûlait, non seulement les chaumières, mais encore les récoltes. Et qu'arrive-t-il quand on brûle des récoltes? Il y a la famine. Est-ce qu'on peut vivre sans manger? » Toute la classe : « Non, Monsieur. — Alors, il a bien fallu trouver un remède. » Le voilà qui parle de la trêve de Dieu; puis il commente : « C'est une singulière loi, par exemple. Comment! on dit à des brigands : « Restez tranquilles du samedi soir au mercredi matin, « mais, le reste du temps, ne vous gênez pas, battez-vous, brûlez, « pillez, tuez! » Ils étaient donc fous, ces gens-là? » Une voix : « Bien sûr. — Mais non, ils n'étaient pas fous. Écoutez-moi bien. Il y a ici des paresseux. Je fais ce que je puis pour qu'ils travaillent toute la semaine; mais je serais à moitié content de les voir travailler jusqu'au mercredi. L'Église aurait bien voulu qu'on ne se battît pas du tout, mais, comme elle ne pouvait l'obtenir, elle a essayé de faire rester les seigneurs tranquilles une moitié de la semaine. C'était toujours cela de gagné. Mais l'Église n'a pas réussi. Il fallait la force contre la force, et c'est le roi qui a mis tous ces gens à la raison. » Alors le maître explique que les seigneurs n'étaient pas égaux les uns aux autres, qu'il y avait au-dessus du maître de tel château un seigneur plus puissant et plus élevé, habitant dans un autre château. Il donne une idée presque juste de l'échelle féodale, et, tout en haut, il place le roi. « Quand des gens se battent entre eux, qui est-ce qui les arrête? » Réponse : « Les sergents de ville. — Eh bien! le roi était un sergent de ville. Qu'est-ce qu'on fait de ceux qui ont battu et tué quelqu'un? » Réponse : « On les juge. — Eh bien! le roi était un juge. Est-ce qu'on peut se passer de gendarmes et de juges? — Non, Monsieur. — Eh bien! les anciens rois ont été aussi utiles à la France que les gendarmes et les juges. Ils ont fait du mal dans la suite, mais ils ont commencé par faire du bien. Qu'est-ce que je dis : aussi utiles? Bien plus; car il y avait alors plus de brigands qu'aujourd'hui. C'étaient des gens féroces que ces seigneurs, n'est-ce pas? » La classe : « Oui, Monsieur. — Et le peuple, mes enfants, valait-il mieux? » Réponse unanime, d'un ton convaincu : « Oui, Monsieur. — Eh bien! non, mes enfants. Quand ils étaient lâchés, les gens du peuple étaient des gens terribles. Ils pillaient, brûlaient, tuaient, eux aussi; ils tuaient les femmes et les enfants. Pensez qu'ils ne savaient pas ce qui était bien, ni ce qui était mal. On ne leur apprenait pas à lire. »

Sur ce mot, qui n'est qu'à moitié juste, finit une leçon qui avait duré à peine une demi-heure. Formons des maîtres comme celui-là.

LEMONNIER, MONOGRAPHIE DU MUSÉE PÉDAGOGIQUE
SUR L'ENSEIGNEMENT DE L'HISTOIRE.

C'était en plein quartier du Temple, au fond d'une rue détournée, une espèce d'impasse. Je n'étais attendu ni par la directrice ni par la maîtresse, et la leçon que j'allais entendre n'avait certes pas été préparée à mon intention. J'avoue qu'avant d'écouter j'examinai d'abord les élèves avec autant de curiosité que de sympathie. Outre que je devais, pour juger de la valeur de la leçon, me rendre compte du petit personnel pour qui elle était faite, je n'avais pas eu souvent l'occasion de me trouver aussi directement en présence d'enfants de la classe populaire réunis en aussi grand nombre. Or, je les voyais là, soumises à une discipline assez douce pour qu'elles fussent bien elles-mêmes, et assez méthodique pour qu'on vît ce que peut donner l'éducation en commun. Il y avait bien des variétés dans ces élèves, qui appartenaient au cours moyen : quelques écolières, presque trop âgées pour le cours, ou trop grandes pour leur âge, d'autres qui n'apportaient guère à la classe autre chose que leur présence; mais, à côté d'elles, quelques petites filles très proprettes dans leur mise modeste et convenable, vives et animées d'une curiosité de bon aloi. La maîtresse avait à les interroger sur Charles V et à leur parler de Charles VI. Elle s'en était tenue, sur Charles V, au roi et à Duguesclin, et l'on voyait, par les réponses faites, qu'elle avait dû donner la plus grande place à l'anecdote. C'est ainsi qu'elle procéda quand elle arriva à Charles VI; elle raconta l'assassinat de Clisson, la folie du roi, le meurtre du duc d'Orléans, tout cela d'une façon très familière. Elle ne craignait pas de dire : « Ce vilain homme fit tuer le duc d'Orléans... le pauvre roi Charles VI était bien malheureux. » Il fallait voir avec quelle ardeur elle était écoutée, comment on suivait les péripéties de son récit, qui ne se distinguait cependant point par de hautes qualités dramatiques. Quand la maîtresse intercalait une question, dix ou douze mains se levaient, et les corps avec les mains. Il y avait surtout une petite fille, dont les yeux noirs pétillaient, qui mimait le drame raconté, ou qui avait des désespoirs amusants lorsqu'une autre avait fait la réponse avant elle. En m'en allant, je me disais bien que la leçon n'était pas composée d'une façon très solide, que des pédagogues rigides n'y trouveraient pas un enchaînement assez coordonné. Mais je me disais plus encore que ces enfants avaient éprouvé une impression, juste après tout, sur une période de l'histoire; qu'elles n'oublieraient facilement ni le roi maladif, incapable de manier la lance, ni le grand connétable, qui avaient fait tous deux tant de mal aux Anglais, ni le malheureux roi, qui était devenu fou et qui avait failli brûler au milieu d'un bal [1].

J'eus, quelques jours après, l'occasion d'assister à une leçon faite d'après une méthode tout à fait différente. Il s'agissait, il est vrai, du cours supérieur. Le sujet était Philippe-Auguste; le maître divisa comme il faut son sujet, marqua assez simplement les grandes périodes du règne, n'en présenta (sauf exceptions) que les faits importants : la croisade, la lutte contre Richard Cœur de lion et Jean sans Terre, l'acquisition des provinces de l'ouest, la bataille de Bouvines; il montra Philippe-Auguste s'occupant des embellissements de Paris, prenant part à la création de l'Université. Il eut soin d'inscrire au tableau noir les dates et les noms essentiels; il ne cita pas une province sans en montrer, ou mieux, en faire montrer par les

[1]. Un inspecteur de Paris, M. Defodon, me racontait qu'au sortir d'un cours, il avait rencontré une petite fille toute en pleurs : « Ah! monsieur, ils ont tué Jeanne d'Arc ! » Bienheureuse la maîtresse qui excite des larmes de ce genre!

élèves l'emplacement sur la carte murale. C'était donc en somme une leçon utile et claire. Il est cependant certain qu'on sentait chez les bons écoliers l'effort fait pour écouter et suivre; la mémoire travaillait beaucoup, l'intelligence un peu, l'imagination pas du tout. On songeait à l'examen bien plus qu'à Bouvines, ce grand événement national. Étais-je sous une impression particulière, qui me faisait tout voir d'un autre œil? Je ne sais; toujours est-il que ce personnel d'enfants me sembla n'avoir rien de commun avec l'autre. Plus de mines éveillées, fûtées, plus de mouvement, plus de caractères se révélant, pour ainsi dire, au travers de la classe. Tout était un peu gris et terne.

J'ai cité ces deux exemples entre beaucoup d'autres, parce qu'ils me paraissent résumer assez exactement la situation où l'on se trouve, et les doubles tendances qui ont fini par prévaloir : simplifier et vivifier l'enseignement. Seulement elles sont presque toujours séparées, au lieu de se mêler et de se compléter. Il ne faut pas trop s'en étonner, car elles répondent à deux tournures d'esprit différentes : certains ayant dans l'intelligence plus de clarté, et portant avant tout, dans l'enseignement, le souci de la précision, fût-elle un peu sèche, et de la méthode, fût-elle un peu aride; d'autres, ayant plus de vivacité et se préoccupant de faire ressortir le côté pittoresque des choses, fût-ce au détriment de la rigueur d'exposition. Il ne faut pas « forcer les talents », mais on peut les combiner.

TABLE DES MATIÈRES

Préface.. p. v-xii.

PREMIÈRE PARTIE

Introduction de l'histoire dans les programmes de l'enseignement primaire.

Chapitre premier. — *De 1789 à 1833.*

I. — *Avant 1789.* — L'histoire dans les collèges, opinion de Voltaire et de Rollin. — L'absence de l'histoire dans l'enseignement du premier âge; écoles de village et écoles urbaines.
II. — *La Révolution et le principe de l'éducation nationale.* — Talleyrand et la Constituante. — Lanthenas, Le Pelletier, Romme, Mailhe et Lakanal à la Convention.
III. — *Réaction.* — L'Empire et la circulaire Fontanes. — La Restauration et l'ordonnance du 29 février 1816............ p. 1-19.

Chapitre II. — *De 1833 à 1867.*

I. — Organisation des écoles normales. — Ordonnance du 11 mars 1831. Les programmes des écoles normales de 1838 et la circulaire Salvandy. Le règlement du 24 mars 1851. La circulaire Fortoul du 31 octobre 1854.
II. — Le ministère Duruy. — La circulaire du 23 septembre 1863. L'enquête de 1864. L'instruction ministérielle de 1866. La loi de 1867. La circulaire pour les brevets.................. p. 20-40.

CHAPITRE III. — *Après 1867.*

I. — Exécution de la loi de 1867. — Insuffisance du personnel enseignant. — Les mauvais livres. — Absence de programme et de direction officiels.
II. — Circulaire du 18 novembre 1871 et organisation pédagogique. — Les rapports d'inspection générale.
III. — Le plan d'études du 27 juillet 1882............ p. 40-59.

DEUXIÈME PARTIE

Les effets de l'enseignement de l'histoire.

CHAPITRE IV. — *L'histoire et l'éducation intellectuelle.*

I. — L'enseignement de l'histoire éveille l'attention, occupe l'imagination, développe la mémoire, fait appel au jugement et à la réflexion, met en jeu la plupart des facultés de l'esprit.
II. — A l'école, elle est utile pour tous les exercices : conversation, récits, rédactions. Elle enrichit l'intelligence et agrandit le domaine de la pensée................................ p. 60-75.

CHAPITRE V. — *L'histoire et l'éducation morale.*

I. — L'histoire qui a pour objet l'*homme moral* peut-elle contribuer à l'éducation morale? — Opinion de Rousseau, Volney, Th. Barrau, Tolstoï.
II. — Les rapports de cause à effet et la notion de responsabilité. La morale en action ou par l'exemple. — Anecdotes.
III. — L'étude du vrai et du possible par l'histoire; son influence sur la formation du caractère. — Les historiens et la passion de la vérité.
IV. — Les récits historiques peuvent exciter l'amour-propre, provoquer le sentiment de l'honneur et l'amour de la gloire. Avantages. Conclusion.................................. p. 75-91.

CHAPITRE VI. — *L'histoire et l'éducation nationale.*

I. — *Le patriotisme.* — L'instinct du patriotisme : comment l'histoire peut l'éclairer et le fortifier. — Les vertus et les défauts de notre race dans l'histoire. — La sincérité et la justice à l'égard de la France et des autres nations.

II. — *Le civisme.* — Comment l'histoire contemporaine mène à l'instruction civique. — Les manuels blancs et rouges. — L'histoire a la *vertu d'apaisement.* Elle contribue, dans l'éducation publique, à donner aux âmes leur forme nationale.................. p. 91-109.

TROISIÈME PARTIE

Les programmes et les méthodes d'enseignement.

CHAPITRE VII. — *L'histoire à l'École normale.*

I. — Le double objet de l'enseignement à l'école normale :
1° Acquisition des connaissances.
2° Préparation professionnelle.
II. — *L'acquisition des connaissances :* les programmes et les instructions ministérielles; les méthodes et les procédés d'enseignement; les résultats et les sanctions.
III. — *La préparation professionnelle :* 1° l'école annexe; 2° le cours de pédagogie; 3° les conférences. — Réformes possibles : la transposition des leçons, l'histoire provinciale et locale. Conclusion. .... p. 110-142

CHAPITRE VIII. — *Écoles primaires.* — *Les programmes.*

I. — Les diverses écoles primaires publiques. — Programme officiel de chacune d'elles.
II. — A quel âge il convient de commencer l'étude de l'histoire.
III. — Inconvénients de programmes uniformes pour des écoles diverses.
IV. — Défauts de la répartition actuelle.
V. — Changements possibles : le système concentrique et annuel, le système concentrique et bisannuel. — Les programmes des cours complémentaires et des écoles primaires supérieures. p. 143-153.

CHAPITRE IX. — *Écoles primaires* (suite). — *L'objet de l'enseignement*

I. — Durée annuelle de l'enseignement et aptitude actuelle des élèves.
II. — Les trois cours concentriques et leur objet particulier.
III. — L'histoire militaire et dynastique.
IV. — L'histoire de la civilisation ancienne et moderne.
V. — L'histoire locale............................ .... p. 154-171.

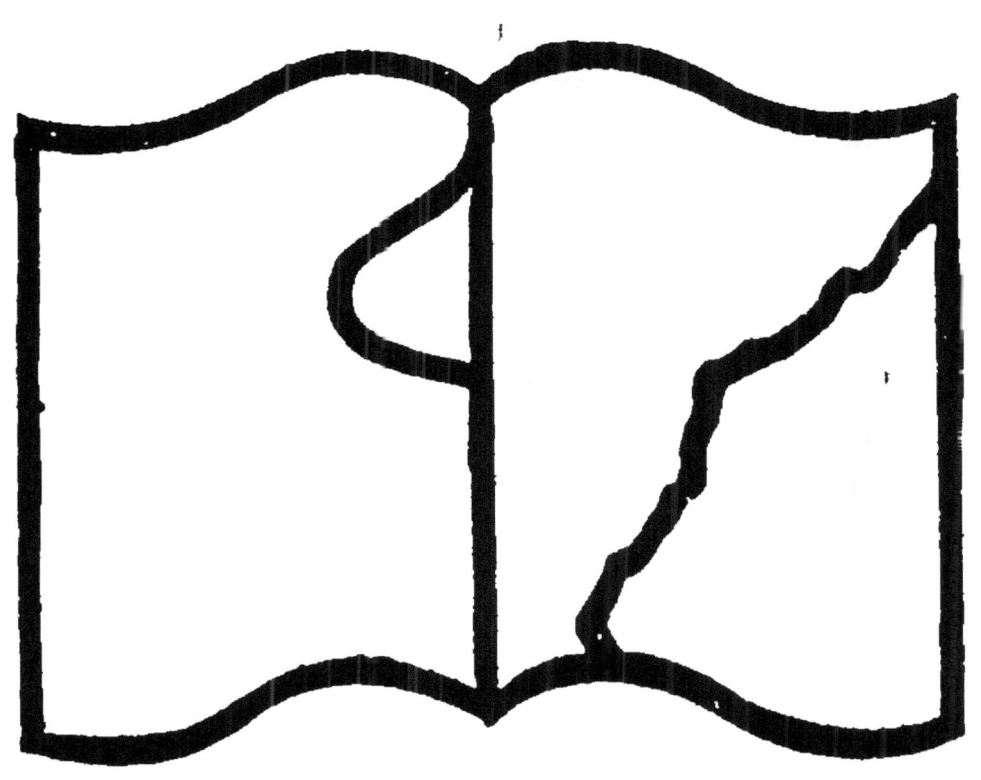

Texte détérioré, — reliure défectueuse

CHAPITRE X. — *Écoles primaires* (suite). — *Les méthodes et les procédés d'enseignement.*

I. — La méthode anecdotique et la méthode historique.
II. — La leçon orale, ses partisans. Modèles et types de leçons orales ; inconvénients.
III. — L'emploi du livre ; ses adversaires, ses dangers, ses avantages.
IV. — Comment, avec l'emploi du livre, l'enseignement peut rester oral et actif.................................... p. 171-185

CONCLUSION.. p. 185-191

PIÈCES ANNEXES

I. Instructions officielles pour l'enseignement de l'histoire à l'école normale.. p. 192-20
II. Programmes des écoles primaires. — La première répartiti officielle des matières de l'enseignement (circulaire du 18 noven bre 1871).. p. 200-2
III. L'histoire contemporaine....................... p. 209-2
IV. Trois leçons orales à l'école primaire............ p. 213-21

SOCIÉTÉ ANONYME D'IMPRIMERIE DE VILLEFRANCHE-DE-ROUERGUE
Jules BARDOUX, Directeur.

LIBRAIRIE CHARLES DELAGRAVE
15, rue Soufflot. — Paris.

COURS COMPLET
DE
LANGUE ALLEMANDE
conforme aux derniers programmes

ENSEIGNEMENT SECONDAIRE CLASSIQUE

Ce *Cours complet*, qui conduit les élèves depuis la 9ᵉ jusqu'en philosophie et en mathématiques spéciales, leur assurant ainsi, du commencement à la fin de leurs études, les avantages de l'unité de méthode, se compose de deux parties :

PREMIÈRE PARTIE
COURS ÉLÉMENTAIRE
Par M. Alexandre PEY
Ancien élève de l'École normale supérieure, professeur agrégé au Lycée Saint-Louis.

Chacun des six volumes dont se compose ce *Cours élémentaire* contient tout ce qui est nécessaire pour satisfaire aux exigences du nouveau Plan d'études : 1° toutes les règles de grammaire comprises dans le programme de la classe ; 2° des Exercices de Thèmes et de Versions sur ces règles ; 3° des Exercices de conversation ; 4° de nombreux Extraits des Auteurs prescrits.

La première partie de chacun de ces volumes offre, pour ainsi dire, une petite grammaire complète ; car si les règles recommandées pour cette classe, par le Plan d'études y sont particulièrement développées, les plus essentielles des autres règles y sont résumées plus ou moins rapidement, de façon qu'on puisse faire faire chaque année, sous une forme différente, une revision toujours si nécessaire aux élèves.

Pour les Exercices de thème et de version, comme l'auteur s'est conformé scrupuleusement aux prescriptions du programme et que celles-ci ont eu en vue une sorte de force normale qui n'est atteinte que dans quelques lycées privilégiés, ils pourront paraître un peu difficiles dans certains établissements moins favorisés par leur situation géographique ; les maîtres pourront remédier aisément à cet inconvénient en élevant chaque cours d'une classe, en donnant par exemple, le cours de 4ᵉ en 3ᵉ, celui de 5ᵉ en 4ᵉ, et ainsi de suite jusqu'au cours de 8ᵉ sur lequel on peut aisément s'arrêter deux années.

Quant aux Lectures qui forment la seconde partie de chaque volume, comme elles sont dans la pensée de l'auteur du Cours, aussi bien sans doute que dans celle des auteurs du plan d'études, destinées à être expliquées en classe, avec l'aide du maître et non à être données en devoir, leur plus ou moins de difficultés est de peu d'importance.

DEUXIÈME PARTIE
COURS SUPÉRIEUR
I. — GRAMMAIRE PRATIQUE ET RAISONNÉE
Par M. Alexandre PEY

avec un *Index* alphabétique des principales *Règles* et *difficultés* de la *Syntaxe*
Cinquième édition, corrigée et augmentée

Un volume in-12, cart. . . . . 3 fr.

II. — COURS DE THÈMES
Par M. Eugène DESPOIS
Professeur agrégé au lycée Henri IV.
Troisième édition.

Un volume in-12, cart. . . . . 3 fr.

III. — LES AUTEURS DU PROGRAMME
Extraits reliés par des analyses et des notes
Par MM.

L. SCHMITT	O. BRIOIS
Professeur agrégé au lycée Condorcet	Professeur agrégé au lycée de Rouen

Rhétorique. 1° *Dramaturgie de Hambourg*; 2° *Poésies lyriques* de Schiller; 3° *Poésies lyriques* de Gœthe; 4° *La Fiancée de Messine*; 5° *Jeanne d'Arc*.
Un volume in-12, cart. . . . . 3 fr.

Seconde. 1° *Hermann et Dorothée*; 2° *Trilogie de Wallenstein*; 3° *Extraits des œuvres historiques* de Schiller; 4° *Lichtenstein*; 5° *Michaël Kohlhaas*.
Un volume in-12, cart. . . . . 3 fr.

Troisième. 1° *Campagne de France*; 2° *Guillaume Tell*; 3° *Marie Stuart*; 4° *Pierre Schlemihl*; 5° *Récits villageois de la Forêt-Noire*.
Un volume in-12, cart. . . . . 3 fr.

Chacun des ouvrages du programme formant un fascicule in-12, se vend séparément au prix de . . . . 75 c.

CLASSES DE MATHÉMATIQUES
Par M. A. PEY

1 volume in-12, cart. 2f 75

Première partie : Révision des notions grammaticales élémentaires; Syntaxe développée et raisonnée; Thèmes donnés aux examens des Écoles et du Baccalauréat.

Deuxième partie : *Contes* de Grimm; la *Campagne de France*, de Gœthe; *Oncle et Neveu*, de Schiller. Lectures scientifiques sur la physique, la chimie, l'histoire naturelle, etc., etc.

ENSEIGNEMENT SECONDAIRE DES JEUNES FILLES
Par M. A. PEY

Première année, 1 vol. in-12, illustré par C. Gilbert, élégamment cartonné 1f 50
Deuxième année, 1 vol. in-12, illustré par C. Gilbert, cartonné. 1 75
Troisième année, 1 vol., cartonné 1 75
Quatrième année. (Sous presse.)
Cinquième année. (En préparation.)

Chaque volume contient, outre l'enseignement grammatical prescrit par le programme, d'amples et abondants extraits des auteurs indiqués dans le plan d'études.

ENSEIGNEMENT SECONDAIRE SPÉCIAL
Nouveau cours de langue allemande conforme au programme de 1886
Par M. A. PEŸ

Première année. Enseignement grammatical et auteurs du programme : *Contes* de Schmid ; *Paraboles* de Krummacher ; Poésies faciles.
1 vol. in-12, cart. 1f 75

Deuxième année. Enseignement grammatical et auteurs du Programme : *Feuilles de Palmier* de Herder et Liebeskind ; *Contes* de Hebel et Schmid.
1 vol. in-12, cart. . . . . 2 fr.

Troisième année. Enseignement grammatical ; lettres familières et commerciales ; manuscrites ; auteurs du programme : *Fables* de Lessing ; *Oncle et Neveu* de Schiller ; *Contes populaires* de Grimm.
1 vol. in-12, cart. . . . . 2 fr.

Quatrième année. Enseignement grammatical ; petites matières de narrations, de descriptions et de lettres ; auteurs du programme *Le Tonnelier de Nuremberg*, par Hoffmann ; les deux premiers actes de *Minna de Barnhelm*, par Lessing ; morceaux scientifiques.
1 vol. in-12, cart. . . . . 2 fr.

Cinquième et sixième années. En attendant les deux derniers volumes du nouveau Cours qui paraîtront l'année prochaine, nous maintenons en vente le Cours supérieur (ancien programme).
1 volume in-12, cart. 2f 75

LES LIVRES DU MAITRE
Comprenant :

Les corrigés des thèmes de 6e, 5e et 4e, Enseignement classique, du Cours de Mathématiques et de l'Enseignement spécial, par M. A. PEŸ.
Les corrigés des thèmes de 3e, 2e et Rhétorique, par M. E. DESPOIS.

Ne sont pas en vente ; exclusivement réservés aux professeurs d'allemand dans les établissements d'enseignement, ils seront envoyés gratuitement à ceux d'entre eux qui les demanderont.

LES LANGUES VIVANTES ENSEIGNÉES AUX ENFANTS
PAR DES IMAGES

Cours enfantin de langue allemande à l'usage des écoles primaires et des familles par A. PEŸ et A. GRANDJEAN.

Premier degré. Un volume in-8°, orné de plus de 400 vignettes par O. Gilbert, élégamment cartonné. 1f 50

Deuxième degré. Un volume in-8° orné de plus de 850 vignettes par O. Gilbert, élégamment cartonné 2f 50

LES PRINCIPALES RÈGLES
DE LA GRAMMAIRE ALLEMANDE
EN CINQUANTE PAGES
MEMENTO DU CANDIDAT
AUX BACCALAURÉATS ET AUX ÉCOLES.
Par A. PEŸ

In-12, broché, 60 c. — Relié percaline anglaise, 1 fr.

Le Procès, comédie de BENEDIX, annotée par A. PEŸ . . . . 60 c.
Oncle et Neveu, comédie de SCHILLER, annotée par A. PEŸ . 75 c.

A LA MÊME LIBRAIRIE

COURS COMPLET
D'INSTRUCTION ÉLÉMENTAIRE
PUBLIÉ SOUS LA DIRECTION DE MM.

A. RIQUIER	L'abbé COMBES
Ancien proviseur, Ancien professeur agrégé d'histoire	Vicaire général de Mgr l'évêque de Poitiers

COURONNÉ PAR L'ACADÉMIE FRANÇAISE (PRIX MONTYON)
Approuvé et recommandé par plusieurs cardinaux, archevêques et évêques

JOLIS VOLUMES IN-18, CARTONNÉS
ENRICHIS DE NOMBREUSES ILLUSTRATIONS
ET DE CARTES GÉOGRAPHIQUES GRAVÉES SUR ACIER ET COLORIÉES

PETIT COURS
À L'USAGE DE L'ENFANCE DANS LES ÉCOLES ET DANS LES PENSIONNATS

HISTOIRE

Histoire sainte (Riquier et Combes). Nouv. édit., » 80
Histoire de l'Église (Riquier et Combes)............... 1 »
Histoire ancienne (Riquier). » 80
Histoire grecque (Riquier). » 80
Histoire romaine (Riquier). 1 25
Mythologie (Tivier, doyen de la Faculté des lettres de Besançon, et Riquier).................. » 80
Histoire de France (Riquier). 1 25
Histoire du moyen âge (Riquier).................. 1 2
Histoire des temps moderne (Riquier et Launay)......... 1 9

GRAMMAIRE

Grammaire, Théorie et exercices (Berger, inspecteur général de l'enseignement primaire). In-12 cart......................... » 80
Livre du maître. In-12, cart. 2

COURS ÉLÉMENTAIRE
À L'USAGE DE LA JEUNESSE DANS LES COLLÈGES ET DANS LES INSTITUTIONS DE JEUNES PERSONNES

HISTOIRE ET GÉOGRAPHIE

Histoire sainte (Riquier et Combes). Nouv. édit.......... 1 25
Histoire de l'Église (Riquier et Combes). Nouv. édit........ 2 50
Histoire ancienne (Riquier). 1 »
Histoire grecque (Riquier). 1 25
Histoire romaine (Riquier). 1 50
Mythologie (Tivier, doyen de la Faculté de Besançon, et Riquier) 1 25
Histoire de France (Riquier). 1 50
Histoire du moyen âge (Riquier) Prix...................... 1 50
Histoire moderne et contemporaine (Riquier et Launay, professeur agrégé d'histoire)... 2 »
Géographie (J.-H. Fabre)... 1 50

GRAMMAIRE

Grammaire, Théorie et exercices (Berger), in-12....... 1 25

LITTÉRATURE

Principes de composition et de style (Deltour, inspecteur général des lettres)............... 1 5
Histoire de la littérature française (Tivier)............ 1 50
Recueil de morceaux choisis (Prosateurs et Poètes)(Rassat). 3 »

En préparation :
Histoire des littératures anciennes (Deltour)........ 1 50
Histoire des littératures étrangères..................... » »

SCIENCES

Arithmétique (J.-H. Fabre, docteur ès sciences)................ 1 »
Physique (J.-H. Fabre)........ 1 »
Chimie (J.-H. Fabre)......... 1 50
Astronomie (J.-H. Fabre)... 1 50
Histoire naturelle, Physiologie Zoologie, Botanique, Géologie (J.-H. Fabre).............. 1 5
Zoologie (J.-H. Fabre)....... 1 50
Botanique (J.-H. Fabre)..... 1 50
Géologie (J.-H. Fabre)...... 1 50

Nouvelles Lectures, Cours élémentaire, *sous presse.*

Soc. anon. d'imprimerie, J. B. rioux, directeur.

A LA MÊME LIBRAIRIE
DICTIONNAIRE GÉNÉRAL D'HISTOIRE
DE BIOGRAPHIE, DE GÉOGRAPHIE ANCIENNE ET MODERNE, DE MYTHOLOGIE, DES INSTITUTIONS ET DES ANTIQUITÉS

Biographie : Vie des hommes. — **Histoire :** Abrégé de l'histoire des peuples : dynasties, guerres, batailles, traités, révolutions religieuses ou politiques. **Mythologie :** Religions, rites, fêtes, mystères, livres sacrés, etc. — **Géographie :** Description du globe, des États, provinces, villes, monuments, etc. — **Antiquités et Institutions :** Usages, coutumes, constitutions, gouvernements, cérémonies, établissements religieux, militaires, littéraires, etc., etc., par MM. Ch. Dezobry, Th. Bachelet et Darsy, 10ᵉ édition entièrement refondue par Eug. Darsy, 2 vol. grand in-8° jésus de 3.000 pages, à 2 col. Prix, brochés. . . . . . . **25 »**
Avec une demi-reliure en chagrin . . . . **33 »**

ATLAS DE GÉOGRAPHIE
PHYSIQUE, POLITIQUE ET HISTORIQUE
RENFERMANT 48 CARTES
A L'USAGE DES CLASSES

PAR

Le Colonel NIOX | **Eugène DARSY**
Professeur à l'École supérieure de guerre. | Professeur d'histoire au Lycée Louis-le-Grand.

Édition de 48 cartes in-4°, relié toile . . . . **7 fr. 50**
Édition de 78 cartes in-4°, relié toile . . . . **10 fr. 50**

TABLE DES CARTES
(Les cartes précédées d'un astérisque composent l'Atlas restreint)

CARTES PHYSIQUES ET POLITIQUES

*1. Système solaire. — *2-3. La Terre. — *Planisphère. — *4-5. La Terre. — En deux hémisphères. — *6. Europe. — Le sol. — *7. Europe. — Les états. — *8. Asie. — Le sol. — *9. Asie. — Les états. — *10. Empire Indien et Turkestan. — *11. Chine et Indo-Chine. — *12. Afrique. — Le sol. — *13. Afrique. — Les états. — *14. Amérique du Nord. — Le sol. — *15. Amérique du Nord. — Les états. — *16. Amérique du Sud. — Le sol. — *17. Amérique du Sud. — Les états. — *18. États-Unis (partie occidentale) et Mexique. — *19. États-Unis (partie orientale) et Antilles. — *20. Océanie (partie occidentale). — *21. Océanie (partie orientale). — *22. France. — Le sol. — *23. France. — Les départements. — 24 France au 1/2 000 000ᵉ partie Nord-Ouest. — 25. partie Nord-Est. — 26. partie Sud-Ouest. — 27. partie Sud-Est. — 28. France, frontières Nord-Est. — 29. France frontières Sud-Est. — 30. France géologique. — 31 Europe géologique. — 32. France économique. — 33. Europe économique. — *34. Algérie et Tunisie. — Cochinchine et Tonkin. — *35. Colonies françaises. — *36. Belgique et Pays-Bas. — *37. Espagne et Portugal. — *38. Suisse. — Peuples de l'Europe central. — *39. Autriche-Hongrie. — *40. Europe centrale. — Le sol. — *41. Empire allemand. — *42. Italie. — *43. Péninsule des Balkans. — 44. Chaîne des Alpes (partie Ouest). — 45 Chaîne des Alpes (partie Est). — 46. Bassin de la Méditerranée (partie Ouest). — 47. Bassin de la Méditerranée (partie Est). — *48. Suède et Norwège. — *49. Russie d'Europe. — *50. Iles Britanniques — 51. Voyages de découvertes.

CARTES HISTORIQUES

*52. Monde connu des anciens. — *53. Empire d'Alexandre (336-323). — *54. Grèce ancienne. — *55. Italie ancienne. — *56. Conquêtes de la République romaine. (343-31 av. J.-C.). — *57. Empire romain. — *58. Gaule. — *59. Europe au temps de Charlemagne. — 60. France à l'avènement de Hugues-Capet. — 61. Europe fin des croisades (1270). — 62. France à la mort de St Louis 1270. — *63. France fin de la guerre de Cent ans (1453). — 64. Europe guerres du Sacerdoce et de l'Empire (1056-1250). — 65. Europe au temps de Charles-Quint et de la réforme (1516-1598). — *66. Europe (1453-1610). — 67. Europe. (1661). — *68. Europe. (1715). — *69. France. (1610-1789). — 70. Europe (1789). — *71. Europe (1789-1815). — 72. Europe pour l'histoire des guerres depuis le XVIIᵉ siècle.

www.ingramcontent.com/pod-product-compliance
Lightning Source LLC
Chambersburg PA
CBHW070527170426
43200CB00011B/2345